华章文渊 管理学系列

管理伦理学

Management Ethics

苏勇 编著

机械工业出版社
CHINA MACHINE PRESS

图书在版编目（CIP）数据

管理伦理学 / 苏勇编著 . —北京：机械工业出版社，2017.4（2024.3 重印）
（华章文渊·管理学系列）

ISBN 978-7-111-56437-9

I. 管… II. 苏… III. 管理学 – 伦理学 IV. C93-05

中国版本图书馆 CIP 数据核字（2017）第 053082 号

  本书将管理伦理理论与企业运营实践相结合，系统、全面地介绍了管理伦理在企业管理中的应用与其所起的重要作用。本书从企业的作用着手，系统地阐述了管理伦理的基本概念、发展趋势与基本原则，概括了东西方管理伦理思想的发展，并系统地阐述了社会文化与管理伦理之间的关系等。本书还讨论了管理伦理的基本理论在企业运营、财务管理、人力资源和企业营销中的应用，最后介绍了网络时代的企业伦理问题。

  本书是面向管理类、经济类专业本科生以及 MBA "商业伦理学" "管理伦理学" 等课程的教材，也是为企业管理人员提供企业管理伦理建设的参考书。

出版发行：机械工业出版社（北京市西城区百万庄大街 22 号　邮政编码：100037）
责任编辑：杜若佳　　　　　　　　　　　　　责任校对：殷　虹
印　　刷：北京捷迅佳彩印刷有限公司　　　版　　次：2024 年 3 月第 1 版第 9 次印刷
开　　本：185mm×260mm　1/16　　　　　印　　张：13.75　　插　页：2
书　　号：ISBN 978-7-111-56437-9　　　　　定　　价：35.00 元

客服电话：(010) 88361066　68326294

版权所有·侵权必究
封底无防伪标均为盗版

华章文渊 管理学系列

"师道文宗 笔墨渊海"

文渊阁 位于故宫东华门内文华殿后,是故宫中贮藏图书的地方,中国古代最大的文化工程《四库全书》曾经藏在这里,阁内悬有乾隆御书"汇流澄鉴"四字匾。

作者简介

苏勇 复旦大学管理学院教授,博士,企业管理专业、东方管理专业、旅游管理专业博士生导师。现任复旦大学东方管理研究院院长、管理学院企业管理系主任,兼任中国企业管理研究会副会长、上海生产力学会副会长等。

长期从事企业组织管理、企业文化与伦理等领域的研究和教学工作,先后主持国家社会科学基金重大项目和重点项目、国家自然科学基金项目等多项国家级研究课题,发表了170多篇论文,出版了20多部著作。曾在美国华盛顿大学做博士后研究,还在美国麻省理工学院和日本大阪产业大学做访问学者。目前,还是香港大学等多所高校的兼职教授。曾获国家级优秀教学成果一等奖、上海市哲学社会科学优秀著作一等奖、上海市优秀青年教师等多项荣誉。

他还担任"创青春"全国大学生创业大赛MBA专项赛评委会主任、上海市促进中小企业发展专家委员会委员、上海品牌促进中心专家委员会委员、上海文广新闻传媒集团专家智库成员等社会职务,并被聘为教育部人文社会科学优秀成果评审专家、优秀留学回国人员科研启动基金和全国博士后重点资助基金评审专家。此外,还为宝钢集团、上海移动等数十家公司做过管理咨询,并担任上海百联股份、上海家化、上工申贝、普利特、安徽马钢等多家上市公司的独立董事、独立监事以及多家大公司的顾问。

前　言

在本书即将付梓之际，心中有着太多感慨。

记得是在1996年春天，时任复旦大学管理学院院长的郑绍濂教授约我谈话，中心内容是希望我能抓紧准备，尽快为MBA学员开设一门"管理伦理学"课程。经过长时间的思考，郑绍濂院长认为，在中国迫切需要给企业领导人和商学院学生进行系统的管理伦理教育，使MBA教育不仅给学员传授企业管理知识和技能，也能够向学员传递正确的价值观和经营理念，希望他们通过管理教育，既能提升管理能力，又能具备良好的伦理道德。当时，我正在给MBA学员讲授"组织行为学"课程，同时还从事复旦MBA项目主任的行政工作，但说实话，对管理伦理学却不甚了解。事后回想，郑绍濂院长之所以在强手如林的复旦大学管理学院选中我来开设这门新课，可能是觉得我拥有历史学和文化史方面的专业背景，讲授这类管理与人文相结合的课程比较合适。

当年，我虽然接受了任务，但是心怀忐忑，主要是觉得要讲好这门课很难。20世纪90年代，复旦MBA学员基本都是管理经验丰富的企业高管，且世界观、价值观、人生观都已成型，要对他们进行管理伦理道德层面的教育和探讨，难度颇大。随后，我请教了我的导师——著名管理学家苏东水教授。苏老师是我国管理文化方面的大家，他充分肯定了开设这门课的意义，鼓励我一定要将此课讲好，讲出特色。

自此以后，我便遵照前辈的教导，开始了对管理伦理学领域的探索。

当时，国内还没有关于管理伦理学的教材，因此编写教材便成为最迫切的任务。此时学院正好派我赴日本一所大学做访问学者，我便充分利用这一机会，一方面向日本相关学者请教，另一方面认真研读相关资料，并在此基础上编写教材。在上海译文出版社出版《管理伦理》一书之后，于1997年在复旦大学为MBA学员开设了"管理伦理学"专业必修课程。此举当时在全国可谓首创，因此我也被全国MBA教育指导委员会指定为该课程负责人，负责撰写了第一份全国MBA"管理伦理学"课程教学大纲。同时，在全国MBA教育指导委员会的资助下，在复旦大学组织召开了"全国首届MBA管理伦理学教学研讨会"。

此后便一发不可收。值得庆幸的是，除了郑绍濂教授、苏东水教授等学者的指导和鼓励外，我还有幸得到时任全国MBA教育指导委员会副主任、清华大学经济管理学院院长赵纯均教授，时任全国MBA教育指导委员会副主任、厦门大学管理学院院长吴世农教授的指导和肯定。尤其是从2000年开始接任复旦大学管理学院院长的我的良师益友郑祖康教授也给予了我大力支持。这些给了我极大的鼓舞，促使我在管理伦理学领域不断探索、砥砺前行。迄今为止,我已在该领域翻译或出版了 10 本书:《管理伦理》(上海译文出版社,1997);《管理伦理学》(东方出版中心,1998);《管理伦理学教学案例精选》(与陈小平共同编著,复旦大学出版社,2001);《管理伦理》(河南人民出版社,2002);《现代管理伦理学——理论与企业的实践》(石油工业出版社,2003);《环境保护主义与企业新逻辑》(译著,苏勇、张慧译,中国劳动社会保障出版社,2004);《商道别裁——从成员正直到组织成功》(译著,周笑译,苏勇审校,中国劳动社会保障出版社,2004);《中国企业伦理重建——经营绩效与社会责任》((教育部人文社会科学研究"十五规划项目")东方出版中心,2008);《基于社会责任的食品企业危机管理》(姜启军、苏勇著,格致出版社/上海人民出版社,2011);《企业伦理学——从成员正直到组织成功》(劳拉 P. 哈特曼、苏勇等著,机械工业出版社,2015)。此外,还在管理伦理学、企业文化、企业社会责任等领域发表了多篇论文。

在 20 年的管理伦理学课程教学中,我始终坚持两点。一是必须联系管理实践,不能陷入理论说教。事实上,对经验丰富的企业高管说教根本无用,而且效果可能适得其反。所以,我注重在教学中列举大量企业管理乃至生活中的鲜活案例,以说明管理伦理学的相关理论,并和学员共同讨论,触发学员的共鸣。二是对课程效果有期望,但不奢望。我并不奢望通过一学期的课程,就可以改变学生(尤其是 EMBA、MBA 学生)的价值观和经营理念。我一直强调只是希望通过管理伦理学课程,让我们的 EMBA、MBA 学生在做管理决策时,能够有清晰的伦理认知:知道什么该做,什么不该做,而最后决策结果则不是本课程教学所能够控制的。我曾经提出这样一个理论:企业行为有三个层面的约束,法律层面是底线,伦理层面是中坚,信念层面是追求。我希望学生在每一项经营管理活动中,遵守法律、秉持伦理、勿忘信念。倘若如此,方能称为企业家。

本书在核心理念上通篇强调了党的二十大报告提出的"弘扬企业家精神",融入了我多年来在这一领域的研究成果和教学心得。非常值得欣慰的是,如果说 20 年以前我在讲授管理伦理学课程时,有的学生还在课堂上公开提出"just make money, nothing else"(只要赚钱,不管其他)这样的看法,如今的企业领导人和商学院学生,对于管理伦理和企业社会责任都开始具有正确清晰的认知。大家不同程度地认识到,企业必须具备良好的管理伦理,履行社会责任,只有如此,才能使企业以及所处的社会获得更好的发展。而在实践领域,也有日益众多的中国企业家将良好的管理伦理和社会责任理念付诸行动,并取得显著成果。这必将推动我国企业管理水平迈向新的高度,从而为建立中国新商业文明做出贡献。

谨以本书纪念已故的复旦大学管理学院创办院长郑绍濂教授和复旦大学管理学院第二任院长郑祖康教授。同时,衷心感谢多年来给予我帮助的各位师长、朋友、学生。特别要感谢机械工业出版社的编辑为本书出版所付出的辛勤劳动。

学术之炬,薪火相传。

苏 勇

目　录

前言

第1章　企业的作用 ·············1
引例　谷歌拒绝"发薪日贷款"产品
　　　出现 ·············1
1.1　企业 ·············1
1.2　市场主体：纯经济还是理性 ·······3
1.3　企业行为的经济性与伦理性 ·····6
本章要点 ·············9
复习思考题 ·············9
应用案例　福喜公司使用过期肉
　　　事件 ·············9

第2章　管理伦理：概念与趋势 ····11
引例　"电子工头"引发争议 ·······11
2.1　管理学与企业管理 ·········12
　2.1.1　管理：人类最重要的
　　　　活动 ·············12
　2.1.2　管理学的发展过程及
　　　　其新趋势 ·········15
2.2　伦理学的发展历程 ·········23
　2.2.1　西方伦理学的起源 ·······23
　2.2.2　中国伦理学的产生过程 ·····23
　2.2.3　伦理学的基本定义 ·······24
2.3　管理与伦理的相互关系 ·······25
　2.3.1　经济学与伦理学的渊源 ·····25
　2.3.2　管理活动的伦理学思考 ·····27
　2.3.3　伦理的管理功能 ·······29

2.4　管理伦理学的基本概念及其
　　发展趋势 ·············31
　2.4.1　国外管理伦理学的研究
　　　　历史与现状 ·········31
　2.4.2　国外企业的管理伦理实践 ···34
　2.4.3　管理伦理学的定义与
　　　　研究对象 ·········34
本章要点 ·············37
复习思考题 ·············37
应用案例　为抢月饼，阿里巴巴
　　　四名员工被开除 ·········37

第3章　东西方管理伦理思想
　　　　发展 ·············39
引例　两部电影的启示 ·········39
3.1　西方哲人的探索 ·········39
　3.1.1　苏格拉底：道德依赖于
　　　　知识 ·············40
　3.1.2　亚里士多德：理智的德性
　　　　与道德的德性 ·······40
　3.1.3　基督教伦理思想中的禁欲
　　　　与服从 ·············41
　3.1.4　文艺复兴时期伦理思想中
　　　　的管理内涵 ·········42
　3.1.5　亚当·斯密的管理伦理
　　　　思想 ·············44
　3.1.6　当代管理思想中的伦理
　　　　内涵 ·············45

3.2 中国智者的论述⋯⋯⋯⋯⋯⋯⋯ 49
 3.2.1 孔子与儒家伦理思想中的管理内涵⋯⋯⋯⋯⋯⋯⋯ 50
 3.2.2 孟子、荀子等人的管理伦理思想⋯⋯⋯⋯⋯⋯⋯⋯⋯ 51
 3.2.3 《老子》与道家的管理伦理思想⋯⋯⋯⋯⋯⋯⋯⋯⋯ 52
 3.2.4 《孙子兵法》中的管理伦理思想⋯⋯⋯⋯⋯⋯⋯⋯⋯⋯ 53
 3.2.5 近现代中国民族企业家的实践⋯⋯⋯⋯⋯⋯⋯⋯⋯⋯ 54
本章要点⋯⋯⋯⋯⋯⋯⋯⋯⋯⋯⋯ 57
复习思考题⋯⋯⋯⋯⋯⋯⋯⋯⋯⋯ 58
应用案例 德胜洋楼的管理伦理⋯⋯ 58

第4章 社会文化与管理伦理⋯⋯ 68

引例 工作中的文化差异⋯⋯⋯⋯⋯ 68
4.1 似虚而实的"文化"⋯⋯⋯⋯⋯ 69
4.2 文化与伦理的关系⋯⋯⋯⋯⋯⋯ 71
4.3 管理中的文化差异与伦理差异⋯⋯⋯⋯⋯⋯⋯⋯⋯⋯⋯⋯⋯ 73
4.4 当代中国社会文化与伦理观念的变化⋯⋯⋯⋯⋯⋯⋯⋯⋯⋯ 78
 4.4.1 计划经济体制下的伦理道德观念的反思⋯⋯⋯⋯⋯ 78
 4.4.2 市场经济体制下的价值观念与社会伦理道德建设⋯⋯⋯⋯⋯⋯⋯⋯⋯ 78
4.5 当代文化背景下的企业管理伦理建设⋯⋯⋯⋯⋯⋯⋯⋯⋯⋯ 82
 4.5.1 伦理道德与经济效益⋯⋯⋯ 83
 4.5.2 追求良好的企业管理伦理⋯⋯⋯⋯⋯⋯⋯⋯⋯⋯⋯⋯ 83
本章要点⋯⋯⋯⋯⋯⋯⋯⋯⋯⋯⋯ 85
复习思考题⋯⋯⋯⋯⋯⋯⋯⋯⋯⋯ 85
应用案例 葛兰素史克事件⋯⋯⋯ 85

第5章 管理伦理的普遍原则⋯⋯ 90

引例 百亿假黄金骗贷案⋯⋯⋯⋯⋯ 90
5.1 功利与人文⋯⋯⋯⋯⋯⋯⋯⋯⋯ 91
 5.1.1 功利主义与人文精神⋯⋯⋯ 92
 5.1.2 两种不同的管理理论⋯⋯⋯ 93
 5.1.3 功利与人文的统一⋯⋯⋯⋯ 94
5.2 利己与利他⋯⋯⋯⋯⋯⋯⋯⋯⋯ 95
 5.2.1 价值取向与观点⋯⋯⋯⋯⋯ 96
 5.2.2 企业作为"经济人"⋯⋯⋯ 96
 5.2.3 企业作为"社会人"⋯⋯⋯ 97
5.3 公平与效率⋯⋯⋯⋯⋯⋯⋯⋯⋯ 99
 5.3.1 公平与效率的含义⋯⋯⋯⋯ 99
 5.3.2 公平优先还是效率优先⋯⋯ 100
 5.3.3 管理领域中的公平与效率⋯⋯⋯⋯⋯⋯⋯⋯⋯⋯⋯ 101
5.4 竞争与合作⋯⋯⋯⋯⋯⋯⋯⋯⋯ 102
 5.4.1 "不要比猪更聪明"：竞争中的让步与合作⋯⋯⋯ 102
 5.4.2 合谋总比相互拆台好：竞争中的合谋⋯⋯⋯⋯⋯⋯ 103
5.5 当代行为伦理理论⋯⋯⋯⋯⋯⋯ 104
 5.5.1 显要义务理论⋯⋯⋯⋯⋯⋯ 104
 5.5.2 相称理论⋯⋯⋯⋯⋯⋯⋯⋯ 105
 5.5.3 社会公正理论⋯⋯⋯⋯⋯⋯ 107
本章要点⋯⋯⋯⋯⋯⋯⋯⋯⋯⋯⋯ 108
复习思考题⋯⋯⋯⋯⋯⋯⋯⋯⋯⋯ 108
应用案例 恒大足球队更换球衣事件⋯⋯⋯⋯⋯⋯⋯⋯⋯⋯⋯⋯ 108

第6章 企业运营管理中的伦理⋯ 112

引例 Uber司机：职工还是承包商⋯⋯ 112

6.1 单一性与多元化 … 113
　6.1.1 单一性与分工理论 … 114
　6.1.2 对单一性作业方式的伦理分析 … 116
　6.1.3 使员工的工作丰富多彩 … 117
6.2 全面质量管理与企业管理伦理 … 120
　6.2.1 全面质量管理与企业产品质量 … 120
　6.2.2 全面质量管理的伦理内涵 … 122
6.3 重视作业环境改善和员工安全 … 123
　6.3.1 保障员工身心健康是企业的责任 … 123
　6.3.2 如何优化企业的作业环境 … 124
　6.3.3 企业的安全管理 … 125
本章要点 … 126
复习思考题 … 126
应用案例　宜家"夺命柜子"事件 … 126

第7章　企业财务管理中的伦理 … 130

引例　欣泰电气退市 … 130
7.1 企业的会计伦理体系 … 131
　7.1.1 会计伦理缺失：一个世界性的难题 … 132
　7.1.2 企业会计伦理体系的组成 … 132
7.2 保证会计信息的真实性 … 134
　7.2.1 会计信息的重要作用 … 134
　7.2.2 会计信息真实性的伦理审视 … 135
　7.2.3 通过提升企业的会计伦理水平来保证会计信息的真实性 … 138
7.3 环境会计：一种全新的会计体系 … 139
　7.3.1 把可持续发展概念引入会计体系是社会发展的必然 … 139
　7.3.2 环境会计理论结构的组成 … 141
本章要点 … 143
复习思考题 … 143
应用案例　美证监会罚安永：爱不能越轨 … 143

第8章　企业人力资源管理中的伦理 … 146

引例　谷歌"死亡福利"一石激起千层浪 … 146
8.1 知识经济时代的人力资源管理与权力调整 … 148
　8.1.1 选才 … 148
　8.1.2 用才 … 148
　8.1.3 育才 … 149
　8.1.4 留才 … 150
　8.1.5 晋才 … 151
8.2 职责明确与上下同心 … 151
　8.2.1 管理层次与部门划分 … 151
　8.2.2 上下同心，充分开发人力资源 … 152
8.3 选才、用才中的伦理准则 … 153
　8.3.1 人才标准的确立必须符合管理伦理 … 153
　8.3.2 人才使用中的伦理问题 … 155

8.4 人力资源管理趋势的伦理透视 …… 157
  8.4.1 管理模式的变化 …… 157
  8.4.2 管理操作层面的变化 …… 158
  8.4.3 员工培训日显重要 …… 159
  8.4.4 重视竞争中的人力资源管理 …… 160
本章要点 …… 161
复习思考题 …… 161
应用案例 苏州固锝：构建幸福企业典范 …… 161

第9章 企业营销中的伦理 …… 165
引例 别克汽车某4S店的营销策略 …… 165
9.1 亨特—维特尔营销道德理论模型 …… 166
9.2 "绿色营销"及其伦理含义 …… 168
  9.2.1 何谓"绿色营销" …… 168
  9.2.2 "绿色营销"的特点 …… 169
  9.2.3 "绿色营销"的内容 …… 170
  9.2.4 "绿色营销"的伦理含义 …… 172
9.3 营销手段中的伦理 …… 173
  9.3.1 产品策略中的伦理问题 …… 173
  9.3.2 促销回扣中的伦理问题 …… 175
  9.3.3 现场促销中的伦理问题 …… 177
9.4 广告宣传中的伦理 …… 177
  9.4.1 广告及其在中国的发展 …… 177
  9.4.2 广告中的伦理规范 …… 178
本章要点 …… 179
复习思考题 …… 179
应用案例 百度"卖吧"事件 …… 179

第10章 网络时代的管理伦理 …… 182
引例 打车软件的商业伦理之惑 …… 182
10.1 网络伦理学的出现 …… 183
  10.1.1 网络伦理学的定义和研究范围 …… 183
  10.1.2 网络伦理学出现的背景 …… 184
  10.1.3 "网络经济"的伦理难题 …… 185
  10.1.4 "网络经济"下伦理建设的基本原则 …… 186
10.2 电子商务与互联网经济 …… 188
  10.2.1 全球电子商务及互联网经济的发展 …… 189
  10.2.2 目前我国发展电子商务仍然存在的问题 …… 190
10.3 电子商务运作中的伦理障碍及其对策 …… 191
  10.3.1 B2B电子商务中的伦理问题 …… 191
  10.3.2 B2C电子商务中的伦理问题 …… 193
  10.3.3 解决电子商务伦理问题的对策 …… 194
本章要点 …… 195
复习思考题 …… 195
应用案例 隐藏未知端口，后台传输数据：苹果"后门"风险有多大 …… 196

第11章 企业社会责任 …… 198
引例 星巴克的社会责任 …… 198
11.1 企业社会责任概念的缘起 …… 199

11.2 企业社会责任的基本
　　内涵 …………………… 200
11.3 企业社会责任实践 ………… 203
　11.3.1 企业履行社会责任的
　　　　理论依据 …………… 203
　11.3.2 企业经营者对于履行
　　　　社会责任的态度 …… 203
　11.3.3 国外企业承担社会责任
　　　　的两种模式 ………… 205
　11.3.4 中国企业对社会责任的
　　　　几种看法 …………… 207
本章要点 ……………………………… 208
复习思考题 …………………………… 208
应用案例　担负社会责任、尊重
　　　　　员工权益　中国企业
　　　　　在海外表现更好？ …… 208

参考文献 …………………………… 211

第1章 企业的作用

见利思义。

——孔子

公司不仅在经济中占有重要的地位,而且具有社会的、政治的和文化的巨大影响;公司活动所产生的后果是公共性的。公司不仅是商品和劳务的制造者,也是革新技术的倡导者、政治舞台的参与者及社会准则和行为的塑造者。

——《简明不列颠百科全书》

> **学习目标**
> ☑ 了解企业的性质和作用。
> ☑ 了解企业行为的经济和社会影响。
> ☑ 明确企业不仅是一个经济组织,而且是一个社会组织。

引例　　谷歌拒绝"发薪日贷款"产品出现

数月前,谷歌公司宣告,从2016年7月13日起,将拒绝"发薪日贷款"产品出现在谷歌搜索引擎中。

所谓"发薪日贷款",是短期小额贷款的一个俗称,它几乎不需要借款人提供个人信用状况的背景保障,也不需要贵重抵押品,但利率特别高。"发薪日贷款"这一俗称的来源,是借款人需要证明自己有工作而出示工资单,且有一个工资账户,他的工作单位会按期打入薪水。然后,贷款机构会要求借款人写一张支票,生效期是未来两周或一个月后的那个发薪日,未来的薪水就是他的抵押品。到了发薪日那天,假如借款人不来还钱,贷款机构就直接从借款人的工资账户中兑现那张支票。

"发薪日贷款"在美国的29个州是合法的,有9个州是严格限制下的合法,在14个州以及哥伦比亚特区是非法的。而合法的州也有利率限制,一般规定有36%~40%的标准。谷歌划出的线,凡是年利率超过36%的贷款,今后就不得进入它的搜索。

资料来源:引自《东方早报》,2016年9月11日。

1.1 企业

一个健全而成熟的社会,其成员从事着不同的行业和分工。因此,也就有了所谓

"三百六十行"的说法,而各行各业对于从事本行业工作的性质和特点,往往都会有一个比较通俗的说法来加以形容。例如,政治家把自己喻为"人民的公仆";教师被称为"人类灵魂的工程师";而律师往往自认为是"正义的化身";医生被人称为崇高的"白衣天使";等等。

但是,有一种行业似乎是例外。中国民间历来就有"无商不奸"或"无奸不商"的说法。这里的"奸",就是虚伪、狡诈,善于搞不正当手段,无诚信可言。"无商不奸"是把做生意的商人,甚至从事经济工作的所有人员一网打尽,认为凡是从事商业贸易或企业经营的人没一个是有良心、有道德的。而"无奸不商"则是指做生意、办企业、从事商业活动,如果讲究诚信,那就可能得不到发展。这两句比喻虽然可能都有点绝对,但都反映了社会各界自古以来对商人的看法,认为从事商业的人或者商业组织缺乏道德观念,其功利性和伦理性似乎是一对不可调和的矛盾。至于在市场经济历史悠久的西方国家,这类贬义的形容词就更是不胜枚举。莎士比亚笔下的《威尼斯商人》栩栩如生地描绘了商人那种唯利是图、不讲道德的冷酷嘴脸。

因此,商人,或者说从事经济贸易活动的人,乃至当今社会成千上万、大大小小的企业家,似乎要赚钱就不能讲伦理道德;反之,如果讲伦理道德那就赚不到钱。那么,真的是这样吗?现实社会中事实确实如此吗?

在现代社会中,存在着形形色色的组织,如学校、军队、政党、企业等,这些组织,功能不同,作用各异。而企业则无疑是其中较活跃的一种组织形式。当今世界各国,无不以经济建设为中心,企业作为一种经济组织的有效形态,在整个社会运行和发展中起着至关重要的作用。

企业的历史,据说最早可以追溯到距今 5 000 年以前。当时位于西亚两河流域(即底格里斯河和幼发拉底河)的美索不达米亚地区的苏美尔人,在他们的宗教活动中,发展出了一种早期的"公司"概念,即由一个共同的管理机构来管理一批庙宇。这种机构,后来就演变成为从事经济管理活动的"公司"的雏形。

当代被认为最早全面论述有关企业这样一种组织形式及其作用的,是 1991 年诺贝尔经济学奖获得者、已故英国经济学家罗纳德·科斯。科斯于 1937 年发表了一篇被认为是新制度经济学奠基之作的论文《论企业的性质》。在这篇论文中,科斯教授对他自己长期以来迷惑不解的问题——企业的起源和纵向一体化的原因,做出了回答。科斯教授主要是用"交易费用"的概念,解释企业存在的必要性。他认为,如果传统经济学的交易费用为零的假设成立,那么经济个体之间就可以完全通过市场交易实现生产的关联,这样似乎就没有必要产生和存在企业组织,没有必要通过企业来实现各个经济个体之间生产的关联性。但在现实生活当中,企业确实存在,而且具有一定规模,这究竟是由什么因素决定的呢?为了解释这些问题,科斯教授提出:"市场交易是有成本的,这个成本就叫作交易费用。企业组织的产生和存在是为了节约市场交易费用,即用费用较低的企业内部交易替代费用较高的市场交易。而企业规模大小则取决于企业内交易的边际费用的那一点上。"⊖ 科斯教授用"交易费用"的概念,揭示了企业这

⊖ R 科斯. 论生产的制度结构 [M]. 上海:上海三联书店,1994:3-7.

一组织形式作为市场机制中一种重要替代品的必然性。这一理论解释了企业这种组织产生的客观原因，为我们提供了观察企业组织产生、发展及创新的新视角，而且提出了企业组织的经济功利性目的。

科斯教授的追随者，2009年诺贝尔经济学奖获得者、美国经济学家奥利弗·威廉姆森（O. Williamson）教授，进一步发展了科斯的观点，他对企业组织进行了进一步研究。他这样写道："我认为要将现代公司主要理解成许许多多具有节约交易费用目的和效用的组织创新的结果。"这就是说，企业的形成与发展，是为了追求节约交易费用目的和效用的一种组织形式创新的结果。而在这种组织创新的过程中，威廉姆森教授认为：组织结构及相应的决策权力和责任应该进行分解，并落实到每个便于操作组织的各个基层单位，从而有助于防范"道德风险"，进一步节约交易费用和组织运作的成本。㊀

著名的美国管理学家阿尔弗雷德·钱德勒（A. D. Chandler）在他的代表作《看得见的手——美国企业的管理革命》一书中，进一步论述了企业组织存在的目的和它的作用。他指出："因为新的大量生产，工业成了资本密集型的产业，它引起了固定成本的增加和充分利用其机器、工人和管理人员的迫切需要。""现代工业企业——今日大型公司的原型——是把大量生产过程和分配过程结合于一个单一的公司之内形成的，美国工业界最早的一批'大公司'，就是那些把大行销商所创造的分配组织形式，同被发展起来以管理新的大量生产过程的工厂组织形式联合起来的公司……这些活动和它们之间交易的内部化，降低了交易成本和信息成本。"㊁

从学者对企业的性质和存在作用的研究来看，既然企业是作为市场机制中一种重要的组织形式，是为了节约经济个体之间的交易费用而存在的，那么企业必然以经济作用为重，企业的存在意义就是为了体现经济作用，把最大限度地降低交易费用、提高投入产出效率作为企业的根本性目的，因而也使企业的整个行为表现出极强的功利性。而从整个社会组织分工的角度来看，企业作为社会的一种经济组织，它的这种经济性目的和由此带来的功利性取向似乎也是无可厚非的。

1.2 市场主体：纯经济还是理性

从整个社会中组织的分工来看，企业作为一种经济组织，其存在的主要理由和目的无疑是经济范畴的。对企业活动这种经济目的性的思考，可以一直追溯到英国古典经济学家亚当·斯密。亚当·斯密在他的代表作《国富论》中，提出了著名的"经济人"观点。

首先，"经济人"观点把对自身利益的追求和满足看成人们从事经济活动的原始驱动力，人的行为无不受到自我利益的驱使。在市场经济条件下，生产者为社会提供

㊀ O 威廉姆森. 现代公司：起源、演进、特征 [J]. 经济文献杂志，1981（19）.
㊁ D 钱德勒. 看得见的手——美国企业的管理革命 [M]. 北京：商务印书馆，1987：326-328.

各种产品和劳务，其首要出发点并不是出于仁慈的考虑，而是为了满足自身追求物质利益的需求，因为"每个人都不断努力为他自己所能支配的资源找到最有利的用途"。[○]正如亚当·斯密所举的例子，面包师每天早起制作并出售面包，并不是出于对其他人需要早餐的同情和怜悯，而是为了自身追求物质利益的需要，希望通过制造和出售面包这一过程来赚取自己的利润。正是源于人类对自身利益的追求，才产生了人们的经济冲动，即为了追求更大的利润，进行社会分工和交换，并创造出商品经济这种形式，以满足人类对更多的物质利益的追求。

在自然经济时代，人们的生产活动仅仅是为了满足一家一户的需求，由于生产力的低下和生产的有限性，无须对资源进行疯狂的掠取就可以满足自身的生活需求。然而，当商品生产作为一种普遍的生产方式占统治地位以后，人们的生产目的就不仅仅是为了满足自身对物质产品的追求，而是以价值追求为目的。这种对经济价值和利益追求无限膨胀的趋势，造成对社会资源的疯狂掠取。这样就形成了经济发展和伦理准则的矛盾（即如何使用有限的资源，如何实现效益的最大化），就成为人类所必须面对的经济选择和道德选择的问题。

其次，这种亚当·斯密理论中的"经济人"，面对市场经济活动的利益抉择，在理性权衡的基础上，把个人及其利益看成市场行为取向的最后确定者和判断者。自利，作为人们在经济活动中一种控制自身行为的根本动机，是"支配个人的一切行动，使其在某一问题上根据利害观点采取某一行动的原则"。[○]因此，亚当·斯密认为，如果人人从自利的原则出发，通过自由的交换，使彼此的利益得到满足，那么，"人们在这种场合，就像他在其他场合一样，他受着一只'看不见的手'的指导，而去尽力达到一个非他本意想达到的目的"。由此可见，由于市场经济所产生的自由经济活动，使得经济活动的主体，无论是自然人还是组织，都具备了一种"经济人"的主体意识、平等观念和自主进取的精神，并由于自身利益的驱动，使其成为独立意义上的"经济人"。

伦理道德原则，是人们决定任何行为选择和基本态度的根本出发点。以亚当·斯密为代表的对市场机制持肯定态度的经济学家，是以经济自由主义为其伦理基础的。它包含以下两个基本思想。

（1）以个体主义为根基。这种思想强调市场秩序只有在个体自愿的交易活动中才能形成，市场规则本身是个体交易活动自发形成的某种结果，不可能独立于分散的个体交易之外，个体经济分散决策是市场秩序的基础。个体主义的大前提是，没有健全的个体，就不会有健全的全体。

（2）人不是全知全能、对一切都洞悉无疑的。市场是一个黑洞，其中存在着千丝万缕的关系与无数的排列组合。人不可能洞察一切、明白一切。市场机制的作用价值，

○ 亚当·斯密.国民财富的性质和原因的研究·下卷 [M].郭大力，王亚南，译.北京：商务印书馆，1981：25.
○ 亚当·斯密.关于法律、警察、岁入和军队的演讲 [M].北京：经济科学出版社，1980：260.

在于对这种极其复杂的、分散的市场活动予以自发、自动的调节,是一个由"看不见的手"发挥作用的过程。我们可以看出,这一思想的一个重要假定是,如果某个人或一些人全知全能,既了解过去又预知未来,则大多数人就可以受其摆布、安排和规划,那么,个人的自由主张就被合理地剥夺了。

古典经济学的市场经济观,作为手工业时期的一种理论反映,其经济理论基础是个体主义和经济自由主义,在当时,这是对封建专制主义与特权式人身依附的超经济强制的批判。亚当·斯密的重要贡献在于,把经济自由主义和个体主义牢牢地列入市场经济中,作为市场经济的基本前提和要素之一。正如诺贝尔经济学奖得主斯蒂格勒所说,亚当·斯密最成功也是最重要的贡献在于:把系统地分析竞争条件下个人追求其自身利益的行为作为经济学研究的中心,并且至今仍是市场经济理论的基础。坚持经济自由主义的经济学家认为,通过市场机制这只"看不见的手",即通过市场价格和供求之间自由自发的运动,能够使个人利益与社会利益在高效基础上达到和谐。这种和谐并非自觉的事先安排,只能是事后的市场自发演变的一种结果。任何国家或地区政府集中事先干预,都是不必要的和有损公平与效率的。

而对上述单纯依靠市场机制来调节经济活动的观点持怀疑和否定态度的经济学家,是以理性主义为其伦理基础的。他们有以下两个基本思想。

(1)市场竞争秩序并非自发地产生于个体交易活动之中,而是来自一些人为的设计和安排。这些人对市场活动及其变化有着充分的认识,因此可以设计出所需要的市场秩序。科学技术的进步,更促使强调理性作用的经济学家坚信,人类有能力建立一个合理的社会秩序。

(2)在中世纪哲学家的眼里,理性经济是认识真理的能力,但是到了这些经济学家的手中,理性成为明确前提下的推理能力。他们认为,市场秩序的作用在于为市场参加者的分散行为提供事先的明确准则(即所谓的游戏规则),而整个市场活动,就是根据这样一些人(或称为设计者)的要求,通过舆论、法律、制度、政策、计划等方式和手段来实现积极主动地规范分散的市场参加者的行为。

理性主义的经济学家认为,市场机制之所以能有秩序和效率,不是单纯依靠市场行为者的分散交易和自发形成的结果,而是依靠国家或地区当局的力量来发挥作用。如果没有后者从整体上的干预和支持,市场机制所导致的经济活动不会有重大的成就。另外,市场机制及其运行规则的形成,不能单纯依靠人性的内在力量。他们认为,作为个体的人,并不像古典经济学所假定的那样,都具有经济人的特性,因而也不可能依靠个人的自我约束使社会趋于和谐。人是有非理智一面的,这就需要国家或地区政府制定法律和制度,用凌驾于个人之上的社会力量来约束个人行为,从而形成市场经济的秩序。从经济伦理角度出发,凯恩斯主义经济学就是建立在理性主义以及对市场机制自发功能持怀疑态度的基础之上的。他认为,在现实中依靠市场自发、分散的作用难以实现经济和社会的和谐,总量上也难以达到均衡,因而,必须由国家或地区政府通过财政政策和货币政策予以积极的干预。

上述两种对市场经济运作机制及其经济主体追求经济利益动因的不同看法,归根结底是对于自然人和企业法人在市场经济活动中的行为根本性的看法，即人们的经济活动到底是出于纯粹逐利的单一动因，还是有着理性的思考。而理性的思考自然也包括伦理的思考。

当代著名经济学家、1998年诺贝尔经济学奖得主阿马蒂亚·森教授在他的著作《伦理学与经济学》一书中指出，"现代经济学不自然的'非伦理'（non-ethical）特征与它作为伦理学的一个分支而发展起来的事实之间存在着矛盾。不仅被尊称为'经济学之父'的亚当·斯密曾经是格拉斯哥（一个充满实用主义的城市）大学的道德哲学教授，而且在很长一段时间，经济学科曾经被认为是伦理学的一个分支。事实上，在20世纪30年代，莱昂内尔·罗宾斯（Lionel Robbins）在他的《论经济科学的性质和意义》（*An Essay on the Nature and Significance of Economic Science*）这部具有影响力的著作中就曾经指出：'除了把这两种研究（经济学和伦理学）并列，以其他任何形式把它们结合起来的企图在逻辑上似乎都是不可能的。'那时，他的这一观点并不为人们所接受，现在却十分走红。"阿马蒂亚·森并且指出："经济学，正如它已经表现出的那样，可以通过更多、更明确的关注影响人类行为的伦理学思考而变得更有说服力。"⊖

现代化生产是一种社会化的经济活动，每一个个体所产生的行为，不仅关系到自身的发展，而且直接影响他人和社会。事实上，不管我们是否承认或者是否意识到，一项行为是否去做、用多大努力去做，都取决于从事该行为的个人价值观的主导，这是毋庸置疑的。而人在经济活动中的追求，到底是出于一种对经济利益追求的盲目性，还是在其中具有一种理性的、伦理性的思考，虽然答案可能是明确的，但这还是值得我们深入探讨的一个根本性问题。德国著名社会学家马克斯·韦伯在他的名著《新教伦理与资本主义精神》一书中指出："理性精神，对生活普遍指导的合理性以及合理的经济伦理，"是指导人们调整相互关系的行为准则。他认为，有效的经济行为本身具有一定的伦理性，"倘若财富意味着人履行其职业责任，则它不仅在道德上是正当的，而且是应该的、必须的"。⊜ 这实际上已经为上述问题给出了答案。

1.3　企业行为的经济性与伦理性

企业行为的经济性与伦理性，归根结底突出一个问题，就是企业在追求经济利益的同时，是否还应有其他方面的考虑，例如要履行社会责任等。

如果你拿起一本20年前的管理教科书，几乎可以肯定，不会发现有关社会责任和企业道德的内容。我在1998年出版了《管理伦理学》著作，在当时可谓非常超前。㊂ 近年来，企业社会责任以及管理行为和活动中的伦理问题，已经成为企业界和管理学界普遍关注的一个问题，甚至已经出现了"企业道德指数"等用来衡量企业绩效的金融工具。那么，为什么会出现这种现象呢？有人认为，这是近年来企业接受社会

⊖ 阿马蒂亚·森. 伦理学与经济学 [M]. 北京：商务印书馆，2000：8, 10.
⊜ 马克斯·韦伯. 新教伦理与资本主义精神 [M]. 成都：四川人民出版社，1986：136.
㊂ 苏勇. 管理伦理学 [M]. 上海：东方出版中心，1998.

责任的意愿和管理者道德标准滑坡现象的反应。例如，盖洛普民意测验（Gallup Poll）表明，65%的美国人认为，在20世纪70年代中期到80年代中期这段时间里，社会道德的总体水平下降。20世纪80年代末的华尔街震惊公众的道德丑闻，更加强化了人们的这种感觉，而美国"安然事件""世通公司事件"等，也似乎为这种观点提供了更有力的佐证。不过，研究企业社会作用的专家从正面角度提出了另外一种解释，他们认为，企业社会责任以及管理行为中的伦理道德问题之所以日益引起企业界和管理学界的关注，是因为现在的管理者比以前的管理者更具有社会和道德意识。

对于当前企业在经营行为中为什么更加注重管理伦理，探究其原因似乎并不重要，而目前的企业都开始普遍重视这个问题，却是不争的事实。

无论是在国内还是在国际上，工商企业和经济的发展都已经成为当代社会发展的主要驱动力，资本的力量越来越强大。经济和企业组织的发展与现代技术相结合，正在日益改变着人们的思想和行为，为政治、教育、文化、宗教和家庭等各个生活领域带来越来越大的影响。而从整个社会发展的角度来看，工商企业和经济发展的影响力越大，社会就越是迫切需要确保让它们"朝着正确的方向"发展，需要从各个方面、各个层次对其加以必要的约束和引导。从社会运作方式来看，对工商企业和经济发展的引导，必须既来自"外部"，又来自"内部"。来自外部的引导是靠政策压力、法律法规、社会文化、伦理道德的习惯和知识；而来自内部的引导，则要靠企业组织和工商业人士的前瞻性以及正确的行为，靠行业和企业的自我约束。内外两方面都离不开企业在伦理道德层面的参与和约束。对于任何一个企业而言，要朝着正确的方向前进，仅靠外部的途径显然不够，因为它缺乏企业的内在承诺和内在动力；反之，仅靠内部的途径同样是不够的，因为企业像其他任何组织一样，只是社会的一个部分，单靠企业的自律，并不能确保企业运作的质量，因此需要其他外部控制与引导。

正因为很多公司都开始意识到，企业必须承担必要的社会责任，在本企业的各项经营活动中，不仅要考虑其经济目的和经济利益，而且要考虑到它的社会效益，考虑到其行为是否符合当代社会的伦理道德。因此，很多国内外企业在这方面有很多切实的举动。例如，美国强生公司就制定了一个"公司信条"：

> 我们相信，我们首先要对医生、护士和患者负责，对母亲们和一切使用我们产品及服务的其他人负责。为了满足他们的需要，我们做的每件事都必须是高质量的。我们必须不懈地为降低成本而奋斗，因为只有这样才能使我们的价格保持合理。顾客的订货必须迅速、准确地交付。我们的供应商和销售代理商应当有机会赚取相当的利润。
>
> 我们对于自己的职工负有责任，对在世界各地为我们工作的男人和妇女负有责任。他们当中的每一个人都应当被看成独立的个人。我们必须尊重他们的人格，认识到他们的长处和价值。他们理当有某种程度的职业保障和安全感。工资和福利必须公允、充分，工作场所必须清洁、整齐和安全。全体雇员都应能自由地提出建议和批评。凡是合格的人选在就业、个人发展和提

高及升迁使用方面都应享有完全平等的机会。我们必须有称职的管理人员，他们的行为必须公正和有道德。

我们对于我们生活和工作于其中的社会负有责任，也对于世界大家庭负有责任。我们必须成为守法的好公民——支持善行和承担我们应尽的赋税义务。我们应当为改进国民健康、教育和文化水准而尽力。我们必须把我们有权使用的公、私财产管理得井井有条，并且注意保护环境和自然资源。

最后，我们还对我们的股东负有责任。我们的经营业务必须有合理的、可观的利润。我们必须试验新的思想，必须进行科学研究，开展革新活动，从错误中吸取教训并更好地前进；必须不断更新设备，改造和新建厂房设施，向市场提供更新的产品。必须留有一定储备供可能出现的困难时期使用。当我们按照上述各项原则经营本公司时，股东们应能取得相当可观的投资收益。

今天，人们已经开始认识到，不仅是企业，每一个组织，都有伦理道德指向，都有社会责任的问题。作为营利组织的企业自然不用说，就连非营利组织，也同样如此。换言之，凡是由人组成的结合体在进行活动时，在本质上都存在着伦理问题。有人认为，企业都将赚钱作为主要目标，而伦理则是一种道德追求，两者似乎水火不相容。不可否认，企业的行为通常都以利益最大化为目标。效率、效益和竞争等是企业经营者最关注的事情，企业主通常不会去专门考虑企业的行为是否符合社会发展的需要，是否符合社会的伦理道德。因此，在经营战略和管理上采取的所有手段、方法，往往带有忽视或者轻视社会和人的倾向，甚至有人为了获取利润而不择手段。但在当今时代，如果仅仅追求利润而不去考虑社会影响和责任，企业经营活动本身也将为社会所不容。强调企业行为经济性的同时也要强调其伦理性，就是要防止这种传统的利益第一主义和企业至上主义，消除并防止由此造成的种种不利于社会整体和其长远发展的弊端。

回顾历史，我们不难发现，随着自由和民主思想在现代社会的发展和普及，现代社会一般对下列三者越来越重视，即尊重人民的权益、保障人民的自由和保护环境。今天，对这三者的关心并不仅限于世界上的某个特定地区或国家，而是已形成一种世界性的共识，成为一种普遍的价值观。同时这三者也成为人们对世界政治、经济以及社会中各种现象共同的评价标准。因此，在经济和社会活动中作用越来越大的企业组织，其活动也要经常接受现代社会所有的这些共同的评价标准检验。基于这一认识，对企业的各种经营行为提出伦理方面的要求，不仅不是多余的，而且是完全必要的。企业在以其经济作用获得社会的承认、为社会发展做出贡献的同时，也必须对企业行为所产生的社会影响承担相应的责任，也必须考虑到它的行为的伦理性，这也是当今企业界和学术界所形成的共识。

日本早期著名企业家、曾创办过500多家企业、被誉为"日本企业之父"的涩泽荣一，早在1914年就在他的代表作《商务圣经——论语与算盘》一书中这样写道："如果工商业没有增加利润的效能，工商业就毫无意义，也没有什么公益可言。但所谓图利，如果全为一己之利，根本不顾他人，那又不然了。真正的谋利当以仁义道德作为基础，否则绝不能传之久远。"⊖ 对于从事经济活动的商人是如此，对于从事经济活动的企业也是如此。企业在从事经济活动的同时，必须把握好经济性和伦理性的平衡，充分考虑每一项活动可能产生的伦理性后果，只有这样，才称得上一个负责任的企业。

本章要点

- 正确认识企业组织的作用。
- 作为市场经济活动的主体，企业行为既是经济的，也是理性的。
- 企业在追求经济利益的同时，也要考虑企业行为所产生的社会影响。
- 不少企业已经在企业的管理伦理方面做出了实际举动，而且这也成为企业界和学术界的共识。

复习思考题

1. 企业是一个什么样的组织？
2. 企业在从事经济活动中，要考虑哪些方面？
3. 怎样才能称得上一个负责任的企业？

应用案例　　福喜公司使用过期肉事件

美国福喜集团是一家在全球17个国家拥有50多家食品加工厂的国际化食品集团，公司成立于1909年，集团总部位于美国芝加哥。

福喜集团向超过85个国家和地区销售全生、半熟、全熟的鸡肉、牛肉和猪肉制品，及各种非肉类产品（包括比萨、烘焙食品、鸡蛋和蔬菜农产品）。福喜集团的客户包括全球快餐和外卖连锁供应商、品牌食品营销商及食品零售商。

福喜集团的核心运营理念为"和知名食品公司合作，提供专业的食品制造经验和全球性的基础设施，在开发和生产系列优质产品并提供服务的同时，规避大宗商品价格波动风险或将风险减到最小"。

2013年3月～2014年7月，上海福喜和河北福喜两家公司生产、销售的部分食品因不符合百胜咨询（上海）有限公司（以下简称百胜公司，为肯德基的控股方）的工艺和原料要求，被退货或终止订单，造成相关产品大量积压。时任两家福喜的上级公司欧喜投资（中国）有限公司深加工事业部总经理杨立群等人为挽回经济损失，经商议决定并下达指令，沿用原处理方案，将上述产品重新加工包装后继续销售或作为原料进行生产，致使部分不合格产品流入市场。

此后长达一年多的时间内，两家公司又先后将百胜公司退回或库存超过保质期的烟熏风味肉饼、冷冻香煎鸡排、灯影牛肉丝等，采用拆除包装、再加工并重新标注生产日期和保质期的方法予以生产、销售。此外，2014年5月下旬，上海福喜向其他公司采购冰鲜鸡皮、鸡胸肉，同年6月2日因生产计划变化，经时任上海福喜厂长胡骏默许，遂沿用冰鲜转冰冻的方式，将上述食品放入冷冻库保存，并将冰鲜原料代码改为冻品代码，更改保质期为一至三个月不等。

⊖ 涩泽荣一. 商务圣经——论语与算盘 [M]. 北京：九州出版社，1994：77.

同年6月中旬至7月中旬,由时任上海福喜计划主管刘立杰安排生产,上海福喜将该批超过冰鲜保质期的原料加工成麦乐鸡等食品并部分予以销售。

对于福喜公司使用过期肉事件,上海电视台新闻记者以应聘该公司员工的方式,进入公司卧底数月,终于发现令人触目惊心的劣质食材是如何流向肯德基、麦当劳、必胜客等著名洋快餐企业的。2014年7月20日晚,揭露福喜公司过期肉事件的电视报道在上海电视台播出后,上海市食品药品监督管理局连夜出击,彻查上海福喜食品公司。2016年2月1日,上海嘉定区法院对上海福喜食品有限公司、福喜食品有限公司(河北福喜)以及被告人杨立群等人犯生产、销售伪劣产品罪一案进行了一审公开宣判。法院以生产、销售伪劣产品罪分别判处两家福喜公司罚金人民币120万元;澳籍被告人杨立群等十人均被判处有期徒刑:其中杨立群被判处有期徒刑三年,并处罚金人民币10万元,驱逐出境;贺业政等9人被判二年八个月至一年七个月不等,并处罚金8万元至3万元不等。2016年7月1日,上海市第三中级人民法院对上海福喜食品有限公司和福喜食品有限公司(河北福喜)犯生产、销售伪劣产品罪做出二审终审判决,驳回上诉,维持原判。

司法审判结束后,上海市嘉定区市场监管局、徐汇区市场监管局立即启动了对"上海福喜案件"涉及的上海福喜食品有限公司和其上级公司欧喜投资(中国)有限公司的行政处罚程序。上海市食药监管局宣布,嘉定区市场监管局日前已对上海福喜食品有限公司依法做出警告、没收违法生产的食品、没收违法所得、罚款1 698.4万元、吊销和注销相关食品生产许可证的行政处罚。徐汇区市场监管局已对上海福喜食品有限公司的投资方欧喜投资(中国)有限公司做出警告、罚款730.1万元等行政处罚。对两公司罚款合计人民币2 428.5万元。上海福喜食品有限公司和欧喜投资(中国)有限公司表示接受处罚,并按期缴纳罚款。此外,嘉定区、徐汇区市场监管局将按规定把上海福喜食品有限公司和相关责任人员纳入上海食品严重违法失信"黑名单"。

资料来源:此案例由苏勇根据有关媒体报道撰写。

讨论题

1. 你认为像福喜公司这样的著名企业为什么会发生如此严重的问题?
2. 企业如何实施对供应商的有效质量监控?
3. 参照国际经验,如何能彻底防止此类事件的发生?

第 2 章　管理伦理：概念与趋势

> 按照完美的谨慎、严格的正义和合宜的仁慈这些准则去行事的人，可以说是具有完善美德的人。
>
> ——亚当·斯密

> 非德之威，虽猛而人不畏；非德之明，虽察而人不服。
>
> ——宋·苏轼

学习目标
- ☑ 了解管理的基本概念和管理学发展趋势。
- ☑ 了解伦理的基本概念和伦理学发展过程。
- ☑ 理解管理与伦理的关系及管理伦理学的概念与内涵，明确管理伦理学的重要性。

引例　"电子工头"引发争议

一种被戏称为"电子工头"的电脑软件，在上海市30多家企业担当起"远程监工"角色，并引发了很大争议。

该软件的正式名称是"网络神探"。它问世的背景是，越来越多的企业迈入信息化门槛，但由于缺乏有效的管理规范，用公司电脑网络干私活现象呈愈演愈烈之势。一项权威调查显示，我国互联网用户中的28%为公费上网，另有26%为半公费上网。至于在办公室用单位电脑上网炒股，已成为不少公司中令人尴尬的"风景线"。在一些软件设计企业，开发人员把职务发明占为己有，由此引发的诉讼，每年以30%的速度递增。有一家建筑设计院，不少人用单位的软件网络打印设备干私活，然后低价出售图纸，同自己的单位抢生意，导致企业的市场份额明显减少。

"网络神探"颇似一名隐身在企业内部电脑互联网上的"电子工头"，有了它，管理者就像配了架超级望远镜，可以实时观察员工在联网电脑上的所作所为。如果有人在上班时间用单位电脑打游戏、炒股票、浏览与工作无关的网站，都逃不过"网络神探"的火眼金睛。领导出差去了，"电子工头"也会把每位员工的表现——记录在案，到时候再向雇主汇报。

正因为"网络神探"有此神功，一进入企业的办公室就立刻引起轩然大波。争议主要集中在两点。其一是，这种软件真能提高工作效率吗？支持者认为，流水线上的工人不能用企业的设备为自己干私活，这个原则同样适用于办公室员工。没有相应的监控手段，易产生公私不分、化公为私的弊端。再说，如果不控制干私活的人，对克己奉公的好雇员不公平。反对者则反驳说："我们在电脑前从事着创造性工作，在工头的监视之下，怎么会有心灵的自由和创作的欲望？"

争议之二是,"电子工头"是否会侵犯员工的隐私权。反对者提出,假如企业负责人通过它看到我的电子邮件,那该如何是好?一位担任营销工作的周小姐提出:"我可以保证自己不干私活,但不能保证别人发给我的电子邮件不谈私人话题。使用这种软件就像私自打开别人的抽屉,即使是老板也没有权力擅自打开员工的办公桌抽屉。"支持"电子工头"的人则认为,公司的电脑、电子信箱都是为工作准备的,本来就不是发私人邮件的地方。再说,"网络神探"只对电脑的行为进行监控,而对员工本身的个人行为没有任何影响,所以不对个人隐私构成威胁。

看来,有关"电子工头"的争议,一时还分不出谁对谁错。有趣的是,研制出"网络神探"的上海雨人软件技术开发有限公司在向客户推销时,如果遇上雇员,十有八九遭到拒绝,而向企业负责人推销,成功率超过六成。

有关专家指出,虽然安装"电子工头"的行为显得粗暴,但它受到众多企业的欢迎。这表明,企业互联网上公私不分的现象已到了必须重视的时候。随着智能化、信息化办公设备的日益普及,必须建立与信息时代相适应的管理规范和员工准则,即使现有的"网络神探"软件被拒绝、被淘汰,也会有更多温柔些的"电子工头"赶来应聘"上岗"。

资料来源:此案例由苏勇根据相关资料编写。

2.1 管理学与企业管理

2.1.1 管理:人类最重要的活动

当今社会的发展,纷繁复杂,变化多元,一日千里。在这精彩万象的世界中,各种事物的内涵越来越丰富。在这个飞速发展、五光十色的社会中,管理——这个组织和社会发展中永恒的话题,正以前所未有的极高频率出现于社会各个领域之中,并以其日益显示出的重要性而得到人们的广泛重视。

管理是人类社会各种活动中最重要的活动之一。在人类漫长的历史长河中,曾有过多少惊心动魄的重大事件,曾有过多少不可思议的创造发明,曾有过多少令人惊叹的宏伟工程,也曾有过多少历史性的成功和失败。它们都曾在一定的时空中改变了历史的轨迹和人类的命运,留下了许多使人难以忘怀的回忆。今天,如果我们揭开笼罩在这些事件上面的神秘纱幔去进一步探究,某些事件为什么会发生?某种发明为什么能出现?某项工程为什么能成功?某些成功和失败是否必然……也许对每一个问题,我们都可以列举出无数外因和内因,列出无数客观因素和主观因素,也可以说,每一个问题都有其偶然性和特殊性。但我们却可以发现其中有一个共同的最基本的因素,就是这些事件、发明、工程以及无数成功和失败之中,都有着管理的作用。

就一个社会而言,如何管理国家、如何管理城市、如何管理企业、如何管理学校、如何管理每一个组织和每一项活动;就个人而言,如何管理事业、如何管理行为、如何管理时间、如何管理财富,乃至如何管理人生,这些都是我们每一个组织、每一个人几乎每天都要碰到的问题。管理无处不在、无时不在,它既是成功的要素,也往往是失败的根源。每个行业的兴衰、每个部门的运作,都有管理在其中发挥作用。除了人们最熟悉的企业管理之外,诸如财经管理、文化管理、行政管理、军事管理,乃至技术管理、人事管理、档案管理、项目管理等同样贯穿于各个行业、各个领域的一系列活动之中，深入人们生活的各个领域。有人曾经这样描述管理活动的广泛性：在现代社会，几乎人人都在从事管理的实践，不从事任何管理的人不是年纪过小就是年纪太大，要不就是那些在单位里被认为是无能的人。

早在100多年以前，马克思就对管理的必要性和重要性进行了阐述，即一切规模较大的直接社会劳动或共同劳动，都或多或少地需要指挥，以协调个人的活动，并执行生产总体的运动——不同于这一总体的独立器官的运动——所产生的各种一般职能。一个单独的提琴手是自己指挥自己，一个乐队就需要一个乐队指挥。㊀

时至今日，没有人会再怀疑管理的重要性。而各种各样有关管理的论述也异彩纷呈。

那么，究竟什么是管理呢？

被称为"科学管理之父"的美国学者泰勒，曾经给管理下过一个简明扼要的定义：管理就是"确切地知道你要别人去干什么，并使他用最好的方法去干"。㊁在泰勒的眼里，管理就是指挥他人能用其最好的工作方法去工作。所以他在自己的《科学管理原理》㊂（*The Principles of Scientific Management*）一书中就讨论和研究了这样的问题：第一，员工如何能寻找和掌握最好的工作方法以提高效率；第二，管理者怎样使员工的行为更趋于科学性和合理性，如何激励员工努力地工作以获得最大的工作业绩。

1978年诺贝尔经济学奖获得者赫伯特·西蒙教授曾经对管理的概念说过一句名言："管理即制定决策。"㊃㊄在西蒙教授看来，管理者所做的一切工作，归根结底是在面对现实与未来、面对环境与员工时不断地做出各种决策，使组织的一切都可以持续有效地运行下去，直到获取满意的结果，实现令人满意的目标要求。西蒙教授因为他的这一著名观点，被称为管理学中的"决策理论学派"创始人。

虽然几乎所有的管理学教科书都要提到泰勒和西蒙教授的观点，但我们还要提到另外一位对管理的定义产生重大影响的人，就是法国企业家亨利·法约尔。亨利·法约尔在他的代表作《工业管理与一般管理》㊅中提出他所认为的管理概念之后，产生了整整一个世纪的影响。法约尔认为，经营和管理是两个不同的概念。他认为，"经营"的意思是指导和引导一个组织趋向一个目标。就具体情况而言，经营可以是指船长驾驶一艘船、经理经营一个企业或政府首脑管理一个国家。"经营"共有六种活动，而"管理"则为六种活动中的一种。这种活动有五项要素组成：计划、组织、指挥、协调和控制。法约尔的这一定义告诉我们，当你在从事计划、组织、指挥、协调和控制这些具体工作时，你就是在进行管理。㊆

㊀ 马克思恩格斯全集（第23卷）[M].北京：人民出版社，1972：367.
㊁ 泰勒.科学管理原理[M].北京：中国社会科学出版社，1980：157.
㊂ 本书中文版机械工业出版社已出版。
㊃ 赫伯特·西蒙.管理决策新科学[M].北京：中国社会科学出版社，1982：37.
㊄ 本书中文版机械工业出版社已出版。
㊅ 本书中文版机械工业出版社已出版。
㊆ 法约尔.工业管理与一般管理[M].北京：中国社会科学出版社，1980.

中外学者对于管理的定义可谓汗牛充栋。究其实质，探索视角不同，衡量维度各异。

中国的管理学者对管理的基本概念也提出了自己的看法。

一种观点认为，管理是社会组织为了实现预期的目标，以人为中心进行的协调活动。

这一管理定义的表述，包含以下五个方面。

（1）管理的目的是实现预期目标。世界上几乎不存在无目标的管理，也不可能实现无管理的目标。

（2）管理的本质是协调。协调就是使个人的努力与集体的预期目标相一致。每一项管理职能、每一次管理决策都要进行协调，都是为了协调。

（3）协调必定产生在社会组织之中。当个人无法实现预期目标时，就要寻求别人的合作，形成各种社会组织，原来个人的预期目标也就必须改变为社会组织全体成员的共同目标。个人与集体之间以及各成员之间必然会出现意见和行动的不一致，这就使协调成为社会组织必不可少的活动。

（4）协调的中心是人。在任何组织中都同时存在人与人、人与物的关系，但人与物的关系最终仍表现为人与人的关系。任何资源的分配也都是以人为中心的。由于人不仅有物质的需要，同时还有精神的需要，因此，社会文化背景、历史传统、社会制度、人的价值观、人的物质利益、人的精神状态、人的素质、人的信仰，都会对协调活动产生重大影响。

（5）协调的方法是多样的，既要有定性的理论和经验，也需要定量的专门技术。计算机的应用与管理信息系统的发展，将促进协调活动发生质的飞跃。⊖

另一种观点是，从现实情况来看，"管理是对组织的资源进行有效整合和创新，以达到组织既定目标与责任的动态性、创造性的活动，计划、组织、指挥、协调和控制等行为是有效整合资源所必需的活动。管理的核心任务在于对组织现实资源的有效整合与创新"。它具有下列五个特性。

（1）动态性。管理这一活动的动态性特征，主要表现在这类活动需要在变动的环境与变动的组织本身中进行，需要随时面对和消除资源配置过程中的各种不确定性。因此，管理不是停留在书面上的东西，它是实践中的操作，而且这种操作不是一劳永逸或一成不变的，需要根据变化的情况随时进行调整。在21世纪这个多变的时代尤其如此。

（2）科学性。管理的动态特性并不意味着管理这类活动没有科学规律可循。管理活动尽管是动态的，但还是可将其分成两大类：一类是程序性活动，另一类是非程序性活动。所谓程序性活动就是指有章可循的常规性管理活动，照章运作便可取得预想效果的管理活动；所谓非程序性活动就是指无章可循，需要边运作、边探讨、边总结的管理活动。这两类活动虽然不同，但又是可以转化的。现时的程序性活动往往就是

⊖ 周三多.管理学：原理与方法 [M].上海：复旦大学出版社，1997：10.

以前的非程序性活动转化而来的。这种转化的过程实际上是人们对这类活动与管理对象规律性的科学总结，管理的科学性在这里得到了很好的体现。而对新管理对象所采取的非程序性活动，往往也是基于过去的科学结论进行的，是在过去的科学结论上进一步发展而形成的，否则对这些对象的管理便失去了可靠性和科学的依据，而这本身也体现了管理的科学性和系统性。

（3）艺术性。由于管理对象处于不同环境、不同行业、不同的产出要求、不同的资源供给条件等状况，这就导致了对每一具体管理对象的管理活动没有唯一的、完全有章可循的统一模式，对那些非程序性的、全新的管理对象，则更是如此。而且当今社会发展节奏日益加快，情况千变万化，如果我们仅用一个统一的模式和框架，去执行每一项具体而复杂的管理活动，往往不能获得成功。因此，这就造成具体管理活动的成效与管理主体对管理技巧发挥的多少相关性很大。这种管理主体对管理技巧的应用与发挥，就体现了管理主体设计和操作管理活动的艺术性。

（4）创造性。管理既然是一种动态的活动，对每一个具体管理对象没有一种统一的模式可以参照，那么要达到组织既定目标与责任，就一定需要一种创造性。管理活动是一种创造性的活动，它需要根据各种管理活动中的相关因素，在整个管理过程中进行创造性的发挥，因此，这就使得现代管理活动的难度越来越高，其内涵也越来越丰富。而且现代管理活动更加强调创新，一个组织如果墨守成规，不注重创新，那么这个组织就不可能完成预定的目标和活动，就不可能在激烈的竞争中取胜。管理的创造性根植于动态性之中，与科学性和艺术性相关，而正是由于这一特性的存在，就使得管理创新成为必需。

（5）经济性。资源的配置与整合是需要成本的，因此管理活动就必然具有经济性。管理的经济性首先反映在资源配置的机会成本之上。管理者选择一种资源配置方式，是以放弃另一种资源配置方式为代价而取得的，那么这里就有机会成本的问题。其次，管理的经济性反映在管理方式方法选择上的成本比较。因为在众多可帮助管理者进行资源配置和整合的方式方法中，其所耗费的成本不同，因此如何选择就同样有经济性的问题。再次，管理是对组织的资源进行有效整合的过程，因此选择不同资源的供给和配备，同样有成本大小的问题，这就是经济性的另一种表现。

管理活动的上述五个特性是相互关联的，是管理活动性质的五个不同侧面的反映，可以说每一项具体的管理活动，都同时具备这五个特性，而缺乏这五个特性中的某一点，其管理活动就必然存在问题。

2.1.2 管理学的发展过程及其新趋势

1. 管理思想溯源

回顾历史，人类各种有意识的管理活动和管理思想可以上溯到很久以前。

目前发现的关于管理思想最早的文字材料，是距今 5 000 年以前西亚的美索不达米亚地区（即两河流域）的苏美尔人留下的。由于宗教活动的盛行以及伴随而来的庙宇经济的发展，在当时苏美尔人的宗教活动中发展出了一种早期的"公司"的概念，即由一个管理机构来管理若干个庙宇的相关活动。这个机构对庙宇的管理不仅涉及其宗教活动，而且涉及经济活动。苏美尔人庙宇中的祭司，通过其庞大的赋税制度搜刮到大量的财物，如畜群、田产和房地产等。为了对这些财物进行管理，他们在泥板上用文字记载账目等，创立了世界上最早的处于萌芽状态的管理控制系统和库存账目记录。

而中国的传统管理思想，其内涵也十分丰富。不仅中国人自己认识到这一点，即使是美国的管理学家也持有同样的看法。美国北卡罗来纳州大学克劳德 S. 乔治（Claude S. George）在他的《管理思想史》一书中写道："中国人早就以其智慧著名，但对他们的管理思想却很少有人进行研究。可是，《孟子》和《周礼》等古籍（公元前 1100 年到前 500 年）却表明中国古人早已了解组织、计划、指挥和控制的某些原则。"[一]

我国有学者认为，中国古代经济管理思想的发展，大体可分为三个阶段。秦统一以前为第一阶段。这一阶段是中国古代"富国之学""治生之学"开始产生的时期。第二阶段从秦、汉至唐朝前期。这是中国古代传统的经济管理思想形成的时期。第三阶段从唐中叶开始直到明、清时期。这是传统的经济管理思想逐渐发生变化的时期。[二]用现在的学术观点来看，所谓"富国之学"，大体相当于宏观经济管理学，而"治生之学"就是微观经济管理学。

确实，在中国古代浩如烟海的典籍中，有不少涉及管理思想与管理活动的记载。而许多研究者最重视的，是中国古代著名兵书《孙子兵法》中的管理思想。这是因为，从整个社会历史发展来看，人类早期比较成熟和典型的管理行为，最早可能存在于军事行动之中。在人类早期，为了争夺土地、获取财物、抵御进攻和反抗侵略等，很早就开始有了各种军事活动。而一切稍具规模的军事活动，势必会涉及许多环节和问题，如行军、布阵、进攻、撤退、宿营以及后勤保障等。这一系列工作需要多方面的协同配合，需要详细的计划和周密的部署，因此其中涉及大量的管理行为。军事管理可以说是人类较早的一种成型的管理活动，在军事活动发展中，创造出了许许多多我们今天在各个领域都广泛加以应用的管理思想和管理原则，现在许多被认为较早涉及管理科学的论述和观点，散见于人类早期一些军事著作之中。例如，乔治在其《管理思想史》中便指出："孙子所著《孙子兵法》是世界上最古老的兵书。今日，虽然战车已经过时，武器已经改变，但是运用这些原理，就不会战败。今日的军事指挥者和现代经理们，如仔细研究这本名著，仍能获得很大收获。"[三]事实也正是如此。被誉为"世界古代第一兵书"的《孙子兵法》，不仅在世界军事史上具有重要地位，而且其中所论及的各种管理原则，在企业经营管理等非军事领域，同样具有很高的地位和强大

[一] 克劳德·乔治. 管理思想史 [M]. 孙耀君，译. 北京：商务印书馆，1985：15.
[二] 赵靖. 中国古代经济管理思想的奠基阶段 [M]. 国家经委经济管理研究所编. 中国古代管理思想与管理现代化. 昆明：云南人民出版社，1985.
[三] 克劳德·乔治. 管理思想史 [M]. 孙耀君，译. 北京：商务印书馆，1985.

的生命力。它所论述的战略、谋略、决策、用人等大量的指挥原则,许多可以直接运用于企业管理的实践中,而且正在被现在许许多多成功的企业家实践着。在《孙子兵法》中蕴含的大量属于管理哲学层面的思想和理论,对各个领域的管理活动具有普遍意义。

2. 泰勒及其"科学管理理论"

虽然人类很早就开始实施各种各样的管理行为,也早已出现一些管理思想和理论的吉光片羽,但管理学作为一门系统管理的科学,还是相当年轻,至今为止也就100多年时间。管理学的诞生,是以泰勒所提出的"科学管理理论"为标志的。

科学管理理论的诞生,是管理学发展史中的重大事件,也是管理从经验走向科学的第一步,它对管理学的发展起到了奠基性的作用。

19世纪末20世纪初,美国的工商业迅猛发展,资本雄厚,但缺乏劳动力,企业管理落后。在经过"工业革命"之后,传统的手工作坊式的小手工业生产,逐渐被更具有经济效益的大机器生产方式替代。企业规模的扩大和工人劳动过程、劳动内容的日益复杂,使得传统经验式和粗放式的管理已经不相适应,其突出表现为:工人劳动时间长、强度大,生产效率低下,工人工资很低,以致劳资关系紧张。这些情况引起了当时一些管理人员和技术人员的关注,他们试图运用当时的科学技术去解决这些问题。弗雷德里克·泰勒就是其中的典型人物。

1874年,一位名叫弗雷德里克·温斯洛·泰勒(Frederick Winslow Taylor)的美国人,原本已经通过哈佛大学法学院的入学考试,但因为身体原因而没有进入哈佛大学学习,有点不可思议地进了一家工厂。这位学徒出身后来做到总工程师的美国人,以他自己对工厂工作和管理的切身体会与经验,于1911年出版了一本在管理学发展史上具有开创性意义的著作《科学管理原理》。泰勒以这本书为核心,建构起他的"科学管理理论"。这本书的出版和"科学管理理论"的创建,不仅标志着管理这样一种人类在劳动工作中的互动行为,从此由感性的反应走向理性的思考与作为,同时宣告了一门新的学科——管理学的诞生。泰勒也从此被人们尊称为"科学管理之父"。当代管理学大师彼得·德鲁克认为,泰勒的思想是"继联邦宪法之后,美国对西方思想所做出的最持久的一项贡献"。

对于当时在企业管理中所发生的这些问题,从一线生产工人成长为管理者的泰勒认为,管理问题已经成为当时企业发展的最主要障碍,严重影响企业的效率。由于当时的企业管理人员不懂得如何进行科学有效的管理,也根本不了解工作程序、劳动节奏和疲劳因素等对企业劳动生产率的影响,工人又缺乏有效的培训,这些都大大影响劳动生产率的提高。于是从1880年开始,泰勒首先在他所在的钢铁厂中进行一系列管理试验,逐渐形成一整套后来被称为"科学管理"和"泰勒制"的管理思想与模式。

作为最早的一套较为系统的管理模式,泰勒在他的管理思想中提出下列观点。

(1)科学管理的中心问题是提高劳动生产率。泰勒在《科学管理原理》一书中强调指出了提高劳动生产率的重要性。他说:"人的生产力的巨大增长这一事实,标志着文明国家和不文明国家的区别,标志着我们在一两百年内的巨大进步。正是由于生产力的增长,使得今日的劳动人民的生活几乎同250年以前的国王一样好……我在这个问题上讲了这么多,因为科学管理的根本就在于此,因为科学管理如同节省劳动的机器一样,其目的正在于提高每一单位劳动力的产量。"

(2)达到最高工作效率的重要手段,是用新的科学管理方法代替旧的经验管理方法,把计划职能同执行职能分开,变原来的经验工作法为科学工作法。泰勒认为,工人单凭自己的经验是不能找到科学方法的,而且他们没有时间和条件去从事这方面的试验和研究。所以必须把计划职能和执行职能分开,计划职能归企业管理当局,并设立专门的计划部门承担。至于现场的工人和工头,则从事执行的职能,按照计划部门制定的操作方法和指示,使用规定的标准化工具,从事实际的操作,不得自行改变。

(3)为了提高劳动生产率,必须为工作挑选"第一流的工人"。泰勒认为,人具有不同的天赋和才能,只要工作对他合适,他就能成为第一流的工人。如身强力壮的工人干重活是第一流的,但干精细活就不一定是第一流的。心灵手巧的女工,虽然干重活不行,但做精细活却是一流的。所以管理者的任务在于为每一名工人找到最适合于他的工作。

(4)要提高劳动生产率,实施科学管理,其核心是管理人员(包括雇主)和工人双方,在精神上和思想上必须来一次"革命",变相互对立为相互协作,共同为提高劳动生产率而努力。

根据泰勒所提出的上述观点,在管理实践中,他采用了这样一些方法。

(1)对工人的劳动过程实施"时间动作分析"。即从执行同一种工作的工人中,挑选出最熟练的工人,将他们每一项动作、每一道工序的时间记录下来,按照经济合理的原则加以分析研究,肯定其合理部分,去除不合理部分,然后在此基础上制定出标准的操作方法,并制定出完成该项工作所需的总时间和每个工人的工作定额。

(2)实行"差别计件工资制"。按照工人是否完成其定额而采取不同的工资率。如果工人达到或超过了定额,即全部工作量都按"高"工资率付酬;如果工人的生产没有达到定额,则全部工作量都按"低"工资率付酬。以此来督促和鼓励工人完成和超过定额。

(3)用科学、规范的方法来训练员工,提高员工的生产技能。对工人进行科学的选择和培训,使他们按照作业标准来工作,以改变仅凭个人经验和习惯性动作来从事作业的落后方法,也改变了以往仅靠师傅带徒弟的方法。

泰勒的"科学管理理论",是人类一项重要的文化成果,是人类第一次尝试以科学、系统的方法来探讨生产劳动过程的管理问题。它不仅有效地提高了劳动生产率,而且就管理伦理方面而言,也有了初步的思考和行动。例如,在如何制定工作定额的问题上,泰勒已经考虑到工人的必要休息时间,而不是以工人长时间的超负荷劳动来作为制定定额的基础。相比较当时那些不顾工人死活、迫使工人长时间高强度劳动以拼命榨取工人血汗的工厂主及其管理人员而言，泰勒的这一考虑应该说是比较符合道德的。另外，泰勒也考虑到，尽量采用科学的方法对工人的操作程序、劳动工具、劳动时间和休息时间的搭配，对机器的安排和作业环境的布置等各项生产过程要素进行分析，以优化工人的劳动过程，从管理者的角度来提高工人的劳动效率。这些考虑问题的角度和实际采取的措施，从管理者对员工及劳动过程的管理以及管理者与员工之间伦理关系的考虑上，都是具有积极意义的。

作为管理科学的第一个华彩篇章，"泰勒制"是适应历史发展的需要而产生的。在采用这一方法的企业中，也确实起到了提高劳动效率的作用。但泰勒所提出的这套理论和方法，也毫不例外地受到历史条件以及泰勒本人经历和经验的限制。这一理论的着眼点是解决工人的操作问题以及生产现场的监督、控制和管理问题，所涉及的范围较窄，而且从管理伦理的角度来看，泰勒的"科学管理理论"中有相当大的部分存在问题。所以，列宁在谈到泰勒的"科学管理理论"时曾经指出，泰勒制——也同资本主义其他一切进步的东西一样，有两个方面：一方面是资产阶级剥削的最巧妙的残酷手段，另一方面是一系列最丰富的科学成就，即按科学来分析人在劳动中的机械动作，省去多余的笨拙动作，制定最精确的工作方法，实行最完善的技术和监督制度等。[○]泰勒的"科学管理理论"虽然从道德层面而言，比以前的简单管理前进了一大步，但也明显有以下不足之处。

（1）在"科学管理理论"中，并没有把企业管理的两种对象（人和物）加以明显的区分。在企业中，人和物都作为管理的客体而存在，但人和物的性质又是截然不同的。人是一种活生生的社会动物，是有生命、有思想、有情感的，人在从事生产劳动的过程中，会产生很多思想、情感等人文因素，人与人之间很容易产生一定的关系和发生各种行为。这些人文因素是很难用纯科学的、理性的、数量化的手段加以测定和计算的。因此，管人和管物，如果像泰勒所强调的那样，都采取纯粹理性化和科学化的手段，其效果是截然不同的。

用科学和理性的手段来管理机器和物品，会具有明显的效果，它可以使效率提高、工作有序。但用来管人，可能效果就不会很明显。如果简单地沿用管物的方法来管人，可能效果还会适得其反，因为每个人都有自己的主观意识，他的行动要受主观意识支配，而且每个人的行为会表现出差异性。例如，动作分析这一管理手段，从理论上讲是极为科学的，但就对工人的生产动作而言，是否能确保所有的工人在整个生产过程中始终坚持标准化工作，就很难说。人毕竟不是自动机器，指挥人行动的是人的大脑，是人的大脑在接受了种种信息之后所产生的意识，其中夹杂着人的许多主观成分，具有十分复杂的因素，因此是很难做到整齐划一的。再者，企业不是军队，要工人在相当长的劳动时间里始终保持机械呆板的单调动作，不仅很难做到，而且其行为必然产生异化，从工人的心理健康和行为合理性而言，也是不道德的。

更何况，从现代管理学角度而言，在企业中，人还不仅仅是管理的客体，他同时

○ 列宁.苏维埃政权当前的任务 [M].列宁选集（第3卷）.北京：人民出版社，1972：511.

又是管理的主体。现代企业管理中如果没有员工在发挥主动性基础上的积极参与，就很难产生良好的效果。在这方面，泰勒的"科学管理理论"显然根本没有涉及。

（2）在对人的激励手段上，泰勒过于强调人的经济性，把企业员工视为纯粹的"经济人"，把经济手段视为调动人的积极性的唯一手段。固然，经济手段是调动企业员工劳动积极性的重要手段，但绝不是唯一的手段。这不仅在对企业员工的管理工作中，在所有的管理工作中都是如此。人的激励是一件很复杂的事情，取决于多种因素，其中既有经济因素，又有文化、精神等方面的社会性因素。管理者在处理团体或企业内部的关系时，如果一味强调经济手段，虽可能奏一时之效，但绝不会有长久之功。泰勒"科学管理理论"的推广过程便证明了这一点。当时很多企业在推广"科学管理理论"之后，一段时间内虽然劳动生产率有明显提高，但过了一段时间之后，工人的不满情绪日益上升。

尽管泰勒的"科学管理理论"存在一些缺陷，但它毕竟第一次把看似简单的管理行为上升为一套系统的理论，针对企业管理中的若干关键问题提出了系统的思路和对策，把管理从一种简单的、经验性的行为概括提炼为较完整的理论。泰勒"科学管理理论"的形成，对当时美国社会经济的发展和美国企业管理水平的提高产生了极大的影响，成为当时不少美国企业提高企业效率、降低企业成本的法宝，同时成为管理理论与实践中不可缺少的宝贵财富之一。它标志着管理作为一门科学的诞生，为以后各种管理学理论奠定了基础。

3. 行为科学的产生

泰勒的"科学管理理论"提出以后，当时不少美国企业采用这一套理论来提升本企业的管理水平，许多企业也从中获得了很大的效益。在当时，凡是采用这一理论的企业，其劳动效率都有明显的提高。但是一段时间以后，这些企业就发现企业中的劳资关系比较紧张，工人的不满情绪上升。因此，新的管理思想和理论也在孕育之中，那就是"行为科学理论"。

"行为科学理论"又名"人际关系—行为科学理论"。它的产生源于管理学发展史上有名的"霍桑实验"。霍桑实验在管理学的发展历史上，第一次较系统地把实验的方法引入管理学研究之中，并取得了一系列令人瞩目的成果。

1929年，美国哈佛大学的心理病理学教授乔治·埃尔顿·梅奥（G. E. Mayo）率领一个研究小组，到位于芝加哥附近美国西屋电气公司下属的霍桑工厂进行了一系列的实验和观察，其目的主要就是研究在企业管理中哪些因素和工人的生产效率有着明显的关系。

"霍桑实验"主要有下列内容。

（1）照明实验。这一实验的目的，主要在于调查和研究工作场所的照明度与作业效率之间的关系。实验结果表明，照明度和作业效率之间没有单纯的直接关系，工人的劳动效率并不与工作环境的照明强度成正比关系。

（2）继电器装配实验，又称福利实验。其目的是要发现福利条件的变化和工人作业效率之间的变化存在什么样的关系。这里的福利，主要是指工人工作过程中休息时间的长短、劳动时间的长短、提供给工人的免费餐点等福利条件。实验结果表明，生产效率的高低并不取决于作业场所的福利条件，而是取决于工人的劳动积极性。而决定工人劳动积极性的一个很重要的因素，就是工作组织中的人际关系。

（3）谈话实验。其目的就是要了解如何获取工人内心真正的感受，倾听工人的意见，从而来提高其工作效率。实验结果显示，凡是接受过访谈的工人，工作效率都有明显的提升，工人的劳动积极性都明显提高。

（4）群体实验。其目的主要是了解工人在企业中，除了按照企业的编制所建立的正式组织，是否还存在某种原因形成的非正式组织，如果有的话，这些非正式组织是如何影响工作效率的。实验结果证明，非正式组织会在很大程度上影响和制约工人行为。

通过"霍桑实验"的一系列工作，梅奥等人发现，"科学管理理论"中对人的假设存在一定问题。而且，仅仅从科学和理性的角度把人看作一种工具，从工作伦理的角度来看就更存在问题。因为，工作场所的物质环境和福利的好坏，与工人的生产效率之间并没有明显的因果关系，相反，通过"霍桑实验"证明，员工的心理因素和社会因素对生产积极性的影响很大。在"霍桑实验"的工作进行之后，梅奥教授在1933年发表了《工业文明的人类问题》一书，奠定了"人际关系—行为科学理论"的基础。其主要观点有以下几点。

（1）以前的管理学理论把员工视为"经济人"，认为金钱是刺激员工劳动积极性的唯一动力，而实验证明员工是"社会人"。因此，要充分调动员工的劳动积极性，就必须从社会方面、心理方面去加以改善。梅奥教授提出，物质条件是提高员工劳动积极性的重要手段，但不是唯一的手段。

（2）员工工作效率主要取决于员工的劳动积极性，取决于员工在社会生活中的感受及组织中人与人的关系。

（3）在组织中，除了正式的组织结构或正式的团体以外，员工中还因为各种因素，客观上存在着各种非正式的群体，这种非正式的组织和群体有其特殊的感情和倾向，有着它特定的行为规范，这种非正式群体和它的行为规范，对员工的行为、对生产力的提高有着非常重要的影响。

（4）在工人所希望满足的需要中，金钱只是其中一部分，大部分的需要是感情上的安慰、安全感、群体中的和谐与归属感等。因此，新型的领导者要注重提高员工的满足感，在正式团体的经济需要与非正式团体的社会需要之间取得平衡。

"霍桑实验"及梅奥教授等人的见解，提出了企业管理中另一个值得重视的新领域，即人际关系的整合和人际关系的和谐对员工行为积极性的影响。在"霍桑实验"之后，大批研究者和实践者继续从心理学、社会学、人类学和管理学的角度对人际关系进行综合研究，从而建立了关于人的行为及其调控的一般理论。而"行为科学"一词，也逐渐被管理学家采用，并在此基础上进一步开展对人的行为规律、社会环境和人际关系与提高工作效率关系的研究。在梅奥等人组织的"霍桑实验"之后，又有了马斯洛

（A. H. Maslow）的"需求层次理论"、赫茨伯格（F. Herzberg）的"双因素理论"、麦格雷戈（D. McGregor）的"X理论—Y理论"、布莱克（R. Blake）和莫顿（J. S. Mouton）的"管理方格理论"，以及其他人的企业文化理论、人本管理理论、学习型组织理论和流程再造理论，等等。

4. 企业管理学发展的新趋势

从整个管理理论的发展趋势来看，现代企业管理理论的发展具有以下特点。

（1）企业管理内涵进一步拓展。现代管理理论的内容不仅限于降低成本、增加产出，而更重视市场、顾客的问题，管理的核心更侧重于决策的正确与否、迅速与否，更注重提高顾客的满意度。

（2）企业组织的多样化发展。从管理学发展历史来看，企业组织的形式和企业的运作方式，正日益呈现出多样化的特点。除了不断推出新的有效组织形式，如事业部制、矩阵制、立体三维制等以适应现代企业组织管理的要求外，还创设了与资产一体化控股、参股相适应的管理组织以及学习型组织、虚拟型组织和网络型组织等一系列企业组织的新形式。

（3）管理实践的丰富化。社会的日益发展和市场形势的多变，使得企业领导人已经完全明白，没有一套固定的适应一切变化的管理体系，只有合适的才是正确的。企业必须根据自己的特点、根据现代管理的基本原则，在实践中形成自己的管理风格和管理特色，形成一整套行之有效的管理模式。这就使得企业的管理模式色彩各异、百花齐放，管理实践的丰富化更进一步推动了管理理论、方式方法和手段的发展。

（4）更加重视企业中人的因素。现代管理理论更加重视企业中人的因素和与之相关的伦理因素，诸如企业诚信机制的建立、怎样保证员工的身心健康和通过工作能够学到新的技能；注重工人与自然、与工作环境的和谐，让他们在愉快的劳动过程中不断提升自我，掌握新的技能。

企业管理理论发展的新趋势，说明对人的重视已成为企业管理中的一个最重要的部分，预示着企业管理伦理学出现的必然性，也预示着伦理作为企业管理过程中一个必然而且始终产生的问题而客观存在，必将引起企业领导人的高度重视。诚如美国哈佛大学教授、《公司道德——高绩效企业的基石》作者林恩·夏普·佩因（Lynn Sharp Paine）所言，公司绩效的全新标准正在形成，这一标准整合了道德和财务两个维度。人们期望今天的领先企业不仅能够创造财富、生产和提供优质的产品，还要成为"道德角色"的表率——作为在道德框架下开展业务的深具责任心的代表。因此，人们希望它们能够坚守基本的道德标准，在开展业务的过程中坚持价值判断。为自己的所作所为（包括好事和坏事）承担责任，对他人的利益和需要做出积极反馈，管理自己的价值体系和承诺。几个世纪以来，理论家们都宣称公司是一个非道德的实体，因此无力承担道德责任。然而，与之相反，今天的社会赋予了公司这样一种道德责任。[⊖]

⊖ 林恩·夏普·佩因.公司道德——高绩效企业的基石[M].杨涤，等译.北京：机械工业出版社，2004：2.

2.2 伦理学的发展历程

企业伦理学是企业管理学与伦理学的交叉所产生的一门学科,因此,当我们在回顾了管理学的发展以后,自然也要看一下伦理学的发展过程。

2.2.1 西方伦理学的起源

伦理与道德不可分离。伦理学是一门关于道德的科学,或者说,伦理学是一门以道德作为研究对象,有着悠久历史的科学。在历史长河中,人类为了维持自己的生存发展,为了在社会生活中不断完善自身、完善他人和完善社会,在人与人之间交往活动中逐渐形成的习俗、规范的基础上,产生了对这些关系的思考,从而形成了一系列道德观念和道德认识,并发展出一个较系统的伦理思想和伦理准则,进而产生了伦理学。

在古代希腊,从词源上来看,早在荷马史诗《伊利亚特》中,已经出现了"ethos"一词。开始,"ethos"这个词只是表示一群人所共居的地方。以后意义扩大,还包括这一群人的性格、气质及其所形成的风俗习惯。这就说明,古希腊人也在很早以前就对伦理道德问题进行思考了。公元前四五世纪的苏格拉底、柏拉图等,特别注意对"善"的思考,甚至专门以青年的道德教育作为他们道德思考的主要内容。公元前4世纪的亚里士多德,把"ethos"的意义加以扩大和改造,先构建了一个形容词"ethicos"(伦理的),以后又构建了一门新的科学"ethika",即伦理学。亚里士多德的《尼各马可伦理学》是古希腊思想家伦理思考的最卓越的成就。正像孔子在中国建立了包含许多伦理观念的儒学一样,亚里士多德在古希腊创建了完整的规范伦理学。亚里士多德认为,求得个人的善良和幸福的学问,就是伦理学;求得整个社会的完善和幸福的学问,就是政治学。

美国《韦氏大词典》对于伦理学,给出了一个基本定义:"一门探讨什么是好什么是坏,以及讨论道德责任与义务的学科。"

2.2.2 中国伦理学的产生过程

"伦理"一词,在中国最早见于秦汉之际成书的《乐记》:"乐者,通伦理者也",意指音乐同伦理是相通的。这里所说的"伦理"已含有人们之间关系的基本意思。东汉经学家郑玄认为:在汉语"伦理"二字中,"伦,犹类也;理,犹分也"。东汉文字学家许慎等人则从文字学上解释为:"伦"字,从人从仑。"仑"字有"条理""思虑"等意,加上单人旁,便含有人与人之间应有之理的意思。所以在汉语中"伦"是指人们之间应有的关系,故有"人伦"一说;"礼"则指道理、规律和原则。"伦理"合称,则是指人与人之间相处应当遵守的道理,或者说处理人与人之间相互关系的道理和准则。

在中国,直到 19 世纪以前,还没有形成独立的以"伦理学""道德学"命名的伦理学著作。当时的伦理学,还没有作为一门学科从哲学中独立出来。但是,中国古代传统学术界对于伦理学的研究却一直十分重视。从孔夫子到孙中山，我国绝大多数思想家都十分重视对道德问题的探讨和研究。《周易》一书中，不仅出现了"道""德"这些概念，还提出了"谦""敬""忠""孝""节""义""仁"等道德范畴。《尚书·皋陶谟》中，还提出了"三德""六德""九德"等一系列规范作为行为标准和修身准则。

我国著名教育家蔡元培先生，在《中国伦理学史》一书中写道，我国既未有纯粹之伦理学，但是，它在我国却极为发达，而且研究的范围太广。我国以儒家为伦理学之大宗。而儒家，和一切精神界科学，悉以伦理为范围。哲学、心理学，本与伦理有密切之关系。我国学者仅以是为伦理学之前提，其他曰为政以德，曰孝治天下，是政治学范围于伦理也；曰国民修其孝悌忠信，可使制梃以挞坚甲利兵，是军事学范围于伦理也；攻击异教，恒以无父无君为辞，是宗教学范围于伦理也；评定诗古文辞，恒以载道述德眷怀君父为优点，是美学亦范围于伦理也。我国伦理学界范围，其广如此，则伦理学宜若为我国唯一发达之学术矣。^㊀

2.2.3 伦理学的基本定义

什么是伦理学？伦理学究竟研究什么？对此，古今中外的学者众说纷纭、莫衷一是，大致有八种意见。^㊁这八种意见虽然各有不同，但从其表述中可以明显看出，其中绝大多数把伦理学的研究对象聚焦在有关道德的各种问题上，把伦理学定位成关于道德问题的科学。这反映了随着社会的进步和发展，随着人们认识能力的提高，人们对伦理学的本身内涵和研究对象的认识越来越清晰。

我们同意这样一种看法，即"一般来说，伦理学是一门关于道德的科学，或者说，伦理学是以道德作为自己的研究对象的科学。人类为维持自己的生存和发展，为了在社会生活中不断完善自身、完善他人和完善社会，在长期的历史发展中，在人和人之间逐渐形成的习俗、规范的基础上，产生了对人的这些关系的思考，从而形成了道德观念和道德认识，并发展为较系统的伦理思想，进而产生了伦理学"^㊂。

伦理学是关于道德问题的学说，是道德思想、道德观点的系统化、理论化。它所要解决的问题既多又复杂。但伦理学的基本问题，则是道德和利益的关系问题。用中国传统思想家的话来说，即"义"和"利"的关系问题。这个问题包括两方面：一方面是经济利益和道德的关系问题，即经济关系决定道德还是道德决定经济关系，以及道德对经济关系有无反作用的问题；另一方面，也是和上述问题直接相关的，就是个人利益和社会利益，或者说是局部的、单个组织的利益和社会整体利益之间的关系问题。

马克思、恩格斯研究了人类社会的发展历史，创立了科学的唯物主义历史观。在他们看来，道德是由物质经济关系决定的。在两人合著的《德意志意识形态》一书中，

㊀ 蔡元培全集（第2卷）[M].北京：人民出版社，1995：7.
㊁ 许启贤.伦理学研究初探[M].天津：天津教育出版社，1989：10；苏勇.管理伦理学[M].上海：东方出版中心，1998：25.
㊂ 罗国杰.伦理学[M].北京：人民出版社，1994：2.

马克思和恩格斯指出，观念、思维、人们的精神交往在这里还是人们物质关系的直接产物。表现在某一民族的政治、法律、道德、宗教、形而上学等的语言中的精神生产也是这样。㊀ 与此同时，对作为一种意识形态的道德，马克思和恩格斯论述了其对社会经济关系的反作用。这两位思想家的论述回答了上述伦理学中的第一个问题。而对于第二个问题，由于每一个道德评判主体的价值观不同，则可能会有各种各样的评判标准和取向。

2.3 管理与伦理的相互关系

2.3.1 经济学与伦理学的渊源

要讨论管理伦理学的基本概念及其当代趋势，首先要讨论经济学与伦理学的渊源。因为从学术发展史来看，经济学与伦理学存在着很深的历史渊源。

1998年诺贝尔经济学奖得主阿玛蒂亚·森在他所著的《伦理学与经济学》一书中就指出："现代经济学不自然的'非伦理'（non-ethical）特征与现代经济学作为伦理学的一个分支而发展起来的事实之间存在着矛盾。"亚当·斯密曾经是达拉斯（一个充满实用主义的城市）大学的道德哲学教授，但他被尊称为经济学之父并且在很长一段时间内，经济学科曾经被认为是伦理学的一个分支。不久以前，经济学还是剑桥大学道德科学荣誉考试中的一门课程。这些事实是判断经济学本质的传统实例。事实上，在20世纪30年代，莱昂内尔·罗宾斯（Lionel Robbins）在其《论经济科学的性质和意义》这部具有影响力的著作中就曾经指出："除了把这两种研究（经济学与伦理学）并列，以其他任何形式把它们结合起来的企图，在逻辑上似乎都是不可能的。"当时，他的这一观点并不为人们所接受，但现在十分走红。

阿玛蒂亚·森又指出："经济学与伦理学的传统联系至少可以追溯到亚里士多德。"在《尼各马可伦理学》（The Nicomachean Ethics）的开篇，亚里士多德就把经济学科与人类行为的目的联系起来，指出了经济学对财富的关注。他把政治学视为"指挥者的艺术"，强调政治学必须使用包括经济学在内的"其他科学"，"虽然从表面上看，经济学的研究仅仅与人们对财富的追求有直接的关系，但在更深的层次上，经济学的研究还与人们对财富以外的其他目标的追求有关，包括对更基本目标的评价和增进"。"挣钱是不得已而为之，财富显然不是我们真正要追求的东西，只是因为它有用或者因为别的什么理由。""经济学研究最终必须与伦理学研究和政治学研究结合起来"，这一观点已经在亚里士多德的《政治学》（Politics）中得到了说明和发展。阿玛蒂亚·森进一步强调："经济学，正如它已经表现出的那样，可以通过更多、更明确的关注影响人类行为的伦理学思考而变得更有说服力。我的目的并不是要列举经济学已经取得的成就和正在进行的研究，而是要提出更高的要求。事实上，经济学不仅能够直接帮助我们

㊀ 马克思恩格斯全集（第3卷），第29页。

更好地理解伦理学问题的本质，而且还具有方法论上的意义。"⊖

在经济学发展史上，赫赫有名的亚当·斯密是一个为市场经济奠定了理论体系的最有影响力的经济学家，与此同时，他也在自己的科学研究中，整合了有关市场经济的伦理道德体系。

在亚当·斯密的市场经济理论体系中，私有产权制度以及相应的国家政治体系与法律体系，是市场经济得以正常运行的必要前提条件和保证。亚当·斯密认为，"经济人"的个体行为构成市场经济活动的基础，而"经济人"的市场伦理道德观念又是决定其经济行为的基础。亚当·斯密所指的市场经济机制，是一种经济的内在规律，它是在没有外来干预的情况下，众多个体行为共同构成和谐有序的市场秩序。这种市场秩序的构成，来自每一个个体追求利润的本性。这就是"看不见的手"的自动调节作用，是一种自发的过程。这种自发和自动调节机制之所以能够有效地发挥作用，其根源在于：以"经济人"人性为基础的市场伦理道德标准及其支配的经济行为本身，可以有效地协调个体的"利己心"和"利他心"。

亚当·斯密认为，从人的本性出发，人类行为基本上是利己的。人在大多数情况下，首先为自己的利益着想，利他的动机和行为自然少于利己的动机和行为。当利己与利他发生矛盾与冲突时，人们一般会首先选择利己。他认为，"利己心"是推动经济人参加经济活动的根本动力，离开了自身经济需要的经济活动是难以持续的。他告诉我们，面包师每天清早起来做面包，并不是出于对其他人需要早餐的一种同情心，而是因为他想获得自己的利润。但是他的这种活动和行为，在实际上满足了其他人对早餐的需要。在斯密看来，"利己"是经济人经济行为的出发点和目的地，"利他"则是连接这一出发点和目的地之间的途径。而这一途径就是通过互利的交易行为。亚当·斯密在《国富论》一书中写道："人差不多总有机会获得他的兄弟的帮助，然而只是期望从他们的善意中获得帮助是徒劳的。他如果能激发起他们的利己性，使之倾向于他，并向他们表明，正是为了他们本身的利益才去做他要求他们为他做的事情，那他就很可能达到目的。……我们不能期望从屠夫、酿酒师和面包师的慈善心中得到我们的晚餐，而应从他们关心自己的利益中去得到。"在亚当·斯密的市场经济秩序中，伦理道德标准本身就成为市场自动调节机制的基础：市场的交易行为自动联结了买卖双方的利益和需求，使他们的利己心和利他心自动地结合在一起，只要达成交易，买卖双方的利益就达到了和谐，当市场上多个交易完成时，市场的和谐秩序就形成了。

经济学与伦理学存在着很深的渊源，虽然经济学家可以说是各种职业身份中最具理性的一员，但是当经济学家在讨论资源的分配及其效率的时候，毫无疑问必定会涉及诸多的伦理问题。在这种情况下，与经济学极为相关的管理学，作为研究直接分配资源的过程以及对人的管理的一门学科，其涉及的伦理问题就更加现实、更加直接而且更加突出。

⊖ 阿玛蒂亚·森. 伦理学与经济学 [M]. 北京：商务印书馆，2000.

2.3.2 管理活动的伦理学思考

在学科分类中，管理学、伦理学是两个不同的学科。管理与伦理也是不同的概念，从表面上看来似乎相去甚远，很少有内在的联系，但从管理活动在现实生活中的实际应用，以及管理所涉及的对象来看，管理与伦理是相互贯通、有着密切联系的。对管理活动的伦理思考，可以从以下四个角度来分析。

1. 管理归根结底是对人的管理

人类自从开始了集体活动或劳动之后，才有了比较明确的管理活动。一切集体和社会组织都是人群的集合，而社会生产和生活无非是人群的活动过程和结果。在这一活动过程中，为了协调人群的活动，取得理想的结果，就有了各种形式的管理活动，而人则在其中充当了管理者与被管理者的身份。为了追求活动的理想结果，必须充分调动所有管理者与被管理者的积极性。这就需要规范人的行为，建立良好和谐的人际关系和集体意识，充分发掘人的内在精神潜力。要做到这一点，光靠严格的规章制度是远远不够的。规章制度能够对人的行为起到基本的规范作用，制约人的行为，但要真正发挥每一个人的潜力，使组织中每一个成员的行为能够符合组织的目标，除了硬性的规章制度约束以外，还需要伦理道德的引导。以良好的伦理道德来激发组织成员的使命感、责任感和荣誉感，使每一个管理者与被管理者都对自己的行为有一个清醒的认识。

2. 管理活动的实施离不开对伦理准则的把握

管理是一种实践性很强的社会活动，管理过程的建立和管理活动的实施，主要是对人力、财力、物力的支配。在整个管理过程中，离不开对伦理准则的把握。管理就是有效地整合组织所拥有的内外部资源来达到组织的目标。就企业管理而言，无论是内部的人力资源管理、财务管理、生产管理，还是外部的市场营销、广告宣传和公共关系的拓展，都是在一个基本目标下，通过对人力、物力、财力的调动与支配来达到某种目的的。在这整个活动中，可以说每一件事情都涉及对伦理准则的把握，例如，在企业的经营过程中，怎样才算把有限的人力、物力、财力运用到最佳的程度？企业在经营活动中，如何才能兼顾企业与社会的利益？企业的管理者与被管理者在对财力、物力的支配中，怎样才能不违背道德原则？这些都离不开一种清醒的道德意识和对伦理道德原则的把握。尤其是被经济学家认为最重要的效率问题，企业在讲究效率的时候如何处理效率与公平的关系，就更多地涉及伦理问题。在市场经济形势下，企业之间的竞争日益激烈，许多企业为了增强竞争实力和取得更高的市场份额，纷纷策划出不少新思路和新点子。这种积极进取的精神固然可嘉，但由此所产生的问题也不少。这就更加突出了伦理原则在管理活动中的重要性。

3. 在处理个人与集体的关系时，更需要建立一种伦理准则

当代管理学家都认为，在各种管理活动中，最主要的是对人的管理，人是一切组织中最宝贵的资源。而在对人的管理中，怎样使组织中的每一个成员能够正确处理好

个人与集体的关系，这其中充满着伦理学的内容。而且，就上述命题而言，怎样才算"正确处理好"，这本身可能就更具有伦理上的难度。市场竞争空前激烈，企业经营活动日益复杂，企业管理手段不断创新，在这科学化、信息化、后现代化的时代，员工的思想意识也在经常变化。而对于企业的领导人来说，在企业经营活动中，怎样才能做到既考虑到集体的利益，使组织和集体不断发展壮大，企业能够获得更多的利润，创造更多的价值，又兼顾到员工个人的利益，从而更好地充分调动每个人的积极性。这对管理者来说，不仅有管理艺术、管理水平上的考验，更有伦理道德方面的考验。对于普通的被管理者来说，正确处理集体和个人的关系，不仅是具体执行过程中的技术问题，而且更多的是涉及个人行为中的道德原则和道德意识的问题。只有当被管理者在复杂的经营活动中，能够清楚地意识到自己的责任，摆正个人和集体的位置，具备了这样的较高素质，才能使整个组织在大家的齐心协力下，获得长远的发展。从这一点上来说，当今在组织管理中被普遍推崇的团队精神，正是适应了这一管理伦理的发展要求。

4. 每一项具体管理行为同样存在伦理问题

管理活动是非常具体的。每一项具体的管理行为，需要面对不同的人和事，其中同样存在着许多伦理问题。例如，用管物的方法来管人，是否符合道德？把企业员工视为"经济人"，认为他们到企业工作仅仅是为了获取物质报酬，这是否符合人的本来愿望？企业中的工作设计单调枯燥，而一些企业为了提高生产效率，长期让员工从事单一化、重复性的劳动而不采取任何应对措施，最终导致员工身心失调，产生某种程度的心理或身体疾病。这已被现代管理学普遍认为是不道德的管理行为，却仍被一些企业视为提高劳动生产率的"法宝"。凡此种种，说明在管理的各个方面，都涉及错综复杂的伦理问题。如果我们再把视野放开一点，在医学管理领域的"安乐死"问题、在社会管理领域中的人口问题等，其中所蕴含的伦理问题更为复杂和深奥，有许多问题有待深入研究。

管理活动是人类一项最基本的社会活动。虽然在人类社会发展的不同阶段，管理活动会表现出不同的形式，但这只是管理这门学科和这项行为在内容和程度上的差别。作为一项最基本的社会活动，管理具有两重性。正如马克思所指出的，管理活动是社会属性和自然属性的统一。管理的社会属性，是指在阶级社会中，作为人类特殊实践形式的管理行为，总是受当时生产关系与经济技术的影响和制约，体现出当时社会各阶层、各群体之间的一定的社会关系，而且在很大程度上反映出社会统治阶级的意愿和要求，代表着统治阶级的价值取向。而所谓管理的自然属性，则是指管理作为一种人类特殊的实践形式，不论在东方还是西方，也不论在哪一种类型的阶级社会中，都具有如何协调和指挥生产劳动及其他工作、如何提高人的工作积极性、如何提高劳动生产率等相同的问题。管理的自然属性反映了社会化生产中劳动过程本身的要求，是一系列科学活动和实践结果的产物，反映了人类文明技术的成果。因此我们也可以说管理是人类的一种资源。著名管理学家法约尔曾受命于危难之际，挽救一家濒临破产的法国矿业公司，他所采用的措施，不是增加投资、设备，也并非采用了新的技术，而是充分地开发出管理资源，应用新的管理形式。"尽管矿井、工厂、财源、销路、董事会、职工同原来都是一样的，只是运用了新的管理方式，公司却以同衰落时一样的步调复兴和发展。"㊀

管理活动之所以具有如此大的作用，除了运用一系列的现代组织手段和科技成果以外，也不能忽视伦理在其中所起的作用。在原始社会中，实行的是一种"风俗的统治"。即使在现代社会中，统治阶级在实施一系列法律法规的同时，也总是基于自己的利益，提出与自己意识形态相吻合的伦理要求。由于统治阶级的地位，他们提出的伦理要求，往往会成为全社会的一种普遍规范，从而使整个社会活动在这种规范的约束下发展。而每一个社会的管理原则，又总是与当时的社会伦理原则相一致的。政治原则，乃至一些经济原则，往往也是从当时社会所遵循的伦理原则中推导出来的。这种伦理原则融化在社会各方面的管理中，体现在每一项具体的管理行为之中，因此，管理中包含了伦理因素，管理与伦理有着内在的一致性、相关性。

2.3.3 伦理的管理功能

我们生活在这个世界上，时时刻刻在进行着人际交往，不断产生和变更着各种各样的人际关系，其中包括伦理关系。在这种伦理关系之下，产生了人们的行为规范、人生价值观和每个人个体的内在道德情操。在一切有人际交往的地方，都有伦理观念、伦理关系和伦理准则的存在。伦理关系作为一种以善恶评价的利益关系，渗透于一切社会人际关系之中。任何人在做出自己行为的时候，都不能回避自己的善恶观念，都会选择符合自己道德准则的行为方式。

正因为在一切有人际交往的地方，都有伦理的存在，而且伦理关系渗透于一切社会人际关系之中，所以伦理实际上在一个社会运行中起着相当大的管理作用。

对伦理的管理功能，我们可从以下几方面来加以认识。

1. 伦理道德产生于对人际关系协调与管理的需要

道德的发展经过了相当长的时期。它从直接体现于原始人的行为活动和相互交往中，发展成为他们多少能觉察到的社会风尚，经历了一个相当长的历史过程。在人类社会产生了畜牧业与种植业、手工业与农业的两次社会大分工之后，生产力水平不断提高，财富逐渐增加，人们之间的社会交往也随着产品交换的需要和分工合作的需要而增加。为与之相适应，社会组织形式也发生了变化，由原来的部落发展成为氏族部落联盟。而人们之间的关系，在这时候便日益成为人们可以直接觉察到的现实和人们每天必须面对的问题。个人与部落整体利益、个人与他人利益之间的矛盾也日益突出，由此便产生了解决这些矛盾的要求和意识，这样就形成了人类的特殊生活及其意识形态——道德。在当时，道德更多的是作为一种风俗习惯而存在的，但是这种风俗习惯

㊀ 占部都美. 现代管理论 [M]. 北京：新华出版社，2002：52.

已经在调节人们的行为，协调、管理人际关系中起到了相当大的作用。根据人们的道德观念所形成的一些人际交往的原则、规范，构成了伦理。

2. 伦理是特殊的社会管理方式

我们从伦理的起源中就清晰可见，伦理从其产生之日起就担负着特殊的社会管理职能和社会调节职能。伦理道德同政治、法律等一样，是一种社会控制力量。任何社会及其各个生活领域，都势必在其运转过程中形成某种相应的秩序，并只有在合适的秩序中才能正常运转。但是，作为社会生活主体的每个人正如恩格斯所说的那样，"是具有意识的、经过思虑或凭激情行动的、追求某种目的的人"，因此他们的个别行动往往是互相冲突、互相矛盾的，往往同社会及其各个生活领域之间需要的秩序不尽一致。为了将社会成员的行为尽可能地引入现实直接需要的秩序范围中，以保持社会及其各个生活领域正常运转，任何社会必然会形成某种相应的社会控制系统。社会控制系统所凭借的社会力量，通常是法律、道德、教育、习俗、宗教、艺术、制度，以及体现国家权力的军队、警察、法庭、监狱等。就控制的渠道而言，它包括三个子系统：①整个社会、社会群体和社会组织有意识地对其成员的行为进行指导、约束和制裁；②社会成员之间自发地互相影响、互相监督和互相批评；③社会成员个人自觉按社会规范选择、约束和检点自身的行为。不论在哪种社会控制中，伦理道德都是不可或缺的力量和方式。基于社会控制因素这一社会属性，它在宏观的总体上显然肩负着两大社会职能，即不仅直接疏导和调整社会成员的行为，还要为其他社会力量的控制提供社会成员现行状况的信息。

因此，伦理作为一种社会规范，不仅从人们的主观意识上控制和引导着人们的行为，使得人们每做出一项社会行为时，都会自觉或不自觉地考虑一下是否符合当今的伦理道德。而且，伦理在客观上也制约着人们的行为。每当人们的一项社会行为产生后，其周围的人群都会用当时社会所奉行的伦理道德规范来对这一行为加以衡量和评判，符合的就以各种形式给予肯定，不符合的就以各种形式加以批评和抨击。虽然从历史的观点来看，符合当时社会伦理道德的行为未必一定正确，但当时社会各方面依据现实伦理规范对某项行为的褒扬或贬斥，客观上都会对这一行为产生影响，从而维持着社会稳定，促进社会发展。而一个社会中伦理规范的存在，客观上也确实起到了维护社会稳定和规范社会秩序的作用。任何一个社会共同体，尽管可以分为不同的利益集团，但这些不同利益集团中的人，作为这个社会共同体的成员，总有或多或少的相通之处（或共同之处）。这样，社会才得以有起码的正常交往和秩序。而只要伦理存在，它就具有社会规范的作用，扮演着社会管理的某种角色。

3. 伦理管理的独特优点

在社会的管理中，伦理所起的作用具有其独特的优点。

自人类进入文明社会以来，历代统治者对社会的管理总是由强制的与非强制的两个方面构成。政治和法律是其强制的一面，这种管理依靠国家执法机构和惩罚机制强制进行，有着一种特殊的外在威严和打击力量，对社会各方面起着强有力的管理作用。

但是法律所调节管理的范围和程度有一定限制，相对于五光十色、纷繁复杂的社会现象而言，法律总是比较原则和简明扼要的，不可能涵盖社会行为的所有方面，而且法律在制定过程中也有一定的滞后性。法律总是等社会上某种现象或某种行为发展到一定程度，具有相当普遍性后，才出台来加以必要的管理和约束。而社会管理的非强制一面，则是以伦理为主要内容。伦理的管理由于作用于人的深层心理，直接影响人的内部精神世界，因而其对社会生活管理的作用有时显得更深刻、稳定。伦理是通过社会舆论、习惯、良心、道德、理想等发挥其管理作用的。它通过对人们的潜移默化，获得一种内在的威严与力量，从而发挥其社会管理职能。这种管理职能，虽然不如法律或政治武器那样明显、有力，但却是广泛而又深刻的，它可以渗入社会生活的每一个角落，可以涉及每一项行为。现实生活表明，社会舆论的威慑作用，有时甚至比法律法规的作用还要大。所谓"众口铄金"即是这个道理。当然，伦理对社会的管理作用是通过与其他社会管理途径协同作用而实现的，任何社会的管理，都是多种管理方式综合作用的结果。伦理与政治和法律共同作为社会特殊的管理手段，两者虽有着极大的区别，但相互之间仍有密切联系。

从对管理的伦理思考和对伦理的管理作用的认识，我们可以清晰地发现，管理是交融伦理的管理，而伦理思想与原则贯穿于一切管理行为和管理活动之中。伦理是一种特殊的社会管理方式，具有强大的但又是无形的管理作用。管理与伦理两者具有内在的统一性，管理和伦理的进步有着共同的基础，这就是以社会物质生产活动为基础的人类实践。管理的每一次大的变革，也带来伦理方面的重大变革，而伦理道德的进步，也会带来管理思想和方法上的革新。

2.4 管理伦理学的基本概念及其发展趋势

英文中的"Business Ethics"，由于翻译的不同，可以译成企业伦理学、商业伦理学或管理伦理学，在中国，其约定俗成的范围，就是企业在经营管理活动中所涉及的伦理道德准则和具体问题。这是一个比较年轻的学科，它的形成是理论界对公众和实业界普遍重视企业伦理所做出的积极反应，也是企业界重视管理伦理实践活动所带来的一个积极成果。

2.4.1 国外管理伦理学的研究历史与现状

管理伦理学最早出现于美国。在 20 世纪 50 年代末 60 年代初，美国出现了一系列企业活动中的丑闻，包括受贿、垄断价格、欺诈交易、歧视员工等，社会公众对此极为不满，反应强烈，要求政府对此展开认真调查。1962 年，美国政府公布了一个报告——《关于企业伦理及相应行动的声明》（*A Statement on Business Ethics and a Call for Action*）。同年，威廉·鲁德（William Ruder）在美国管理学院联合会（American Assembly of Collegiate Schools of Business）所属成员院校中，发起了一项有关开设"管理伦理学"课程必要性的调查，在此项调查中，被调查者几乎一致认为，管理伦理学应该成为管理教育的一个重要组成部分。

正是在此背景下，1974年11月，在美国堪萨斯大学召开了第一届全美管理伦理学研讨会，这次大会的举行标志着管理伦理学作为一门学科得到相应的确立。这次研讨会所发表的论文被汇编成书，书名为《伦理学、自由经营和公共政策：企业中的道德问题论文集》。在此之后，一批有影响力的管理伦理学方面的著作相继问世。

20世纪80年代初，美国企业界曾开展过一场有关企业伦理道德问题的大讨论，这场讨论同时也引起全社会的关注。绝大多数大学中的管理学院，意识到了注重企业管理行为中的伦理问题不仅是恰当的，而且是十分必要的，故而不少管理学院及哲学系都开设了管理伦理和商业道德方面的课程。截至1993年，美国90%以上的大学在管理伦理学领域开设了相关课程，管理伦理学不再是"企业与社会"和"公共政策"这类课程的附加或重复的内容，而成为一门完全独立的课程。1996年，史蒂文·西尔比格（Steven Silbiger）从全美最佳的十所商学院开设的大量MBA课程中，遴选出受商学院普遍重视的MBA课程精华，即九门核心课程，"管理伦理学"榜上有名。而欧洲的许多大学也相继开始了管理伦理学方面的课程。

与此同时，在传统的管理学科体系中，管理伦理学的地位显著提高。自20世纪80年代末以来，管理伦理学在管理学中的渗透日益显著，几乎所有的管理学教科书都辟有专章讨论"企业社会责任和管理伦理"等问题。例如哈罗德·孔茨（Harold Koontz）和海因茨·韦里克（Heinz Weihrich）在1988年出版的《管理学》（第9版）中，新增了"道德决策模型"与"政府工作人员的道德准则"等内容。美国多所大学用作MBA教材的，斯蒂芬·罗宾斯所著的《管理学：原理与实践》⊖一书同样如此，书中加入了大量有关伦理的各种实例和伦理难题，以提供给MBA学生进行深刻的思考。

美国学者詹姆斯A.F.斯托纳（James A. F. Stoner）等人在1995年出版的《管理学》（第6版）中，提出了20世纪90年代和21世纪管理理论的五个重点领域：质量管理、小企业发展、企业伦理、国际化、多元化。国际著名的市场营销学权威菲利浦·科特勒在1997年出版的《营销管理——分析、计划、实施和控制》（第7版）前言中，把"重视伦理营销"视为营销管理的发展趋势之一。

美国著名的哈佛大学商学院，是最早强调管理伦理方面教育的教育机构之一。1987年，美国哈佛大学商学院一位杰出的校友约翰·沙德（John Shad），由于看到不少毕业于美国著名法学院与管理学院的年轻人，都被卷入了金钱交易和公物私用的商界丑闻，在颇感失望之余，这位美国前证券交易委员会主席给哈佛商学院捐款2 000万美元，并提出倡议，开设"决策与伦理价值"（Decision Making and Ethics Value，DMEV）课程。他希望通过这方面的教育，让学生了解企业伦理与社会责任的内容，避免学生毕业踏入社会后，在"伦理真空"中为人行事，并贻害个人与大众。于是，在时任哈佛商学院副院长派博教授的领导下，一群教授通过研究、创新、辩论与实验尝试的方法，终于在1988年首次推出"决策与伦理价值"这门新课程。这门哈佛MBA一年

⊖ 本书中文版机械工业出版社已出版。

级全体学生的必修课程，其主要目的在于协助学生了解现代企业的多元社会责任，同时探索公平、诚实等方面的伦理价值是如何影响到经理人的决策行为的；个人的廉洁与管理工作如何配合，即经理人如何将他们的个人价值观与工作上的责任搭配得近乎理想；等等。为了防止"决策与伦理价值"的课程落入形式化、教条化与口号化的陷阱，哈佛商学院的教授利用来自营销、生产、人力资源与财务领域的案例，引导学生热烈参与课堂上的讨论，鼓励学生在课堂上建立一种坦然、尊重和合作的气氛，并强调欣赏别人的观点、反思自己的偏见，彼此互相学习、分享不同的经验。除了在教学和研究两大层面贯彻伦理的观念外，在学生的课外活动范畴里，也广开渠道传递伦理的信息，比如，鼓励学生从事义工活动；帮助穷人、贫寒子弟或其他不幸的人群；邀请各行各业的领袖现身说法伦理的实践方式；成立企业伦理论坛，提倡不同观点的交流。⊖

在欧洲，企业伦理的问题同样受到学术界的重视。1983年，荷兰商学院开设了欧洲第一个企业伦理学的讲座。1986年，荷兰特温特大学经营与管理学院也开设了相同内容的讲座。1987年，瑞士圣加仑州开设了类似的讲座。1989年，荷兰两个最新的企业伦理学讲座在林堡省大学和阿姆斯特丹基督教大学开设。一个值得注意的现象是，所有欧洲管理伦理学讲座都设立在商学院和经济学院，而不是哲学系。另外，法国里昂高等商学院和一家法国公司合作，开设以"商业伦理和欧洲文化"为主题的讲座，它的主要目的是把企业伦理与欧洲最优秀的文化传统结合起来。

在研究组织方面，英国伦敦大学皇家学院建立了企业伦理学研究中心，在伦敦还有企业董事会与基督教联合会共同创立的企业伦理研究会。比利时鲁汶教会大学经济系和西班牙纳瓦拉大学开设了"公司和人道"的长期研讨班。德国也建立了有关伦理、教育和经营管理的研究会。这些研究组织各自独立地开展工作并相互借鉴，其工作主要是制订调查计划、组织研讨会和出版论文集。

在出版的著作中，由豪斯特·斯特曼（Houst Sterma）和阿尔伯特·卢安（Alberta）编辑由30位学者和企业界人士共同撰写的代表这门学科全面观点的《企业伦理学》，是一本较早和较全面的有关伦理学的著作。而据笔者1996年在日本做访问学者期间，利用大学图书馆的计算机系统检索的结果，发现最早的一本名为 Business Ethics 的著作写于1968年！

在欧洲，从事管理伦理学研究与教学的学者，以及企业中从事这方面工作的人士，彼此之间更为广泛和持久的联系是"管理伦理学网络"（EBEN）。欧洲管理伦理网络建于1987年，但更早的历史可以追溯到1985年9月在布鲁塞尔举行的会议，会议决定在1986年举行一场研讨会。在那次会议上成立了理事会，其主要任务是准备召开第一届欧洲管理伦理学研讨会。那次会议有80名代表参加，其中一半代表来自企业界，另一半来自学术界。1986年的研讨会上建立了一个欧洲管理伦理学网络，以后每隔一年半时间召开一次网络会议。第二届欧洲管理伦理学会议在西班牙巴塞罗那召开，主题

⊖ 千高原.企业伦理学[M].北京：中国纺织出版社，2000：263-265.

是"公司成员的道德责任和公司效应"。目前，EBEN 已经有约 200 名成员。

由于具有东方文化的背景和日本的民族特性，日本人也非常重视企业管理伦理问题的研究和实践。1945 年 8 月，丸山敏秋创立了日本伦理研究所，大力提倡研究实践中的伦理，其中一个重要研究内容就是企业经营管理中的伦理。在日本很多大学的经营学部（相当于我国大学中的管理学院或商学院）中，都开设有"经营伦理学"课程，在日本还有专门的经营伦理学会，定期举行学术活动。

2.4.2 国外企业的管理伦理实践

在企业伦理的研究和实践方面，美国企业界也不甘落后，而且在这方面有越来越加强的趋势。美国的企业从 20 世纪 80 年代起，就开始重视把企业伦理渗透到企业经营活动中去。美国本特利学院（Bentley College）的伦理研究中心，在 20 世纪 80 年代所做的一项调查表明，《财富》杂志上排名前 1 000 家的的企业中，80% 的企业把企业价值观融合到企业的日常经营管理活动中去。在这些企业中，93% 的企业有成文的伦理准则来规范员工的行为。美国企业界甚至出现了一种新职位：伦理主管。据统计，美国制造业和服务业前 1 000 家企业中，有 20% 的企业设有伦理主管。企业伦理主管的主要任务是，训练员工遵守正确的行为准则，并处理员工对受贿和报假账等可能发生的不正当行为质疑。美国许多大中型企业开始在企业内部实施行为准则，为员工开办有关企业伦理和职业道德方面的培训班。美国通用汽车公司做出规定，要求所属的 10 万名员工必须参加伦理研讨班。此外，专门为企业提供道德形象咨询、设计、调查和测试服务的企业公关事务所也应运而生。据美国在 1987 年的一次调查统计显示，有 94% 的美国大企业老板认为，企业伦理道德是事关重大的主题；60% 的企业高层主管认为，企业管理中的伦理道德规范是搞好现代企业管理的必要工具。

英国、德国等欧洲国家中越来越多的大企业已经在制定成文的企业管理伦理准则。1995 年 8 月，英国《经济学人》杂志在一篇文章中提到，美国约有 3/5 的企业设有专门的企业伦理机构，欧洲的大型企业有一半设有专门的企业伦理机构，负责有关企业伦理工作，在企业的实际运作中对企业的文化氛围和道德形象均起到了很好的作用，切实保证了企业的可持续发展。

日本企业在企业伦理的实践方面，一直将它放在非常重要的地位。由于日本企业文化的特点，往往把有关忠诚、仁义等伦理的概念都融进企业的经营活动之中，目的在于在企业和顾客之间以及企业内部员工之间形成融洽的关系，使企业充满生机和活力，建立有效的企业文化。日本于 1993 年 4 月成立了全国性的"经营伦理学会"，学会成员既有学术界人士，也有企业界的高层领导，对推动日本经营伦理建设起到了良好的作用。

2.4.3 管理伦理学的定义与研究对象

管理伦理学是研究企业在一切经营管理活动中的道德现象与伦理准则的科学。它以管理学作为基本框架，用伦理学的观点和视角来分析管理理论的正确与否、管理行为与决策的道德与否，并构成自己的理论体系。管理伦理学是企业管理学的一个分支，同时是伦理学的一个分支。作为管理学的一个分支，它就像管理心理学等新兴学科一样，是以自己独特的研究视野和角度来分析和研究企业的管理思想和行为的。它的研究有助于从深度和广度上来帮助人们进一步对管理思想和行为做出思考和分析，并使人类社会及组织（主要是企业）的各种管理行为，更加趋向于符合当代社会的伦理道德，以此来促使社会文明的进步。而作为伦理学的一个分支，管理伦理学属于应用伦理学，它具有很强的实践性，但又有一定程度的理论抽象性和概括性，是研究管理过程和行为中的道德现象、道德评价体系、道德标准及道德发展的规律。伦理学与管理伦理学是一般与特殊、共性与个性的关系。管理伦理学对企业管理过程中的道德建设起着指导和规范的作用。

国外目前对管理伦理学的研究，主要从三个方面来展开，即微观层面、中观层面和宏观层面。这种从具体行为出发的研究方式，有着很强的实际意义和针对性。

1. 微观层面

在微观层面，美国、欧洲和日本的研究者把研究对象确定为企业经营管理中的单个人，即雇主、雇员、管理者、被管理者、投资者、供应商和消费者。研究这些单个的人为了承担自己在企业管理活动中的角色和发挥作用，为了认识和承担自己的道德责任而应该做些什么、能够做什么和实际上做些什么；他们从各自不同的角度，对某一项经营行为或管理行为产生什么看法，如何在日常的管理工作中把正确的观念传递给他们，并从而规范这些人的行为以符合企业的宗旨、价值观和道德。

2. 中观层面

在中观层面，需要着重研究的是企业组织。企业组织在自身的行为中应该具有什么样的观念，如何以自身独特的作用来为企业建设优秀的管理伦理和企业文化提供动力，并和社会其他各类组织进行良好互动。由于社会分工不同，各类组织在社会中扮演着不同的角色。企业的管理伦理行为牵涉各个方面，不仅企业自身要有明确的信念和与之相符的行为，而且其他组织也要参与和合作。

3. 宏观层面

在宏观层面，企业的管理伦理还牵涉经济体制和整个国家的经济运行机制，以及总体的经商环境和经济秩序。一个国家的宏观经济运行机制虽然不直接对企业伦理产生影响，但在很大程度上间接地影响企业的价值观和企业的行为方式，影响着企业的经营和管理行为，从而实际上影响到企业的管理伦理。例如当今许多国家的政府在倡导的"低碳经济"，会对企业行为产生有力的影响；反之，企业管理活动中的伦理指向，例如对社会责任的承担与否，也会直接影响到社会环境，影响到整个宏观层面。

在国外学者看来，在这三个层面上，行为者都被假定有或多或少的决策自由度，这种自由中自然也就包含相应的道德责任。这种被诸多研究企业管理伦理的学者认同的三个层面的研究划分，与经济学和社会学中较多的单从微观和宏观两个方面来研究的做法有所区别。在这里,单个的人被认为是道德行为者,而经济组织同样也被认为是道德行为者。这一对中观层面的强调,表明在企业的管理伦理、组织行为中所产生的伦理指向和产生的伦理影响占有十分重要的位置。

在研究具体行为的伦理问题时,一般来说,北美人更接近于强调决策和行动的自由以及相应的责任,而有一种忽视限制的倾向。欧洲人的探讨则强调应该以伦理责任的形式勾画出商业的条件。"企业里的美国人有一个强烈的信念:个体经营者和公司能够而且应该做得更符合伦理要求;他们不仅应当尽责地遵循经济和法律的游戏规则,而且应该有一个先于运用的立场,因为宏观层面的这些规则不能完全地决定微观层面和中观层面的行为。与之相反,欧洲人倾向于把道德优先权放在宏观层面,主张只有规则及其运用才有道德问题。"⊖

日本人在研究企业行为的伦理问题时,十分注重民族性和实用性。他们把符合日本传统的伦理价值观念,如忠诚、仁义等融进企业的经营活动之中,目的在于使企业内部员工之间以及企业与外部之间形成较为融洽的关系,使企业充满生机和活力。他们往往通过许多具体的活动和具有可操作性的措施,来推动企业伦理的建设。

外国学者不仅从研究对象上来考察企业管理伦理的问题,而且注重一些基本问题研究。例如,在德国作为一门应用性很强的学科,企业管理伦理学研究的主要问题有以下四方面。

(1)道德与管理的关系问题。管理伦理学要揭示道德观念和伦理道德准则在社会管理总系统和具体管理分系统中所处的地位,以及发挥的途径和方法;揭示道德观念和准则在计划、组织、指挥、协调和控制管理过程中的作用。同时,要关注上述问题在企业经营管理这一领域的表现。

(2)企业等法人在其经营管理组织行为中的道德含义、道德取向和道德影响。社会是由各种不同的细胞组成的,其中企业是一个很重要的部分,而且随着现代社会中资本力量的日益强大,企业的作用将更为重要。正如人们一般把企业管理简称为管理一样,企业管理伦理学主要是要研究企业法人组织在其对内管理和对外经营行为中的道德规范问题及其伦理准则,企业在实施决策时所应秉承的伦理原则,使企业的组织行为趋向符合当代社会的价值观念和伦理取向。

(3)管理者行为中的道德内涵。管理者是道德的主体,被管理者也是道德的主体,但就他们在企业管理中所产生的作用和影响而言,管理者的行为显然作用要大得多。管理者要明白自己的行为在企业伦理建设中所产生的作用,而管理伦理学要为管理者行为的道德内涵提供评价标准。

(4)被管理者行为的道德内涵。被管理者也是一种道德主体,其行为同样会对企业伦理准则和道德环境产生影响,而且一旦当企业领导做出决策以后,企业的具体行为很多还要靠被管理者来实施,因此其行为同样会体现出企业的伦理倾向。虽然被管理者行为的道德作用较于管理者而言,可能相对要小些,但作为数量众多的具体执行

⊖ G 恩德利,等.企业伦理学:北美与欧洲的比较[J].国外社会科学,1997(2).

者和行为的操作者，其作用也不能被忽视。

本章要点

- 管理的基本概念及五个特性。
- 管理学的几个著名阶段及现代管理理论的发展趋势。
- 伦理学的起源及其内涵。
- 经济学与伦理学的渊源。
- 管理与伦理的交融。
- 国外管理伦理学的研究与实践。
- 管理伦理学的定义与研究对象。

复习思考题

1. 企业管理有哪些作用？在企业管理思想发展历程中，有哪些伦理发展的轨迹？
2. 伦理有哪些独特的管理功能？
3. 企业管理伦理学是怎样发展起来的，它在宏观层面、中观层面、微观层面各自发挥着怎样的作用？

应用案例　为抢月饼，阿里巴巴四名员工被开除

2016年9月12日下午，阿里巴巴公司的内网"阿里味儿"上流传着一则公告："今天下午，安全部四名同事抱着抢月饼/秀技术的心态在公司月饼内销过程中采用技术手段作弊，共计多刷了124盒月饼。秒杀虽然没涉及对阿里巴巴外部平台业务的干扰，但对于内部其他人造成福利分配的不公正，客观上有获利的意图和事实结果……和四名同事非常坦诚地沟通后，我们做了无论对于安全部还是这四名同事都很痛心的让他们离开公司的决定。"

很快，一名当事人匿名在知乎发帖诉说"事实真相"。12日下午，他听说秒杀内销月饼的活动开始了，就想抢购一盒。他开始用鼠标点击时发现打开就没有了，便怀疑有人用程序刷，于是他也写了一个"刷月饼"的脚本程序，定时抢16时的那一批。结果到16时一看，总共抢到16盒月饼，而且没有跳转到付款页面，于是他赶紧给行政人员打电话。但是为时已晚，经过一个多小时的谈话，当天18时，他就收到了人力资源部门发来的解约合同。这位发帖人认为，公司将这件事上升到价值观、诚信和不当获利的高度，太过严重。

是秀技术，还是不诚信

该事件迅速引发IT企业员工及其他社会人士的广泛关注，并登上脉脉、赤兔等各大职场社交软件的话题排行榜首位。同情四名程序员的人认为，阿里巴巴有些小题大做，年轻人为了秀技术一时冲动犯错误，应该给予改正的机会；支持公司的人则认为，规则就是规则，写脚本抢月饼本身就是违反规则，应该受到惩罚；还有人表示，HR这样做也是为了杀一儆百，不幸被抓个正着的人只能自认倒霉。

事情发酵两天后，阿里官方做出正式回应："中秋节为员工家人准备月饼是阿里的传统，每位员工已经分到一盒。今年的月饼因为造型可爱，受到大家欢迎，不少员工希望再多买几盒送给亲朋好友，为此，公司决定将为数不多的余量月饼通过内网向员工以成本价销售。在月饼内销过程中，公司发现四名安全

部小二采用技术手段作弊……安全部小二作为平台规则的捍卫者,使用工具作弊触及了诚信红线。今天这个引起争议的决定,让我们再次提醒自己和每个员工,游戏都有规则,偶然总有必然。无可奈何是因为万事都有底线。"

资料来源:此案例由苏勇根据媒体报道和网络消息改编。

讨论题

1. 你认为那四名员工有错吗?错在何处?
2. 阿里巴巴公司是否小题大做,这样处理是否过重?
3. 从企业管理和伦理角度来看,此案例会引发什么样的思考?

第 3 章　东西方管理伦理思想发展

明智的人总做光荣的和好的事情。

——苏格拉底

道之以政，齐之以刑，民免而无耻；道之以德，齐之以礼，有耻且格。

——孔子

学习目标

☑ 了解西方从古至今管理伦理思想的发展过程。
☑ 了解中国古代管理思想中的伦理内涵。
☑ 认识中国近现代民族企业家在管理伦理方面的实践。

引例　　　　两部电影的启示

许多管理现象昙花一现，就像方向错误的飞毛腿导弹一样，很快从企业的视野里消失。也许有两部电影可以反映出科学管理的影响、大规模生产兴起以及装配线的特殊意义：查理·卓别林（Charlie Chaplin）的经典电影《摩登时代》（Modern Times），以及另一部不那么经典但同样有趣的《论"打"计算更便宜》（Cheaper by the Dozen）。

卓别林的电影是对滥用福特主义的绝妙讽刺；而《论"打"计算更便宜》是对整个效率运动和吉尔布雷斯一家进行了善意轻微的嘲笑，该电影改编自 1949 年出版的由弗兰克·吉尔布雷斯等人合著的同名故事。其中克利夫顿·韦伯扮演弗兰克·吉尔布雷斯这位热心的效率专家，这位专家是如此热衷于提高效率，当他结束商业旅行回家后，甚至会用秒表计算他的孩子们猛跑到他的臂膀里需要多少时间。

资料来源：斯图尔特·克雷纳. 管理百年 [M]. 邱琼，等译. 海口：海南出版社，2007：37.

3.1　西方哲人的探索

作为伦理学研究对象的道德现象并不是一种孤立的社会现象，它渗透在人们形形色色的意识、思维和行为当中，并通过各种方式表现出来，伴随着人们五光十色、内容丰富的社会活动而存在。研究和发展管理伦理学的一个重要目的，就是要通过对管理活动中存在的道德本身及其现象和行为表现研究，使人的品质得到升华，使人的行为趋向于高尚，使整个人类和组织的行为更具有责任感，以使社会能够健康地发展。

3.1.1 苏格拉底：道德依赖于知识

伦理学家的思想体系中，与管理有关的方面，往往主要集中在对人的本性、行为的看法及其对社会所应尽的义务上。苏格拉底便是如此。

苏格拉底认为，道德依赖于知识，知识不仅是德性的必要条件，而且是它的充分条件。任何行为只有受德性和知识的指导，才可能是善的；反之，如果不受德性和知识的指导，便不可能为善。无知的人即使想行善也没有能力，反而会把事情弄糟。而人们只要具备有关的道德知识，自然就会去做善的事情。

苏格拉底还认为，从人的行为来看，知道道德义务是什么，人们就会有相应的道德行为——知道公正者会待人公正，知道勇敢者会表现勇敢。正因为苏格拉底所谓的"知识"概念偏重于知识的功能，即知识能够产生利益，而美德、知识与利益有着因果关系，所以，知识就成为美德乃至行为的充分必要条件，它使道德行为成为可能。在苏格拉底看来，"知识"是头等重要的事情，是人一切善良行为的出发点。同时，每一个人在从事某一项具体行为时，应该服从在这方面有知识的人的管理。"在一条船上是老练的专家当指挥，而船的所有者及船上其他人都服从这个有知识的人。至于在农业上的农场主、在疾病中的病人、在体育锻炼上的锻炼身体者，以及一切其他有事务需要照料的人，他们如果以为自己懂得所说的事务，他们便应亲自来管理，否则，他们不仅要甘心听从在他们身旁的有知识的人，还要召请一些不在身旁的有知识的人，以便听从他们的指导，使自己做事妥当。"⊖

知识固然是人们从事道德行为的必要条件，如果一个人连什么是道德都不了解，对道德与道德行为没有认识和无法加以判断的话，自然也就谈不上对自己行为的约束和管理。但是，了解了什么是道德的，什么是善的，并不一定就会从事道德的行为，也并不一定就会行善。在这一点上，苏格拉底似乎夸大了知识对行为的约束作用和管理作用。

3.1.2 亚里士多德：理智的德性与道德的德性

作为伦理学的奠基者，亚里士多德在人的自由及其道德行为和道德责任方面有自己独到的见解。

亚里士多德认为，德性有两种：理智的和道德的。理智的德性，是由于训练而产生和增长的，所以必须要有时间和经验；而道德的德性则是习惯的结果，而德性的形成必须建立在人们自由的基础上。

亚里士多德肯定人的行为是有自由的。他说："我们要全力去做的事，也有权利不去做。我们能说'不'的地方，也能说'是'。如果做高贵的事情在于我们，那么不做可耻的事情也在于我们；如果不做高贵的事情在于我们，那么可耻的事情也在于我们。如果做不做高贵的和鄙贱的事情都在于我们，并且像我们所说的，如果行善就是善人，行恶就是恶人，那么，要做有价值的人或无价值的人，都在于我们。"⊖

⊖ 周辅成.西方伦理学名著选辑（上）[M].北京：商务印书馆，1964：53.
⊖ 周辅成.西方伦理学名著选辑（上）[M].北京：商务印书馆，1964：306.

亚里士多德认为，人们可以自由选择自己的行为。他认为自由包括两个因素：一是理性的自觉；二是欲望或意志的自愿。首先要有自觉性，从理性上想去做善事，其次还要在道德伦理的认识层面有所了解。例如，做公正的事，首先要知道什么是公正，其次还要喜欢公正，从心里愿意行公正之事。亚里士多德认为，只有知识与愿望、理性与意志的结合，才能产生真正意义上的道德或不道德的行为。

人的行为既然是自由的，那么人们就必须对自己的所有行为负责，而不能把责任归咎于外部原因。对于人们自由选择产生的行为，人们就必须负相应的道德责任。这是亚里士多德明确提出的观点。据此，人们可以对某一个人的行为明确地做出道德评价，以伦理准则来评价、引导人们的行为，并形成一定的道德风尚。而在处理个人行为与国家利益的关系时，亚里士多德明确要求人们的行为必须首先考虑国家的利益。他认为，个人的善与国家的善相比，后者比前者更为宏大和完全。如果仅仅为了个人求善，这虽然也是值得做的，但对比为了一个民族而去求此目的，后者是更神圣的事。

在对人的行为要求和行为管理上，亚里士多德明确提出人必须对自己的行为负责任，而且应以国家利益为重。这在对人的行为的管理上无疑具有积极的意义，在管理伦理方面也有明显的作用。

3.1.3 基督教伦理思想中的禁欲与服从

在西方社会，以基督教为代表的宗教，在伦理观念上对社会和人们的行为影响十分巨大。

基督教伦理宣扬对人要"仁爱""爱人如己"。怎么做到"爱人如己"呢？那就是"你们愿意别人怎样待你们，你们便如何对待别人"。这正和中国古代贤人孔子所说的"己所不欲，勿施于人""己欲立而立人，己欲达而达人"不谋而合。其实质都是以明确的道德标准来规范和调控人们在处理人际关系时的行为。

基督教把"仁爱"作为对他人的主要伦理准则，而在对人自身的要求上，则是"禁欲"，即摈弃情欲、摈弃财富、摈弃现实生活。《圣经·新约》认为，在每个人的心中都有两种律法：一种是神圣的律法，包括仁爱、和平、忍耐、节制等内容；另一种是情欲的律法，例如淫秽、仇恨、酗酒等。神圣的律法是上帝或基督的旨意在人们心中的体现，而情欲的律法则出自人们的自然感官和本能需要，这两者是根本对立的。在基督教看来，人们只有按照神圣的律法而行，净化自己的心理和行为，这才是善的，才是道德的；反之，如果违背了神圣的律法而服从于情欲的律法，那么人们的行为就是罪恶的。这两种律法经常在同一个人身上处于互相矛盾的状态而互相斗争，从而考验人们的意志。"按着内心的意思，我是喜欢上帝的律法；但是在我的肢体内又另有一种律法，与我心灵的律法交战，把我掳去成为这种在肢体上存在的罪的律法的俘虏。"⊖

基督教要求人们都像耶稣一样，为了实现神圣的律法抛弃一切情欲，甘心受苦赎罪，且不仅是情欲，甚至连人们的物质欲望——包括对财富的欲望——都在否定之列。

⊖ 周辅成.西方伦理学名著选辑（上）[M].北京：商务印书馆，1964：343.

《圣经》中指出:"贪财是万恶之根。有人贪恋钱财,便被引诱离了真道。"[1] 与此相联系,基督教教义非常欣赏"知足"这一规范,主张人们要有知足的修养,以此来保持自己的行为,建立神圣的律法,否则就可能陷于罪恶。而对于神圣的律法,光有内心的感悟是不够的。"在神的面前,仅听从律法,不能称为义人;只有遵从律法而行的人,才称为义人。"

在对个人行为的管理和约束上,基督教主张通过"禁欲"来实现,以使每个人成为符合基督教教义的"义人",亦即思想与行为都趋于完善的"完人"。而在社会的管理中,服从是基督教在处理个人与社会、国家之间关系时所提出的一条重要道德原则。《圣经》把一切伦理道德的要求都纳入上帝的关系中加以解释,其基本思想就是对上帝的信仰、热爱和顺从。根据宗教的最高原则,服从的对象首先自然是神,由于对天上之神的服从,必然延伸为对代表神的权威的天下君王的服从。在基督教的主张中,两者是有着必然联系的,因为人世间君王的权威来自神的权力,是神的旨意的体现。

马克思曾经说过,"基督教的社会原则颂扬怯懦、自卑、自甘屈辱、顺从驯服,总之,颂扬愚民的各种特点……"[2] 在个人行为的约束上强调"禁欲",以遏制人的正常欲望;在社会行为的管理中,强调服从统治者的意思来维持社会秩序。这就是中世纪基督教的管理伦理思想的主要内容。

3.1.4 文艺复兴时期伦理思想中的管理内涵

14世纪至17世纪初的文艺复兴时期,是西方历史上从中世纪进入近代历史的转变时期。这一时期的思想运动、文化运动对整个西方文化的形成有着极其重要的影响。这一时期的伦理思想主要有两大部分,即人文主义者的伦理思想和新教伦理思想。

从管理的角度来分析,人文主义者的伦理思想中主要涉及的方面有:个人与社会的关系以及对自由的看法。

在处理个人与社会关系这一问题上,基督教伦理思想家们主要强调服从国家和教会的权威性,强调个人必须节制自己的欲望来服从社会。而文艺复兴时期的人文思想家则正好相反,他们一般是强调个人的至上性。这种变化有着政治方面和经济方面的两层原因。

第一,从政治方面而言,到了中世纪后期,教会内部矛盾严重,教皇统治松懈,意大利国家分裂,对个人控制开始减弱。

第二,从经济方面而言,由于经济力量的发展,自由贸易兴盛,促使人们思想意识、社会心理等发生变化,形成一种个人主义的社会思潮。这种个人主义的思潮,表现在个人与社会的关系上,就是提倡首先要考虑个人的愿望和需求,而不是像以前那样强调个人服从社会。

我们在被马克思誉为"新时期第一个诗人"但丁的著作中,可以看到这样的言论:"谁为了自己的目的而不是为了别人的目的而生存,谁就是自由的;相反,任何事物,

---

[1] 引自《圣经·新约·提摩太前书》第6章。
[2] 马克思恩格斯全集(第4卷),第218页。

如果它是为了别的事物而存在，那么，它就要被那个事物决定，也就谈不上是自由的。"[1]强调自己的个性，甚至社会和国家也无权干涉个性的发展，这就是但丁等人所认为的自由。只有这样，才能够实现个人的价值。在但丁等人看来，国家、君主等都仅仅是为了达到每个公民自由的手段，其本身不是目的，都是为了使公民自由而服务的。这种管理伦理思想，反映了当时市民阶级积极要求民主、争取独立的愿望，也反映出在基督教对思想的禁锢和对个人欲望的压抑之后，人民对于自我意识的一种觉醒，对整个社会来说无疑具有进步作用。

在个人与社会关系问题上，人文主义者一般强调的是个人，并且强调人的自由。但丁说："当人类最自由的时候，就是他被安排得最好的时候。"[2]而这种自由的首要问题，就是意志的自由，可以根据理性的理解来自由地做出判断。而且，在人文主义者看来，人性是天然向善的，因此，给人们以自由，并不会使整个社会失控，不会造成各种丑恶的行为。相反当这种人性受到压制的时候，人们就会由有高贵的热情和德性转而趋向于作奸犯科。因为越是禁止的东西，人们就越想去做一做。所以，在人文主义者看来，整个社会的管理倾向就是充分强调个人的自由，社会尽量少加以约束。

文艺复兴时期是一个伟大的时代，它产生了欧洲历史上最伟大的反封建统治和反宗教专制的思想解放运动，恩格斯把它称为"地球从来没有经历过的最伟大的一次革命"。[3]这一思想解放运动对伦理思想的发展而言，主要有两种途径和形式：一种是世俗文化的形式，通过对市民文化影响，形成资产阶级人道主义的伦理思想；另一种是宗教文化的形式，通过宗教改革运动，形成资产阶级的宗教伦理思想。

在对人的本性的看法上，新教的那些代表人物与人文主义者相反，认为人性是恶的。例如马丁·路德（Martin Luther）便承认原罪说，主张性恶论。他说："人类的一切情感、愿望和意向，都是邪恶的、刁滑的和败坏的。"他举例说，英雄豪杰从事巨大的冒险事业，没有一个是为了公共的利益，都是出于自己的野心，而这些野心是应当受到指责的。路德认为，对人进行善恶评价的标准和依据只有一个，那就是看人的内心信念，而不是个人的外在行为。在此基础上，例如加尔文等新教伦理的思想家便主张禁止人的欲望。在加尔文看来，人的一切取决于上帝的判决，既然如此，一个人光是信仰上帝还不够，还要以实际行动来证明自己的信念，这一点在对个人行为的管理上，比马丁·路德进了一大步。马丁·路德强调主观意志，强调内心的信念，而加尔文不仅强调内心，同时指出个人行为的重要性，个人行为的善良与内心的虔诚一样，对于是否能取得上帝的认可起着同样重要的作用。因此就必须清心寡欲，通过禁欲生活，通过努力工作，才能获得"上帝的恩宠"，也才能保持个人的成功。

---

[1] 北京大学西语系资料组.从文艺复兴到十九世纪资产阶级哲学家政治思想家有关人道主义人性论言论选辑 [M].北京：人民出版社，1985：20.
[2] 北京大学西语系资料组.从文艺复兴到十九世纪资产阶级哲学家政治思想家有关人道主义人性论言论选辑 [M].北京：人民出版社，1985：19.
[3] 马克思恩格斯全集（第20卷），第533页。

3.1.5 亚当·斯密的管理伦理思想

亚当·斯密是英国工场手工业开始向机器大工业过渡时期的经济学家,是古典政治经济学体系的建立者,也是市场伦理的代表人物。他发表于1759年的第一本著作《道德情操论》,是他多年教学工作中讲义的一部分。在这部著作中,斯密以伦理学为基础,研究了经济学与伦理学之间的关系,建立了他的经济伦理学基础。在《道德情操论》中,亚当·斯密给我们提出了以下三点启示。

(1)在一个没有权威的世界里,通过"换位思考"来感受行为的对错。对此,亚当·斯密明确提出应当通过"换位思考"的方式来判别行为的正确与否。他说:"由于我们对别人的感受没有直接经验,所以我们除了设身处地的想象外,我们无法知道别人的感受。"⊖

(2)对于如何处理自己和他人的利益,要请教"内心"这个法官。亚当·斯密告诉我们,"在所有的场合,良心的影响和权威都是非常大的。只有在请教内心这个法官后,我们才能真正看清楚与自己有关的事情,才能对自己的利益和他人的利益做出合宜的比较"。⊜

(3)反对市场经济的非道德化。亚当·斯密竭力证明,具有利己主义本性的个人(主要是指追逐利润的资本家)是如何在市场经济中控制自己的感情和行为的,尤其是自私的感情和行为,从而为建立一个有必要确立行为准则的社会来有规律地活动。他告诉我们:"无论人们会认为某人怎样自私,这个人的天赋中总是明显地存在着这样一些本性,这些本性使他关心别人的命运,把别人的幸福看成自己的事情,……这种本性就是怜悯和同情。"⊜⊕

18世纪初,英国经济学家伯纳德·曼德维尔(Mandeville)写过一本《蜜蜂的寓言》,此书问世后,可谓褒贬共存。曼德维尔以一群蜜蜂做比喻,讲到在蜜蜂的社会中,当奢侈之风盛行时,社会各行各业都被推动,因此兴旺起来;而当节俭之风代替了奢侈之风时,社会反而衰落了。因此他采用了这样的说法:个人的劣行就是公共的利益。当个人出于享受的需要,因贪婪而追求快乐、追求利益时,反而会推动经济和整个社会的发展。亚当·斯密在他的名著《国富论》中,对曼德维尔的论述加以继承和发展,形成了他关于政治经济学中分工理论的重要组成部分,同时提出了交换、分工和消费方面的伦理准则。亚当·斯密主张人性自利论,他把经济学从传统意义上的道德活动中分离出来,建立起一套新的人类行为规范。

《国富论》实际上就是以人性自利为脉络而构建的一套理论体系。斯密认为,我们之所以有饭吃,并非由于面包商有同情心,而是因为他们要获得自身的利益,满足面包商本人自利的天性。因此,商品交换就是人的自利本性的体现,分工、货币也都是利己主义活动的结果。亚当·斯密主张自由竞争的伦理原则,他反对国家干涉一切经

⊖ 亚当·斯密. 道德情操论 [M]. 北京:商务印书馆,1997:5.
⊜ 亚当·斯密. 道德情操论 [M]. 北京:商务印书馆,1997:163.
⊜ 亚当·斯密. 道德情操论 [M]. 北京:商务印书馆,1997:5.
⊕ 苏勇. 企业家的血管里要流淌道德的血液 [N]. 文汇报,2009-11-23.

济事务，认为国家不应该干涉私人的经济活动。他认为，只有市场和竞争才是经济活动的调节者，市场这只"看不见的手"，能确保资源得到最好的利用和发挥最大的效能。他认为："每个人在他不违反正义的法律时，都应听其完全自由，让他采取自己的方法，追求自己的利益，以其劳动及资本和任何其他人或其他阶级相竞争。"⊖

亚当·斯密的经济学和伦理学观点，不论是对英国还是对包括中国在内的世界其他国家，都产生过很大的影响。他提出的自由竞争原则、对伦理准则的思考、对伦理行为的衡量、市场调节管理思想，以及对交换、分配等的看法，都对管理伦理的发展具有重要的启示。

3.1.6 当代管理思想中的伦理内涵

我们已经概要地介绍过从泰勒的"科学管理理论"创立以来管理学的发展脉络，在当代丰富的管理思想和理论中，我们不难发现，由于管理学本身的特点，在管理中所涉及的大量问题是对人的管理问题，因此每一种管理理论都或多或少涉及对管理中伦理问题的思考。

1. 马斯洛"需求层次理论"的伦理分析

亚伯拉罕·马斯洛（Abraham H. Maslow）是美国当代一位很有影响力的心理学家，他的"需求层次理论"，不仅在心理学和管理学上产生了巨大影响，而且在管理伦理方面给了我们不少启示。

马斯洛在他的著作中，提出了著名的"需求层次理论"。他把人的需求按其重要性和发生的先后次序分为五个层次：

- 生理上的需求，包括维持生活和繁衍后代所必需的各种物质需求；
- 安全等方面的需求，例如生活保障、生病或年老有所依靠等；
- 感情和归属方面的需求；
- 社会地位和受人尊敬的需求；
- 自我实现的需求。

马斯洛认为，人们各种需求的表现方式尽管多种多样，但一般都按照这一层次理论的先后次序来追求各项需求的满足。一般来说，等级越低越容易获得满足，等级越高则获得满足的比例越小。

根据马斯洛的这一理论，作为企业管理者，当员工的物质需求没有获得基本满足时，不在这些方面多做努力，去尽可能地提高员工的物质待遇，那不仅在管理行为上往往劳而无功，不能收到明显成效，而且这种忽视员工基本需求的思想和行为显然是道德缺失的。但是，如果当员工的基本物质需求已经获得基本满足后，企业管理者不注重员工高层次的精神需求，压抑员工个性发展和高层次的追求，不在管理行为和制度中充分重视员工的高层次精神需求，同样也是不道德的，会退回到"泰勒制"那一

⊖ 亚当·斯密.国富论[M].北京：商务印书馆，1959：252.

套视员工为"经济人"、把员工作为机器的附属物来看待的做法上。显然，当人们今天从卓别林主演的《摩登时代》这一影片中看到卓别林扮演的工人被训练得像机器一样，动作固定化和机械化时，没有人会认为这样的管理行为是符合道德和人的本性的。在现代化大生产中，如果人的精神、人的个性都被泯灭，人便沦为机器的奴隶，这只能是人类文明发展的悲哀而不是进步。但可惜的是，在21世纪的今天，这种情况还屡屡发生，2010年某公司员工"十二连跳事件"，在一定程度上就是这样。

2. "X-Y理论"的伦理分析

在1957年美国的《管理评论》杂志第11期中，美国行为科学家道格拉斯·麦格雷戈（D. McGregor）发表了《企业的人性方面》一文，提出了有名的"X-Y理论"，以后又在他的其他著作中对这一理论做了进一步发挥。

这一理论的着重点是在对员工本质的看法上，这就涉及了深层次的伦理问题。麦格雷戈把传统的管理学观点称为"X理论"，因为这些理论有一个共同的出发点，即认为一般人的本性是懒惰的，总是尽可能地少工作，并且缺乏进取心，不愿意承担责任，情愿受人领导，对组织绩效漠不关心。因此，企业管理者要对员工进行积极和严格的管理，不使他们有空子可钻。如果管理者不进行这种积极和严格的管理，员工便会对企业组织要求采取消极甚至对抗的态度。

麦格雷戈指出，当时企业中所有的管理工作都是以这种"X理论"为依据的，所以企业管理人员为了履行职能，一般采用强硬的管理办法，对员工进行严密的监督，对他们的行为加以严格控制。但麦格雷戈认为，当时社会科学中涌现的各种新观点，对这种"X理论"提出了挑战。这些新观点确信，人的这种对组织的消极对抗行为，并不是由人的天性决定的，而是由当时企业中的管理实践造成的。他以马斯洛的"需求层次理论"为依据指出，剥夺人的生理上的需求，例如饿了没有食物吃，冷了没有衣服穿，人就会生病。同样，如果管理者剥夺了员工较高级的需求，例如感情和归属方面的需求、社会地位和受人尊敬的需求以及自我实现的需求，也会使员工产生种种病态的行为。企业中的员工之所以会在日常行为中产生种种不正常的现象，表现出消极、敌对和拒绝承担责任的态度，这是由于他们被剥夺了社会需求和自我实现的需求而产生的病态行为，绝非其本性所决定的。因而，企业迫切需要一种新的、建立在对人的特性和人的行为动机更恰当的认识基础上的新理论，这就是他所提出的"Y理论"了。

"Y理论"认为，人们并非天生就厌恶工作，也并非天生就会对组织的要求采取消极和抵制态度。他们之所以会如此，是由于他们在组织内的经历和遭遇所造成的。外来的控制和惩罚的威胁，并不是促使人们工作努力的唯一方法，只要管理得当，人们就会接受组织的要求，主动承担起责任。

和"X理论"正好相反，"Y理论"充分肯定作为企业生产经营主体的人，认为员工的本性是好的，积极面占主导地位，他们在内心里是愿意和管理者合作的，也乐于为企业努力工作。因此"Y理论"所主张的管理行为和"X理论"截然不同，主张管理者要安排好生产作业的条件和方法，在注重满足员工物质需求的同时，重视全面满足员工的精神需求,使人们的智慧和潜能充分发挥出来。

人性本善还是人性本恶,是中外历史上几千年来争论不休的话题。中国传统文化经典《三字经》,开篇就告诉人们"人之初,性本善",在两千多年前,就有与其完全相反的荀子的"性恶论",明确提出人性本恶。这一哲学上根本性问题的争论,导致在其他一系列相关问题上也会产生对人性看法的根本分歧。反映在管理学上,就演变为"X理论"与"Y理论"的对抗。而在管理伦理方面,由于对员工本性基本看法的分歧,则会导致对具体管理行为的合理或不合理、道德或不道德的分歧。基于"X理论"的管理行为认为,对员工管理得越严厉、越仔细,对企业发展就越有利。而且"X理论"认为,这样的管理方式和手段并没有什么不道德之处,如果不这样管理的话,就可能导致企业失败,因为员工的本性就是懒惰的、不好的。而基于"Y理论"的管理行为则认为,应以教育和引导为主,多发扬和开掘员工行为中的闪光之处,并强调从管理者方面来寻找原因,从新的角度来审视管理者与被管理者的关系。

3. 对"企业文化理论"的伦理思考

企业文化理论,被誉为管理学理论发展的第四个阶段,它是美国管理学家受到日本经济起飞奇迹的影响,在深入地对日本企业进行考察,总结日本企业管理模式以后提出的。企业文化理论最重要的一点,是在以前的管理学家关注管理活动中经济因素和技术因素的基础上,把关注目光更多地投向管理活动实践中的文化因素,深刻总结企业管理活动中文化因素对整个管理绩效的影响和对提升企业效率的作用。正如著名的企业文化研究学者、美国麻省理工学院斯隆管理学院教授埃德加 H. 沙因所说的:"企业文化至关重要。这是因为,如果不了解现行的文化力量,做出的决定就可能导致不可预料的、违背意愿的结果。"㊀

企业文化理论所关注的企业文化,指的是企业在长期的生产经营实践中,所创造和形成的具有本企业特色的经营理念,并且把这些经营理念物化在企业精神、企业制度、企业行为、企业性质和企业形象等各个经营管理的层面。

企业文化理论研究者提出,在一个企业中,要建设优秀的企业文化,必须充分考虑如下五大要素。

(1) 企业经营环境。这是企业文化形成的前提条件。它包括企业性质、所处行业、市场定位、经营方向、外部环境等。

(2) 价值观念。它指的是企业领导人要用自己的言论和行动来告诉企业员工,什么样的行为是好的、有价值的、值得仿效的;什么样的行为是坏的、没有价值的、不应该仿效的。统一的价值观念使企业员工在判断自己行为时具有统一的标准,并以此来规范自己的行为。

(3) 模范人物。文化是无形的,而无形的文化要通过有形的人物把它体现出来,让员工有学习的榜样,并以此来确定自己的行为标准。

㊀ 埃德加 H 沙因. 企业文化生存指南 [M]. 郝继涛, 译. 北京: 机械工业出版社, 2004: 3.

（4）文化仪式。它包括各种表彰活动、奖励活动、聚会活动以及文艺活动等，它可以把企业中发生的某些事件加以系统化和形象化，以此来生动地宣传和体现本企业的价值观念，使人们通过这些有形的仪式和"寓教于乐"的方式来领会企业文化的内涵。

（5）文化网络。它主要是指各种非正式的信息传递渠道。它是某种非正式的组织和人群或某种特定场合，它所传递出的信息往往能真实地反映员工的愿望和心态，同时是企业领导人了解员工想法的一个有效途径。

目前，企业文化理论已经被越来越多的企业家重视，并在企业管理中被积极地加以实践。众多管理学家和企业家认识到，建设优秀的企业文化、塑造良好的企业形象，是企业在市场经济中提升竞争力的有效手段。

伦理自然是文化的题中应有之义，企业的管理伦理也是企业文化中的重要组成部分。企业文化理论的伦理含义在于：这样一种理论是建立在对员工的高度信任和高度尊重基础上的。在对企业员工本质的看法上，企业文化理论比"Y理论"又进了一大步。正是基于这种看法，企业文化理论强调对员工行为的"软约束"，虽然这种理论并不否认规章制度的作用，但它更强调从正面加强对员工的教育和引导，用价值观念来引导员工的思想和行为，以模范人物为榜样来激励员工，必须注重管理者与被管理者的文化沟通，用一系列有特色的文化仪式来规范员工行为。这种理论认为，只有从文化出发，提供一套管理中的伦理准则给被管理者和管理者，把管理者与被管理者双方都融入优秀的企业文化氛围之中，才能促使管理者与被管理者同心协力，为促进企业发展共同努力，同时才能做到使被管理者真正心情舒畅，而各种管理行为也才更为有效。

从企业文化理论的实施效果来看，企业文化理论作为一种新型的管理理论，确实在不少企业中取得了很好的效果，但是它必须和其他方法配合起来使用，而且对全体员工的基本素质有较高的要求。从这一理论的本身意义来看，如果能够完全付诸实施的话，确实能对企业管理伦理的发展起到良好的促进作用。

4. 人本管理理论与学习型组织理论的伦理含义

人本管理是近年来组织管理学发展中的一种新思潮。人本管理的概念同样是建立在对人的基本假设之上的，它把人看作一个追求自我实现、能够自我管理的社会人。这些人可以成为一个追求自我、实现自我管理的人。因此对人的管理就不是我们过去所理解的那样，仅仅是关心人、激励人的积极性，而是开发人的潜在能力，追求的是员工和企业的共同发展。人本管理在其管理过程中，遵循这样几个基本准则：

- 个性化发展准则；
- 引导型管理准则；
- 环境创设准则；
- 人与组织共同成长准则。

人本管理的核心是通过自我管理来使员工能更好地驾驭自己、发展自己，进而达到全面自在的发展。现代组织创设自己的人本管理，需要创造一个良好的环境，以便于组织的员工在完成组织既定目标的要求下，能够自己开展工作，进行自我管理。

而"学习型组织理论"的提出，可以说与"人本管理理论"有异曲同工之妙。它们都是从组织管理的角度，真正从人的本性和发展出发，注重在组织管理过程中为员工提供自我管理和自我发展的空间，让员工能够在为组织付出脑力劳动和体力劳动的同时，有效地提升自我，学习到更多新的技能和知识，在工作过程中使自己的素质得到全面的提高。

美国麻省理工学院的教授彼得·圣吉（Peter M. Senge）于1990年出版了《第五项修炼——学习型组织的艺术与实务》一书，立即引起了很大的轰动。彼得·圣吉以全新的视野来考察人类群体最为根本的症结所在，认为人们片面和局部的思考方式及由此产生的行动，造成了目前被切割而破碎的世界，为此需要突破传统和现行的思考方式，排除个人及群体的学习障碍，重新就管理的价值观念、管理的方式方法进行革新。

如何创建一个学习型组织，彼得·圣吉认为是通过组织塑造的一种过程，他把这称为五项修炼：

- 自我超越；
- 改善心智模式；
- 建立共同愿景；
- 团队学习；
- 系统思考。

对人本管理理论和学习型组织理论两种管理理论中伦理含义的考察，可以归结为一点，即对企业创立的目的以及工作过程中的功利性和人文性的考虑。企业创立的目的和管理工作的宗旨，最终是仅仅为了创造更多的物质财富，还是为了在实现创造物质财富这一主要目的的同时，把提升人的素质，为企业、为社会培养更好的人才放在相当重要的地位。注重员工的发展和成长空间，注重让员工在工作过程中不断提升自我，通过一个组织的行为和许许多多组织的共同努力，最终实现社会的全面发展。这是一个管理哲学层面上的问题，也是我们现在思考企业管理伦理学的一个根本性问题。而人本管理理论和学习型组织理论这两种理论无疑是把企业存在的目的和管理工作的目的看作功利性与人文性并存的一个过程。从管理伦理学的角度来考虑，这无疑更加符合现代企业管理的发展趋势，有助于实现人与社会全面发展的最终目的。

3.2 中国智者的论述

在中国5 000年的文化发展史中，伦理思想是其中一个重要组成部分，占有十分重要的地位。

伴随着农业社会的生产方式而产生的宗法制度，以伦理、政治为轴心，强调人与人之间的关系，强调道德的引导、说教和伦理准则的约束、规范，使整个社会文化呈现出一种伦理性的特点。伦理的管理作用也在各朝各代表现得十分突出。而近代以后，由于西方科技、文化的传入和生产方式的变化，我国不少接受过西方教育和受到西方思想文化影响的企业家，在他们的管理思想和实践中也体现出其特有的伦理观念。如果说，中国古代社会的管理伦理主要表现在伦理思想体系中，表现在对社会的管理方面，那么，中国近代以来的管理伦理，则主要是体现在对企业管理的实践方面。因此，我们把关注的重点放在两方面，即古代学者的论述和近现代中国民族企业家的实践。

3.2.1 孔子与儒家伦理思想中的管理内涵

春秋战国，是中国社会由奴隶制转变为封建制的时期。中国社会进入春秋战国后，政治机制变得多元化。按地理区域集结的农业耕种生产管理方法、文化环境的宽松和思想意识的活跃，促成了在整个思想领域中诸子蜂起、百家争鸣的局面。在伦理思想方面，围绕着道德作用、道德本原、人性与人的本质、义理之辩等各种问题的探讨，儒家、墨家、道家、法家、兵家各执己见，而其中占据主导地位的是儒家伦理思想。这是因为儒家伦理思想更全面、更深刻地反映中国古代社会的经济、政治和社会结构，适应当时封建统治阶级的需要。

孔子是儒家思想的创立者，又是中国伦理思想史上第一位具有较完整思想体系的伦理学家。

在孔子的伦理思想体系中，"仁"和"礼"是两个最重要的概念。"仁"作为春秋以来的一种新的伦理思想，经孔子的总结和发展，又具有自身相对独立的思想内容和伦理价值，它体现了孔子思想的根本特征，构成了孔子伦理思想的核心。

孔子的思想体系以"仁"为核心。那么，什么是"仁"呢？孔子认为："仁者，爱人，"⊖又说"克己复礼为仁"⊖。在孔子看来，"仁"是一种理想境界。在这样一种境界中，人类相亲相爱，这种相亲相爱首先体现在个体成员与氏族整体关系以及氏族成员彼此的关系上，用以维护氏族内部的团结和稳定。推而广之，是对整个社会和民族的一种道德义务和道德责任，使全社会呈现一种和睦友善的景象。而要达到这样的理想境界，就必须按照"礼"的规定行事，用"礼"的准则进行社会的管理。孔子的"礼"是一种以社会尊卑贵贱秩序为内容的伦理规范，他思想中的管理目标就是要使社会符合这个伦理规范。

根据"礼"的思想，孔子主张维持严格的等级制度，认为这样就能稳定统治秩序，维护统治者的地位。谁要是违背了这一"礼"的伦理准则，便会被大加谴责。在推行"礼"这种伦理规范中，依然存在着诸如管理者与被管理者的矛盾，这些矛盾如何解决？孔子认为，统治者一是要严格要求自己，二是要以道德教化来治理国家。

在对统治者或管理者个人的道德要求方面，孔子认为有以下三点。

第一，当政的人及管理者必须行为端正，以身作则。"其身正，不令而行；其身不

⊖ 引自《论语·八佾》。
⊖ 引自《论语·颜渊》。

正，虽令不从。"○ 管理者本身如能做到"正其身"，具有良好的道德修养，管理政事就没有什么困难，就可以去管理别人，去要求别人端正他们自己的行为。

第二，作为管理者，亦即"君子"，应该"罕言利"。孔子主张"重义轻利"，"君子喻于义，小人喻于利"。在获取财富时不能像小人一样好"利"，而是要讲"义"，要服从统治阶级的整体利益。

第三，作为管理者，要认真办事，守信用，节约开支，爱护部下。孔子对统治者节约或奢侈的衡量标准依然是礼。同时，孔子主张统治者要"爱人"，"使民以时"。所谓"爱人"，是用仁爱的手段去调节好上下关系，而"使民以时"，是为了保证农业生产的正常进行，不至于因过度使用民力而耽误农时。

在对国家的治理上，孔子也从管理伦理方面提出不少有创见的主张。

第一，对百姓加强思想上的说教。孔子说："上好礼，则民易使也，"○ "上好义，则民莫敢不服"。○ 当政的管理者一方面自己要遵从礼制和道义，对百姓起到一种道德示范作用，另一方面也可以用礼仪和道义来对百姓进行说教，加强道德教化的作用。

第二，要"举直"，选拔正直的人来参加管理。选拔正直的人，罢免邪恶的人，百姓就服从统治了；反之，如果选拔邪恶的人，罢免正直的人，百姓自然不服统治。

孔子的管理伦理思想，在统治者的自身修养和对国家、对社会的驾驭之术两方面，都有全面的论述，崇尚道德、礼仪治国，可谓孔子管理伦理的核心。以"仁"为心理基础，以"礼"为行为节度，两者融为一体。于是，在整个社会人们的关系上，就出现这样一种模式：既有严格的尊卑、亲疏的宗法等级关系，又具有相互和谐、温情脉脉的人道关系。孔子所设想的这一套管理模式虽带有理想化的色彩，实际上也很难为统治者所完全采纳，但从整个中国历史发展来看，孔子的管理伦理思想还是起了很大的作用。

3.2.2 孟子、荀子等人的管理伦理思想

儒家伦理思想由孔子创立，孟子做了进一步的发挥和完善，荀子是先秦哲学的总结者，但作为儒学大师，他的伦理思想仍以孔子为宗。

作为儒家的重要人物，被尊为"亚圣"的孟子，在他生活的战国中期，曾周游列国，游说各国统治者倡行"仁政"，提出了一系列管理中的伦理原则，为统治者提出管理国家的方法，对后世影响甚大。

被统治者与统治者究竟哪个重要？这涉及一条重要的管理伦理原则。孟子从当时扑朔迷离、纷乱动荡的政治局面中，为统治者总结出了一条最根本的管理原则，即"得民心者得天下"。孟子第一次在中国历史上明确提出了"民为贵，社稷次之，君为轻"的著名论断。孟子指出，统治者治理天下有两种截然不同的做法：一是"以礼服人"，即表面上假借仁义之名，实际上却是凭借武力四处征伐，这虽可称霸一时，却不能使

○ 引自《论语·子路》。
○ 引自《论语·宪问》。
○ 引自《论语·子路》。

天下归服；二是"以德服人"，就是依靠仁义，用道德去感化他人，只有这样，才能使天下各种人都心悦诚服。

在实施管理的具体方法上，孟子提出三条伦理原则，那就是爱民、教民和减免刑罚。他认为只有这样做，统治者才能够真正做到实行"仁政"。统治者与被统治者、管理者与被管理者的关系，是每一个时代、每一个行业的管理活动都不能回避的问题，也是制定管理战略、从事管理行为的基本出发点。在两千多年前，孟子能够明确提出"民贵君轻"的思想，并以此为基础来推出他的一整套管理思想，应该说是非常可贵的。正因为孟子在管理的基本伦理方面提出了这一进步观点，摆正了管理者与被管理者的位置，才使得他的管理思想比其他人有明显的进步。

与孟子对人性的看法正好相反，荀子对人性的基本看法是"人性恶"，并进而得出了"性恶论"，由此导致他对管理伦理有一整套不同的见解。荀子认为，人性之所以恶的根本原因是人生而有欲，有求生、享受等一系列欲望，这是人生而有之的生理机能。那么，如何来解决由于人们为了满足欲望，对有限的社会财富进行无限的追求所引起的社会动荡和不安定呢？荀子的思路是"治之经，礼与刑"，即以礼仪教化为主，辅之以刑法强制的两手策略。他认为，首先要"明分"，即根据人们在社会中所处的政治地位、经济地位，确定人们的贵贱等级，然后依靠贫富贵贱的等级来节制人们对欲望的追求和对财富的占有。在管理上，他认为最理想的是实现"至平"的原则。他的所谓"至平"，并不是完全平等地分配社会财富，而是在把人分成好几等以后，只要人们自觉地遵守对各阶层都有约束力的、由礼所制约的、合乎规范的有限需求原则，就能够使每个人在社会产品的分配中，取得与其等级地位相适应的财富，满足其不同的愿望要求，从而体现"至平"的原则。

荀子在强调"人性恶"的前提下，提出首先要采用引导、教育等手段，确定人们在社会中所处的阶层，使人们的欲望被限制在一定范围内，不去产生非分之想，而管理者则根据人们的贵贱等级来分配相应的社会财富，这就是实现了公平。这一管理伦理学上的见解和主张，在当时社会中有其新意，也有其一定的积极意义。因为它在考虑怎样实现"至平"时，注意到了人们的智愚之差和能与不能之别，把工作能力的高低和贡献大小也作为分配社会财富时应该考虑的因素。但是，人的欲望是很难满足的，虽然如荀子所言："制礼仪以分之，使有贫富贵贱之等，"但是否每个人都能安分守己，不再有过多的欲望，则不得而知。

3.2.3 《老子》与道家的管理伦理思想

《老子》，又名《道德经》，是先秦道家的代表作。关于它的作者和成书年代，学术界至今尚有分歧，但大致可以肯定，其中包含并发挥了道家的创始人、春秋末期老聃的思想。

《老子》的管理伦理思想，最主要的就是"无为"学说，反对世俗道德规范对人们行为的约束，企图在现实社会关系之外寻求一种符合人的"素朴"本性的道德境界。"无为"是老子的政治思想，也是老子道德观的中心观念和基本立足点。"无为"在这里就是顺应自然。"人法地，地法天，天法道，道法自然。""道"永远是顺乎自然的，没有一件事不是它所为的，管理者如能遵守"道"，万事万物自然就能发展得更好，因此管理者对一切事情都要顺乎自然，即按客观规律去做，这样才能有所作为。而从伦理上来说，它的基本要求就是不坚守和强求一定的道德规范，无意于求得"善"的美名。老子认为，仁义道德规范不是从来就有的，如果国家安定、六亲和合的话，社会也就不需要制定道德规范作为人们的行为准则。而一旦废弃了"无为"之道，社会关系产生混乱，各种邪恶的行为发生，这时就有圣者、智者出来制定并提倡各种道德规范，作为人们的行为准则，于是也就有了仁义、孝慈、忠诚之名。在具体的管理中，老子主张"不尚贤，使民不争"，因为"贤"是一种善名，老子认为尚贤必然会引导人们归于名利之争。

道德规范的产生是一个社会中的人们在实践中对自身道德关系的概括，它体现了人们行为的共同要求。因此它能指导人们的道德实践，调节人们在社会各领域中的关系，在社会生活中起着不可替代的重要作用。对此，老子一概加以反对，自有其片面性。但是，他同时反对人们那种追求道德的虚名，尤其是管理者对道德规范进行抽象利用，而其实质是达到自己那种不高尚的目的。老子对这种做法的反对是有针对性的。

3.2.4 《孙子兵法》中的管理伦理思想

在中国古代，以《孙子兵法》的作者孙子为代表的兵家，在管理思想史上有着重要的地位。虽然《孙子兵法》中大量涉及的是军事管理方面的内容，但在其他方面的管理中也同样适用，尤其在管理伦理方面更是如此。

《孙子兵法·计篇》中，提出"经之以五事，校之以计而索其情"的问题。"经五事"，就是考察"道、天、地、将、法"；而"校之以计"，则内容有七："主孰有道？将孰有能？天地孰得？法令孰行？兵众孰强？士卒孰练？赏罚孰明？"在这"五事""七计"中，"道"是作为首事、首计而被提出来的，可见是被放在最重要的位置来对待的。那么，这个"道"是指什么呢？这里的"道"既指一种方针、策略，也指一种统治者本人的原则和道德修养。如果统治者能做到有"道"，与士兵同利共患，自然便能上下同心。所以《孙子兵法》中将"主孰有道"放在取得胜利所需的七个条件之首。统治者具备较好的道德和策略，将领有相当的能力，占有天时地利，法令畅通，兵强马壮，战术熟练，赏罚分明，自然在战争中便无往而不胜。

在对军队的具体管理中，《孙子兵法》中提出"令之以文，齐之以武"的伦理原则。"令之以文"，就是要用文的手段，用道义、原则来教育战士，有功则赏；而"齐之以武"，就是要用"武"的方法，用军纪、军法来整肃队伍，有过则罚，严明纪律。《孙子兵法》中同时十分强调将帅个人的道德修养，指出将帅对国家应该是"进不求名，退不避罪"，作为一个优秀的将帅（管理者），在个人的道德修养上，应该不沽名钓誉，不推卸责任，赤胆忠心。而对于这样的将领，他的管理者（国君）则应放手让其施展才华，"将能而君不御者胜"。

人类最早的管理行为体现于军事活动之中，而最早的管理思想也较多地散见于兵书之中。被誉为"世界第一兵书"的《孙子兵法》，不仅就具体的军事策略和战术有许多精辟的论述，而且在如何进行管理的伦理原则上有一系列很好的见解，对在管理中如何掌握好伦理原则有着重要的启示作用。在今天，世界各国的企业家中有许多人都在潜心研究《孙子兵法》这一类东方古老兵书中的管理智慧，试图在自己的企业经营中加以借鉴，这也说明了我国古代兵书和军事学中管理思想的永恒魅力。

3.2.5 近现代中国民族企业家的实践

1998年诺贝尔经济学奖获得者阿玛蒂亚·森曾经指出："任何人的行为都是在一定的伦理背景中进行的。"⊖ 在任何一家企业的任何一个时期的经营活动中，企业经营者必然会将其特有的文化背景下的价值观念和伦理观念带入企业的经营管理活动中。在中华民族五千年的繁衍生息和文明发展的历史进程中，虽历经朝代更替，出现了众多的伦理思想和道德流派，却依然在厚重的中华文化积淀中形成了一个影响深远的、被人们普遍认同的、特有的东方伦理道德体系。这套以儒家思想为主体的伦理哲学，主张人与人，人与天，人与社会的和谐发展、可持续发展，反对弱肉强食、不共戴天、涸泽而渔，最终两败俱伤的社会道德观念。这不仅对中国，也对整个东方文明产生了深远的影响。中国近代的民族实业家正是在这种文化土壤中，不断地汲取"养料"，将这种独特的伦理观念运用于经营实践，并加以弘扬和发展。或许这正是他们即使是在面临国家动荡、积贫积弱的恶劣社会条件下，仍然能够生生不息，在夹缝中求得生存，实业救国的强大动力之一。

1. 胡庆余堂的百年经营

创立于清同治十三年（1874年）的杭州胡庆余堂，是中国近代最著名的民族企业之一。它的创办者是当时的"红顶商人"胡雪岩，胡庆余堂在其事业鼎盛之时创办。这位当时富可闻达于天子并获得中央政府表彰的大商人，将其一生资产、半生心血投于一家药堂，并且历经风雨企业却依旧生机勃勃。其创办的动机和企业长久经营的奥秘，我们可以从现在位于杭州市区吴山脚下的胡庆余堂中药博物馆营业大厅中一探究竟，并由此感悟中华传统文化对企业经营伦理的深刻影响。

走进博物馆大厅，只见高大的青砖门楼上镌刻着"是乃仁术"四个大字，瞬时突出企业文化中的核心伦理——仁。古人云"不为良相，则为良医"，又云"穷则独善其身，达则兼济天下"。在中国传统观念中，医者具有崇高的地位。良相济世，良医济生，做官行医都是造福天下、兼善黎民的方法和途径，所体现出的则是贯穿中国传统社会中儒家核心思想的"仁"。仁者，爱人也。当时的胡雪岩花费几十万两银子创办胡庆余堂，只是以自己之力所能及开办救民药堂，其"兼济天下"的理想可见一斑。而且，"仁"的理念始终贯彻于胡庆余堂的经营实践之中，也成为其得以成功并名垂后世的主要原因。民间流传的众多传说也可见经营者强烈的东方经营伦理色彩。

中国传统的哲学原则在于人本主义，体现在企业经营中往往表现为以顾客为核心

⊖ A K Sen. Well-being, Agency and Freedom: The Dewey Lectures 1984 [J]. *Journal of Philosophy*, 1985, 82(4).

的产品评价原则。在胡庆余堂的经营实践中，充分体现着这种一切服务于人的道德原则。药店开张之日，胡雪岩亲自去站柜台，只要顾客对药品稍有不满，胡雪岩就会立刻收回原药，并郑重承诺在一两天内重新调制好药调换。同时，他在日常的经营中采取了一系列的措施以保证所出售药品的高质量。例如胡庆余堂生产的花露由于质量上乘，市场需求相当可观，因而每年生产量很大，有时候甚至会有一些剩余。如果为了节约成本，自然可以存放到下一年再卖，但为了对顾客负责，保证花露的药效和香气，胡庆余堂严格规定：凡当年卖不完的花露，一过夏天就全部倒掉。胡雪岩还在店堂内放置了一只大香炉，终年香烟缭绕。碰上顾客拿着不满意的药前来交涉，胡雪岩总是告诫下属，不要和顾客争吵，顾客认为不满意的药品，一律投入香炉焚之，并另配给新药。由此可见，经营者在处理产品与顾客之间矛盾关系时所奉行的是"顾客至上"的思想理念。

在胡庆余堂中药博物馆里，给人印象最深刻的还是胡庆余堂的"戒欺"牌匾。它突出体现了胡雪岩开办胡庆余堂的经营宗旨。牌匾挂在营业厅门后，面对经理和所有员工，用于告诫下属"凡百贸易均着不得欺字，药业关系性命，尤为万不可欺……采办务真，修制务精，不至欺予以欺世人"。

从"戒欺"匾上，我们看到的是道德自觉。它秉承了传统文化中最基本的道德。这种道德首先表现为对个体生命的尊重，"药业关系性命，尤为万不可欺"。同时，"戒欺"理念贯穿企业的生产经营活动，便成了一种企业文化，成为一股滋润心灵的甘泉，不断滋润每个药工的心田。在胡庆余堂内，有一副对联恰好是对"戒欺"的一种诠释："修合无人见，诚心有天知。""修"是指药材的整理加工，"合"是指撮药配方。修合虽无人见，但苍天在上，天理昭昭，唯有诚心，方可得信于消费者。这种诚信制药，才是天道所在。

百余年来，胡庆余堂形成了"戒欺"的经营理念和"诚信"的企业文化，向人们讲述了一个"传家有道惟存厚，处世无奇但率真"的颇具传奇色彩的故事，同时为它赢来了极高的声誉。事实上，这套经营哲学正是"仁义及物，以人为本"的中国传统伦理道德文化精神的体现，强调经营活动的正外延性，鲜明的区别于"利润至上"的西方传统企业经营理念。

2. 冠生园的"三本主义"与"三个至上"

今天的冠生园食品有限公司，曾经是我国近代食品工业中规模最大的私营企业，它的经营历程也体现出中国民族企业特有的经营伦理观念。冠生园的创办人冼冠生，从设食品摊起家，"最初在旧上海南市九亩地新舞台戏院旁，租一间小屋子，日间卖叉烧，夜间卖叉烧粥。新舞台的老板见他诚实勤劳，特许他在戏院内托盘兜售糖果食品，日久之后，正式开办'冠生园'"。㊀

从发展到建立起生产和经销糖果、饼干、罐头、饮料、干果等综合性的大型现代化企业，冼冠生倾注了毕生的精力。他在经营管理等方面留下的很多经验，对今天的

㊀ 陈存仁. 银元时代生活史 [M]. 桂林：广西师范大学出版社，2007：346.

民族企业家们来说也是非常值得借鉴的。

在对冠生园的经营中，冼冠生强调"三本主义"和"三个至上"。其中"本"和"上"的观念是民族伦理观念中"基础"和"目的性"的表现。高度原则性下的高度灵活性，是我国传统哲学中"万变不离其宗"原理在企业经营领域的体现。冠生园在经营实践中对"本""上"的确定，是对这一原理的一个生动应用：企业无论用什么手段经营，绝不背离企业"人本"的经营目的，绝不能损害企业的经营基础。这个辩证关系就成为冠生园企业经营的核心问题。

（1）三个立业之本。对于冼冠生的经营理念，流传最广、最令人称道的是他平时经常对职工宣讲的"三本主义"。所谓"三本"是指"本心、本领、本钱"。"本心"是指事业心和责任心。冼冠生认为企业的兴旺发达，不能单靠他一个人的努力，而要靠全体职工同心协力，将冠生园作为共同的事业来做。而食品行业，由于它的特殊性——与老百姓的身体健康乃至生命安全息息相关，更要求职工在各自的工作岗位上具有责任心，恪尽职守。为此他要求饮食部使用的餐具在洗涤时做到"一洗、二清、三干"，并经常巡视食品制作车间和饮食部，检查卫生工作。"本领"指的是经营管理和业务技术的能力。要求不断提高产品质量和创制新品种。"本钱"是指资金及其营运。冼冠生在资金营运方面，除兴建上海漕河泾新厂和引进先进设备外，绝少用于购置不动产，从而有大量的资金用于商品流通和原材料的储备方面，使之产生更大的效益。

（2）三个至上。冼冠生从三个立业之本，引申出三个至上，即"信誉至上、顾客至上、质量至上"。

1）信誉至上。冼冠生一贯重视企业信誉，认为诚信是做人的基本道德要求，"人无信不立"，一个企业也同样如此。信誉是企业生存、发展的基本要求，商人失去了信誉，也就失去了市场。他的口头禅是"不做一锤子买卖"。有一年，生产果子露的原料白砂糖告罄，不得不改用其他品种的砂糖进行替代。经试验，未发现质量问题，但是产品大量投放市场一两个月后，瓶内糖分发酵变质，甚至发生气体膨胀爆炸事故，一时间，顾客纷纷上门质问，要求退货赔偿。冼冠生对此十分重视，经商讨后决定以他为首，包括厂长、高级管理人员等人组成四个小组，分赴各地了解情况，就地处理，或退或换赔偿损失，尽量不使购买者受损失。如此一来，公司遭到很大的直接经济损失，但却挽回了信誉，赢得了顾客的信任，反而为果子露打开了更为广阔的市场销路。这也正应了现代管理所说的化危机为商机。

2）顾客至上。冼冠生常说，"顾客是我们的衣食父母""人无笑脸莫开店"，告诫职工，要设身处地地为顾客着想。他经常到门市部柜台前巡视，遇到顾客，不论身份如何、衣着如何、认识与否，总是笑脸相迎，热情招呼，为职工示范。由于他以身作则给职工以深刻的印象，因此光顾冠生园的顾客都能满意而去，绝少在店内发生争吵。

3）质量至上。冼冠生认为产品不论大小，利润不论厚薄，一定要保证质量，力求色香味俱佳。对于重要产品，他常反复研究最佳配方，但已经确定后，为了保证质量不变，未经其同意，其他人不准做任何改动。冠生园在产品应市前检验很严格，发现问题及时抓住，不解决绝不放手。有一次冼冠生发现面包质量存在一些问题，但未引起大家的重视，他就召集厂干部和各车间、各店门市主管人员进行分析研究，最后责成厂长说："面包做不好，请厂长搬到厂里住；再做不好，请他住到面包车间里去；再做不好，请他睡到炉子间门口；还是不好，请他爬进炉膛里去。"虽是笑着说，但厂长听了已感无地自容，不得不认真一抓到底，不久质量问题就迎刃而解了。

3. 其他著名民族企业的经营伦理

胡庆余堂和冠生园的经营历程，是中国传统哲学对企业经营伦理影响的一个典型缩影，事实上在众多的中国民族企业中，优秀的中国传统文化对企业经营在管理伦理层面的影响是非常普遍的。

1932年，宋棐卿创办了位于天津的东亚公司，他所提倡的"人若只做自私之事生之何益！人若不为大众做事生之何益！人若只为名利做事生之何益！"这种观念突出的是人的行为对大众、对社会的一种奉献精神和责任感，通过经营者自身的责任感和伦理观念，协调企业利益与社会道义之间的关系。这种强调大小、上下、内外，自然合一、自然协调的观念正是中国传统哲学中和谐处事原则的鲜明体现。

靠3 000元起家的江苏无锡荣宗敬、荣德生兄弟，以儒家伦理为指导，奉行"发上等愿，结中等缘，享下等福；择高处立，就平处坐，向宽处行"的处世哲学，平等待人，广结善缘，迅速将企业发展成为早期民族资本的面粉业和棉纺业的最大企业。这也是对民族文化中"和"的伦理原则的巧妙诠释。

"状元实业家"张謇舍弃高官厚禄，历尽艰辛创办南通大生纱厂，其目的不仅仅是赚取利润，也是为了抵制洋货，"设厂自救""富民强国"，使企业为自己的"心络之血影"，以展"实业救国"的宏图。这与胡雪岩"兼济天下"的理想颇为相似，但是由于时代背景不同，张謇的"实业救国"有着更深刻、更丰富的内涵：他的实业面向的是更多的民众，为国家、为民族的强盛幸福而兴业，集中体现着"先天下之忧而忧，后天下之乐而乐"的博大心胸和高度的民族责任感。这就使企业的经营远远超出了利润经营的层面。

从上述多位民族企业家的经营管理实践来看，虽然时间已经过去了几十年甚至上百年，但他们在管理实践中所倡导的企业伦理精神仍然有着很强的现实意义。我们纵观这些企业家的管理实践活动，可以看到，虽然面临的环境不同，涉入的行业各异，但是在这些优秀企业家的管理生涯中，都把坚持优秀的企业伦理准则放在极其重要的位置，而这些企业伦理准则是我们今天同样推崇的，有的甚至是今天的中国企业所十分缺乏的。尽管社会在变化，政治制度在变化，但是诚信、公正、公平交易、优质服务，这些良好的职业精神和职业操守等优秀的企业管理伦理原则却没有过时，对今天的企业管理者依然有着十分重要的启示，给我们提供了历史的经验和教训。

本章要点

- 西方思想家社会经济管理论述中的伦理思想。
- 亚当·斯密的管理伦理思想。
- 马斯洛、麦格雷戈等人的管理伦理

思想。
- 企业文化理论中的伦理内涵。
- 孔子等中国古代思想家及其著作中的管理伦理思想。
- 近现代中国民族企业家管理实践中的伦理内涵。

复习思考题

1. 从西方伦理思想中可以探寻到哪些伦理内涵？
2. 从中国古代伦理思想中可以探寻到哪些伦理内涵？
3. 如何把握亚当·斯密的管理伦理思想？
4. 中国近代企业家的经营实践中贯穿了哪些管理伦理思想？

应用案例　德胜洋楼的管理伦理

这是一家诚实到令人震撼的公司。它建造的美式木结构住宅超越了美国标准，它把农民工改造成高素质的产业工人和绅士，这一切的成功源自德胜朴素的价值观。

引子：把话说透，把爱给够

"工友们，严肃紧张的制度学习会之后，团结活泼的拍卖会时间到了！"这句话来自德胜（苏州）洋楼公司一间不大的中餐厅，里面摆放了五六张方桌和长条桌，员工们团团围坐在桌旁的藤椅和方凳上，瞪大了眼睛，张望着前方的台子——那里摆放着将要被拍卖的物品，有丝质围巾、高山生态茶、迷你音响、浴巾，甚至还有特色小菜……

在旁人看来，这样一场热闹的拍卖会不过是一台自娱自乐的员工晚会。但是如果你了解个中的良苦用心，就明白这绝对不只是一场拍卖会那么简单。一场小小的拍卖会其实经过了深思熟虑的制度设计，背后体现了该公司独特的管理逻辑：其一，反腐败；其二，让员工有尊严地得到实惠；其三，培养员工的社会责任感，让员工为社会献出一份爱心。可谓一举三得！

《德胜公司员工读本》中的《反腐公函》明确规定："员工在商业关系中不可夹杂任何形式的腐败行为。"然而，每年都有一些客户出于感激与欣赏，赠送各种礼物给德胜员工。怎么办？德胜公司的解决办法是：首先把礼品收受情况以简报形式公之于众，然后把礼品拿到公司内部拍卖会上进行拍卖，所得款项全部捐献给长江平民教育基金会。这就是德胜公司在反腐方面的严格举措，此举既杜绝了员工受贿现象，也照顾了客户的一片心意。

然而，在制度上"把话说透"的同时，德胜公司在文化上还倡导"把爱给够"——让员工有尊严地获得实惠。拍卖会上色彩美丽的丝质大方巾，商场里一条的价格在200元以上，而起拍价只有50元。员工们你拍我抢，三条丝质围巾瞬间在120～150元之间的价位被员工们拍得。一方面，员工为教育基金会捐献了一份爱心，自豪感油然而生；另一方面，员工自身也得到实惠——会上所拍得的物品往往具有很高的性价比。

一场小小的拍卖会，既反映出德胜的制度之严，也折射出德胜的爱心之深！这是德胜公司一贯的管理之道，在制度上绝不放松对员工的严格要求，在私下里以润物细无声的方式把关爱渗透给员工。

把农民变成绅士

总部位于苏州工业园区波特兰小镇的德胜洋楼成立于 1997 年，当时员工不足千人，其中很大一部分是由农民工构成的建筑工人。德胜洋楼是一家房屋建造商，其主业是设计和建造美式木结构住宅（一种轻型木结构的低层单户住宅，中国俗称"美制别墅"）。因此，德胜洋楼公司可以说是"洋"与"土"的结合——盖的是洋楼，但盖洋楼的是中国的农民工。公司目前年营业额约 6 亿元人民币，占据国内 70% 的市场份额。

在德胜公司，你找不到传统意义上的农民工。这里没有四处打游击干活、年底讨薪无门的苦哈哈的农民，取而代之的是有正式编制和正式职工待遇的建筑工人。这些农民出身的木工、瓦工、电工等，在德胜公司不仅被培训成合格的产业工人，而且被改造为文质彬彬的绅士。这个转变是怎样发生的？

1. 给员工以绅士的待遇

从 2002 年开始，每年的圣诞节，德胜公司都会在苏州最豪华的五星级酒店举行一年一度的盛大晚会。公司全体员工，包括各个工地上的建筑工人，不远千里赶回苏州，参加圣诞之夜的公司年会。当德胜公司第一次联系苏州喜来登酒店的接待人员时，酒店方非常担心：几百名农民工在这样高档的酒店里狂欢会不会闹出一些尴尬的事情？然而，实际情况却令酒店人员大为惊讶，这些农民工的行为非常端正。几百人的宴会厅里，一切井然有序，不仅没有出现大声喧哗、乱撒酒疯或者随地吐痰、抽烟的现象，而且所有的农民工都衣着得体、彬彬有礼、自然大方，俨然一副绅士的做派。酒店的经理也忍不住称赞他们是"民工的面孔，绅士的风度"。

把全体农民工请到五星级酒店来开大会，这恐怕是国内仅有的一家公司。德胜之所以舍得花费巨资，每年召集员工到最豪华、最高档的酒店开会，是为了让每位员工（尤其是处于社会底层的农民工）享受绅士的待遇，感受高品质的生活，从而获得一份自豪感和尊严感。因为，只有受人尊重、拥有尊严的员工才能反过来尊重自己的工作，才能把自豪感带入工作之中。

在我们国家，企业高管出国考察是常有的事情，但是有谁听说过农民工出国考察？德胜公司就有这项措施，只要工作满五年，每个农民工都可以免费出国考察一次。公司每年都组织一批员工到欧美国家去参观学习——创始人聂圣哲的心愿是让所有员工今生都能有一次机会出国看看外面的世界。

德胜并非只是"偶尔"才给员工们这样的绅士待遇，在日常管理中，它也同样尽其所能地把最好的工作条件和生活条件给予员工。与大部分的建筑工地不同，德胜的建筑工地有如下特点：施工现场整洁干净，工作服、安全帽以及其他各种安全设施齐全；工人不准带病上班，如果发现带病坚持上班，每次罚款 30～50 元；食宿条件非常好，宿舍 24 小时有热水供应（条件好的还有空调），一日三餐有丰盛的热菜热汤，只要花一两元钱就能吃饱吃好（公司给员工每人每天补贴伙食费 20～30 元）。

2. 培养良好的个人习惯

把农民工变成绅士和合格的产业工人，仅仅给予他们绅士般的生活待遇是不够的，德胜公司在业务培训和素质教育方面所下的功夫也毫不含糊。对于每位尚处于试用期的新职工，公司会做出特别提示："您正从一个农民转变为一名产业化工人，但转变的过程是痛苦的。"德胜对农民工的改造从最基本的个人卫生开始，在德胜的试用职工条例中有非常详细的规定，比如：每天至少刷牙一次，饭前便后必须洗手，尽快改掉随地乱扔垃圾的习惯，尽快改掉随地大小便的习惯，卫生间用完之后必须立即冲刷干净，等等。不要觉得这些规定太琐碎或者太初级，事实上，不少受过良好教育的人至今也改不掉乱扔垃圾的习惯；不少城市人在用完卫生间之后，也不去冲干净。基于此，德胜从最基本的卫生习惯着手来逐步提升农民工的个人素质。在工作场合，德胜要求员工"衣冠整齐、不得打闹、不得穿拖鞋""工作时间埋头工作，不说闲话和废话""礼貌待人，见面问声好，分手说再见""做错任何一件事情，必须立即向上级反映，不诚实的人是得不到信任和重用的"。此外，针对员工的一些不良嗜好，公司做出了更为严格的规定，如：工作期间，中餐严禁饮酒，晚上需要加班的也严禁饮酒；除春节法定假期外，任何时间都严禁赌钱。如果员工被发现赌博或者违反饮酒规定的，经规劝不改者，就会受到公司的解聘处理。

除了硬性的制度约束，集体的同化力量也很重要。每有新员工加入，公司都会有意识地把新、老员工安排在一起工作，比如让9个老员工带1个新员工，在老员工的影响下，新员工很快就会被同化。但是如果比例不合适的话，比如让7个老员工带3个新员工，那么不仅新员工不会被同化，老员工反而可能会受影响。

德胜的管理原则是"把话说透"（对员工的要求体现在规章制度中）和"把爱给够"（给员工足够好的待遇和福利），但是德胜也绝对不是一个容忍混子的老好人公司。它遵循国际通用的"1855"规则：10%的员工到年终要重奖，80%的员工予以肯定，5%的员工受到批评，最后5%的员工要被"解聘"。这最后5%的员工指的是有意怠慢工作或者工作不努力未能完全履行自己职责的员工。

不过，这个"解聘"不是真正的解聘，而是给员工一次自我反省的机会。员工在一个公司待久了，待舒服了，难免产生惰性，所谓"三年一小痒，七年一大痒"，不良习性有可能故态复萌。那么，公司就让他们清醒一下，把他们放到外面去，让他们吃吃苦头。被末位淘汰制筛选下来的员工在外面打工一年，就会重新发现公司的种种好处，因为在外面打工找活儿很不容易，就算找到活儿又担心拿不到钱。如果这些员工真心有悔悟，并诚恳改过，公司也愿意敞开怀抱，再度接纳他们。这就是德胜公司的"吃一年苦工程"。这个举措又一次体现出德胜公司宽严结合的管理原则：一面是冷酷无情的末位淘汰制度，另一面是以人为本、关怀包容的爱心文化。

把"小人"变为君子

德胜之所以对农民工如此善待和关爱，与创始人聂圣哲的个人经历和思想分不开。聂圣哲出生于安徽休宁山区一个极为贫穷的农村家庭,在去四川成都上大学之前,他自述"自己是一个曾经没有见过公共汽车,没有洗过淋浴,不知道打电话还要拨号码"的农村孩子。饱尝贫穷滋味的他,对农民兄弟始终怀有一份深沉的感情和厚重的责任感。

毋庸置疑,无论是从个人生活上把农民改造为绅士,还是从职业素质上把农民改造为合格的产业工人,都不是一朝一夕可以完成的事情。对于散漫惯了的农民工,首要任务是让他们学会敬畏制度和遵守制度。聂圣哲本人对此有很精辟的见解,他曾经说过:"一个不遵守制度的人是一个不可靠的人,一个不遵循制度的民族是一个不可靠的民族。"聂圣哲对于有些人好要小聪明的习惯深恶痛绝,他认为正是那些好走捷径、不守规矩、不老实按制度办事的风气,导致中国企业无法像德国和日本企业那样制造出精品。为此,德胜公司花费了很大的力气来细化和完善公司的各种制度规定。德胜的员工人手一本员工手册,这本手册的最新版本长达268页,内容可谓洋洋洒洒、包罗万象,除了上文提到的关于个人卫生和工作习惯的规定,还有关于生产和运营等各方面的详细规定:财务报销、采购规则、质量监督、工程管理、仓库管理、安全管理、用车规定,等等。为了保证制度能够"融入员工的血液",所有员工在每个月的1日和15日的晚间都要集中在一起召开制度学习会,每次学习某一方面的制度条例,学习时间为半小时。会议采取接龙形式,由在座员工每人朗读一句话,以保证大家的注意力不分散。每月两次的制度学习会旨在给大家反复灌输遵守制度的重要性,久而久之,这些制度规定就在员工的头脑里生了根,成为无形的约束。

与此同时,聂圣哲认识到,制度与人的问题不是截然对立的。有了高素质的人,才能遵守制度,制度才能有效运行;有了制度的约束,人才能守规矩,成为高素质的君子。因此,他一再申明:"制度只能对君子有效,对于小人,任何优良制度的威力都将大打折扣,或者无效。德胜公司的合格员工应努力使自己变为君子,或者说要靠近君子,远离小人。"

德胜要求员工做君子,最明显的一个例子是财务报销制度——员工报销任何因公费用或者规定可以报销的因私费用,都不需要领导签字,只需要写上费用发生的时间、地点和原因,经手人自己的姓名。有其他人同时经手的,可以作为证明人在相关发票上签字证明,就可以到财务部报销。报销时,财务部的出纳员首先要宣读一份声明:"您现在所报销的凭据必须真实及符合《财务报销规则》,否则都将成为您欺诈、违规甚至违法的证据,必将受到严厉的惩罚,并付出相应的代价,这个污点将伴随您一生。如果因记忆模糊自己不能确认报销凭据的真实性,请再一次认真回忆并确认凭据无误,然后开始报销,这是极其严肃的问题。"每一次报销时,财务人员都要不厌其烦地履行这样一种宣读声明的仪式,以教育和提醒员工务必对自己的行为负责,对自己的信用负责。之后,职工把报销凭证交给出纳员即可完成报销,职工的报销凭证则会输入公司的个人信用计算机辅助系统。在德胜公司看来,费用报销事关个人信用,既然是个人信用问题就应当让员工个人承担!主管领导有什么权力给职工签字?如果主管签了字,报销的责任就等于转嫁到主管身上,主管必然要为职工的行为担责,这是很不合理的制度。报销不需要领导签字,就是让职工为自己负责,让职工自己选择做一个君子,而不是小人。

在受到反复教育和提示之后,假如职工还是做了"小人"怎么办?德胜有一套完善的处理制度——"我们要建立一个机制,就是当一个小人把我们的诚实或宽厚当成是懦弱时,我们要坚决予以反击"。德胜公司建立了一套个人信用计算机辅助系统,该系统可以从职工的报销单据中分析出单据的真实性以及此笔费用的必要性,也可以通过归纳法分析出职工的报销习惯,从大量的数据分析中对异常情况进行预警。每位职工的守信与不守信的行为都被记录在该系统里。任何腐败与欺诈行为一旦通过抽样调查和个人信用计算机辅助系统被发现,职工就会为自己的不诚实行为付出高昂的代价。

无论德胜的建筑工人还是物业服务人员,他们的教育程度和文化水平都不高(以初中和中专学历为主),但是在这样一家非高学历员工构成的公司里,员工可以上班不用打卡,随心所欲地调休,不需要主管签字就可以完成费用报销。为什么连一些知识型企业也无法做到的人性化管理,德胜公司却敢于尝试?答案在于制度与文化的双管齐下。一方面,德胜有明确的制度规定、严格的监督机制和奖惩手段;另一方面,德胜也时刻不忘借助文化和教育的力量——每月两次的制度学习会,每次报销前都要宣读的提醒声明——这些都在潜移默化地影响着员工,促使他们远离小人,成为君子。

把管理贵族变为精神贵族

德胜管理体系还有一个鲜明的特点:坚决反对官僚主义。这一点也与创始人聂圣哲对传统文化的反思分不开。在他看来,长期受儒家文化影响的中华民族往往有两种表现状态,要么是散兵游勇的游击状态,要么就是人浮于事的官僚状态。什么是官僚状态呢?聂圣哲给了一个定义:当你有了权力而目中无人时就是官僚文化;当你有了权力对别人漠视就是官僚文化;当你有了权力对别人不尊重就是官僚文化;当你有很多的事情不想亲自去做,就是官僚文化。官僚文化的危害很大,它不仅会毁掉人与人之间的真诚,而且使公司的效率低下。官僚文化只能使庸人得到满足,使官迷们如鱼得水,却不能使真正有才干、有实干精神的人脱颖而出。

那么,如何对权力进行制约?如何让智慧拥有发言权,而不是让权力压制智慧?德胜公司提倡精神贵族,反对管理贵族。

1. 反对管理贵族

何为管理贵族?管理,本应"管人"和"理事"并重。但是当上官之后,只想"管人",却不愿"理事"。那些喜欢颐指气使地指挥别人做事,自己不愿意动手实干的管理者,即为管理贵族。反对管理贵族的第一步是从尊重劳动开始。按照聂圣哲的说法,"我们民族的文化中,一直都有一种蔑视劳动的风气,是奉行不劳而获的。我希望大家从不劳而获的思维方式当中走出来,变成一个劳动的敬畏者"。

反对管理贵族的第一个表现在培训方面。所有德胜的新入职人员,无论是管理者还是普通员工,首先都必须在物业中心接受三个月的培训,培训期间从事打扫清洁、帮厨以及园林护理工作,其中房间的保洁工作必须达到五星级宾馆的保洁要求——有个说法是，马桶必须清洁到打扫者敢于从中舀上一杯水来喝的程度。这并非杜撰，事实上，德胜公司的创始人聂圣哲曾经亲自给员工示范洗马桶，并用马桶水来漱口。三个月培训结束后，劳动能力达到合格标准，新员工才能转正，分配到各个部门工作。如果没有达到要求，还要继续打扫卫生三个月，直到合格为止。

反对管理贵族的第二个表现在工牌上。所有管理人员的工牌上都有一句话："我首先是一名出色的员工。"这句话对于管理人员尤其含义深刻，它时刻提醒每一位管理者不要以管理贵族自居，不要高高在上，而要平和对待每一个下属，对每一个员工的请求及时回复，踏实、认真地处理每一件事情。在德胜公司，一旦发现某位管理人员对员工吆三喝四，甚至冲员工拍桌子、发脾气，就会有人报告督察官，而督察官会对这位犯了官僚主义错误的管理者进行批评教育，让其给员工赔礼道歉。

反对管理贵族的第三个表现是"代岗制"。在德胜公司，无论是建筑工地的总监、副总监，还是公司总部的各个部门经理，都要遵守代岗制。所谓代岗制，是指管理人员每月必须抽出至少一天时间来参加一线劳动，具体工作由程序中心负责安排。这一天，该名管理者必须作为一个普通的员工参加劳动，或者接待客人，或者打扫房间，或者在建筑工地上做一天泥瓦工。如果有一天你在德胜公司里行走，看到一位正在清扫街道或者擦拭玻璃的中年人，那很可能是他们的财务经理，也可能就是人力资源总监。德胜每一项制度设计的背后都有着独特的管理逻辑和哲学思考，代岗制即是如此。在聂圣哲看来，并不只是政府机关里才有官僚主义，大多数公司里也存在着严重的官僚主义现象，不少大公司就是被官僚主义毁掉的。官僚主义作风会造成公司人浮于事、效率低下。而德胜就像大海里的一块礁石，每个月都要狠狠震一震，否则官僚主义就会像小海螺一样附着在上面。

此外，干部不脱产，经常到一线岗位工作，才能更好地把握现场的真实情况，加深对一线工作的细节了解。事实上，德胜干部的确得益于这项措施，他们的很多灵感、很多改进都是来自现场的激发——只有身体力行地参与实践，才能做出合理的判断和决策。

反对管理贵族的第四个表现是对干部的要求比普通职工更严格。在德胜公司，管理人员特别是高层管理人员，职位越高越要精确按程序处理工作、办理事情，越要严格服从公司的统筹安排和热情接受各个部门（或个人）的工作帮助与协调的请求。如果稍有怠慢和偏差，处罚将比普通职工严厉2~10倍。

为了反对管理贵族，德胜还设立了督察部。督察部下设质量监督官、制度监督官、公平公正官、神秘访客和巡视员。这些监督人员拥有至高无上的监督权，任何干部都不得抗拒督察官的监督和批评，这非常有效地保证了权力受到制约。

由于官僚主义，不少大型企业的管理者成了纸上谈兵的官僚，光说不干，导致组织冗员现象严重，组织结构臃肿。而德胜公司很幸运地拥有一个精简高效的组织结构，它的管理成本很低，因为它不设置总裁办，也没有副总裁，只有几个部门总监和经理，上千人的公司一共只有十几名管理干部。更令人惊讶的是，长期以来整个销售部只有一个人——王中亚，他既是领导，也是员工。再比如，负责访客参观事务的知识产权与文化中心总经理赵雷，既是主管（安排和协调参观事宜），又是接待员和解说员，同时还兼任司机，并且平时还主管知识产权事务。对此，长期研究丰田制造体系的日本管理专家河田信先生，来到德胜之后也不由得赞叹："德胜公司把管理者与员工视为一体，能实现这一点太不简单了！"

2. 洗马桶精神

德胜体系不仅要求对管理者与员工一视同仁，而且要求人人都成为劳动者。德胜有一种敬畏劳动的企业文化。以洗马桶为例，它是体力劳动，也是一种个人修行方式。洗马桶的活儿看似简单，但是要把马桶清洗干净并达到可以漱口的程度，并不是简简单单就能够对付过去的事情。员工要有不怕脏、不怕烦的精神，严格遵照作业流程一步步来，才能达到标准。员工能够把马桶清洗达标，一方面是工作要求如此，另一方面是员工对洗马桶这项工作的内心认可。他们不会觉得洗马桶是不值一提的低贱劳动，而是认为这是对自己体力和心力的一种修炼。洗马桶事情虽小，但体现的是德胜公司一直倡导的价值观："诚实、勤劳、有爱心、不走捷径。"

中国传统文化倡导"万般皆下品，唯有读书高"，这种思想造成了中国社会"唯文凭至上"的主流文化。聂圣哲对此非常反感，他常说，一个平庸的博士未必比一个敬业的木匠对社会更有贡献和更有价值。而且，更重要的是，"职业地位均平等，敬业程度比高低"，三百六十行，行行出状元，在职业上比较地位高低毫无意义，人与人比较的应该是敬业精神和工作态度。所以，他经常得意地说："我的一个好员工，你拿一个'博士后'来跟我交换，我也不换。"德胜公司最认可品行端正且吃苦耐劳的人才，因为只有这样的老实人，才能一丝不苟地把洗马桶这样的小事做好，才能把洗马桶这样的小事做到极致。

管理"必须"精细化

德胜公司要求员工经常在心里默念两句话：一是，我实在没有多大本事，我只有认真工作的态度；二是，我怎么又耍小聪明啦，我真的好危险。与社会上流行"能人文化"不同，德胜提倡平民文化，要求员工做老实人，办老实事，既不要小聪明，也不试图走捷径。

聂圣哲曾经在美国留学和工作过很长一段时间，其间他游历了40多个国家，观察各民族的优秀特质——德国人的严谨、日本人的细致、美国人的开拓和务实，每每都会触动他反思中国的国民性。中国人追求知识却漠视常识，每一个人都想拼命奔跑起来，却不愿意好好学会走路。大家总是在喊着要从制造大国到创造大国，但现在制造还没做好，何来创造？他始终坚信一点：优秀是可以教出来的。中国人，特别是中国的农民工，是可塑性非常强的一群人，经过反复教育和制度强化，同样可以成为像德国产业工人那样训练有素的优秀员工，制造出高品质的过硬产品。

1. 质量至上

在德胜公司，质量问题与道德问题一样，是不可妥协的最高原则，是必须坚持的底线。德胜公司对于美制别墅的施工规范、质量要求和精确度要求，不仅达到甚至超过了美国标准。上岗之前，所有施工人员都经过操作程序的培训，他们人手一本操作规程手册，从地基、主体结构到水电安装、油漆、装饰等各个方面，都有详细规定。比如，在木板上钉钉子时，必须保证两个钉子之间的距离是六英寸，不能多也不能少；所有插座上的"一字"螺钉，里面的螺纹都要整齐地呈一字对齐；地板油漆只能白天漆，不能晚上漆，以防出现色差；安装木地板时，必须将结构地板上的脏污清理干净，并且把结构地板缝刨平之后，才能开始铺装。为了保证工程质量，不仅经常有巡视员和神秘访客出现在工地上，还有一名专职的质量督察人员到工作现场一一检查，不放过任何一个细节。在德胜的工地上，督察官拥有至高无上的权力，相当于施工总监的地位。如果被督察的施工人员不配合或者对抗督察官，就会被视为严重违反公司纪律，立即解聘或开除。

2. 程序中心

2004年，为了把质量管理做得更好，聂圣哲决定成立一个程序中心。成立程序中心的目的何在？是为了把工作中的复杂问题简单化。根据聂圣哲的观察，西方人的思维习惯是把复杂的问题简单化，然后认真地处理它；而东方人的思维习惯是把简单问题复杂化，然后草率地对待它。这两种方式产生的结果截然不同。因此，要想把事情做好，首先就是把看起来复杂的事情分解为简单细则，然后十二分认真地对待它。这就是程序管理的意义所在。程序中心给公司的各个运营环节、各项工作都制定了明确的操作细则，包括建筑工地的施工程序，物业管理的服务程序，值班程序，召开会议的程序，餐厅服务程序，采购程序，等等。

以游泳池的清洗程序（如下）为例，每个操作步骤和次序都有清晰规定，工人按照程序办事即可。

- 工序1：检测水质。用pH试纸测量水的pH值，pH值在7~7.2之间最为合适；若pH值小于7，则撒入适量药丸；若pH值大于7，则撒入适量明矾。
- 工序2：检查排污泵。检查排污泵运行情况时，关闭两个循环阀，观察压力表的数值是否正常。
- 工序3：添加氯气丸。检查氯气丸桶内的氯气丸，使用完后向内添加三粒或四粒即可。
- 工序4：加水。若要添加水，先关掉虎头喷泉阀，再打开自来水进水阀，待游泳池加好水之后，关掉自来水进水阀，再打开虎头喷泉阀。
- 工序5：其他清扫。打扫游泳池处桑拿房、淋浴间、更衣间、浴缸房以及四周砂岩。

那么，程序和制度有何不同？程序当然也属于制度框架的一部分，但制度是宏观的和通用的指导原则，而程序则是细化的和微观的制度细则。比如，咖啡屋晴天开3盏灯、阴天开4盏灯；工地巡视上午10点去、下午4点去；招待客人时，服务员每隔15分钟续一次茶水。有了这些细化的作业程序，复杂的事情就变得简单、标准化，变得可控。

当然，程序也不是一成不变的，而是在不断地修订和改进。比如，每次圣诞年会后，公司都要召集会务人员召开改进会，反思和讨论本次年会的不足和遗漏之处，并提出改进意见。第一次改进会在年会之后立即召开，这叫"趁热打铁"；第二次改进会则隔一段时间召开，让大家有充分的时间去思考和沉淀后，再来献计献策，这叫"余音袅袅"。德胜的精细化管理体系日趋完善正是得益于这种不厌其烦、持续改善的精神。

3. 奖惩分明

德胜的细节管理不只停留在口头教育上，还配以相应的物质手段。任何人违反了规定，哪怕是小事情也要受到处罚。比如，按规定员工上岗必须佩戴工牌，并随身携带笔记本。一旦发现员工未佩戴工牌或者忘记携带笔记本，每次罚款20元，并发布公司公告。同样，任何人做了好事，也会及时得到表扬和奖励。比如，对于拾金不昧之类的好人好事，公司不仅发布公告表扬，还奖励100～500元数额不等的奖励金。德胜一直奉行"诚实、勤劳、有爱心、不走捷径"的价值观，它的制度设计也体现了这样的价值观。在这样一种制度环境中，老实人如逢甘露，诚信者如鱼得水。

做一家诚实的公司

德胜的价值观把"诚实"放在第一位，这是当下中国企业最难做到的一点，也是德胜公司最令人敬佩的一点。

近年来，中国出现了一些弄虚作假、虚假繁荣的企业，而德胜公司恰好相反，它不重营销、不玩噱头，整个市场部只有一名销售人员。想想看，上千人的公司只有一个销售人员，而督察人员却有十几人！仅从销售和督察的人员对比上，就可以看出德胜公司把资源和精力放在了哪些地方。

德胜公司不喜欢做表面文章，不重营销，也很少做广告，而是扎扎实实练内功：重视产品质量，完善内部管理，把时间和精力都放在做好产品和服务客户上。因此，产品就成为它最好的营销手段和广告宣传。广东一家公司有个很大的建房项目，对于其他公司的业务员皆拒而不见，但德胜的销售经理王中亚一来，他们特意派专车来接他。对此，王中亚的解释是："我们就是认真一点而已。"

比别人认真一点，这就是德胜的竞争力。事实上，德胜不只是"认真一点"，它对产品质量的重视达到了苛刻的程度。有一次，对于客户已经验收的工程，公司自己发现存在质量瑕疵，处理方式毫不宽容——决定推倒重来。不止一个老外在参观了德胜建造的房屋之后惊呼：这跟我在家乡住的房子一模一样，不，是更好！德胜的新客户也多是口碑营销的结果——每年络绎不绝来总部波特兰小镇街参观的企业和政府机关人员，回去后都成为德胜的拥趸和热情传播者。

抗拒订单的诱惑，这也是极少数公司能做到的事情。在这一点上，聂圣哲有非常独到的见解。他认为，"大"与"强"并不是一个概念，大不一定就强，而强也不一定非要大。德胜要做强，但不一定要做大。当质量与发展之间产生矛盾时，德胜必须选择质量优先，绝不能为了扩大规模而做超过自己能力范围的事情。所以，德胜永远是"以能定产"（根据能力来定生产），而不是"以销定产"（根据销售订单来定生产）。尽管在建筑行业，德胜公司只是个规模不大的企业，但由于它做出了国内目前无人企及的一流洋楼，而声誉远播国内外。万科的王石认为它是国内最优秀的美式木结构住宅建造商。

德胜对待客户真诚，对自己的员工也同样坦诚相待。它明明白白告诉员工：员工不是企业的主人，企业和员工之间永远是一种雇用和被雇用的关系，是一种健康文明的劳资关系。否则，企业就应该放弃对员工的解聘权。

同样，新员工入职时被告知的第一句话就是："在德胜是不可能发横财的！只能比别的公司好一点儿，过得小康一点儿。"这种做法的好处在于把话说透，从一开始就把价值观不同的人挡在门外。德胜公司不仅不说漂亮话，而且对员工的规定在很多方面比较苛刻，甚至有些不近人情，比如，员工不得在工作中闲聊、吹口哨、哼小曲、发手机短信；上班期间不得喝酒；不准私下赌博；不得经常与同事聚餐（每月不能超过两次，以免形成小圈子文化）；不得打听同事隐私，不准议论同事，不得与同事之间有债务往来；不准对公司的制度以及公司处理问题的方法进行议论或者发牢骚，一经发现，立即予以解聘；等等。

有这么多"不"条款树立在员工面前，假如员工遇到委屈或者遭受不公怎么办？员工可以直接找公司任何一位高管反映问题，走程序光明正大地解决！此外，公司有听证会制度，员工之间发生的纠纷和矛盾，或者涉及员工生活的事情，都可以提交到听证会上，按照公平公正的方式来解决。在这一点上，德胜把民主自治的方式带到了公司生活中。比如，员工之间发生的纠纷问题，上司对员工的处理不公问题，以及是否可以为有孩子的员工安排一小时时间送孩子上学等，大家都可以拿到听证会上来讨论解决。

德胜公司还为员工考虑到养老问题，对于获得终身职工资格的员工，公司承诺给他们终身保障。这是德胜公司的矛盾之处：一方面它再三强调员工不是企业的主人，员工与企业只是雇用关系；另一方面它却处处为员工考虑，甚至把员工的养老问题纳入计划。其实，这种矛盾性也体现了德胜的高明之处。企业管理中经常讨论的话题是：企业是不是员工的一个大家庭？如果企业对员工太好、太包容，给予员工归属感和家庭感，有可能导致"大锅饭"和"养懒人"的结果，但假如一切以无情的绩效考核为指挥，又会导致员工与企业之间的关系形同买卖，员工与企业无法形成情感联系，没有忠诚度可言。而德胜这种严宽结合的制度设计就平衡了员工管理上的矛盾，既有小爱（爱护员工），也有大爱（严管成才）。

资料来源：杨壮，王海杰. 德胜洋楼：中国式管理的新范本 [J]. 商业评论，2012（7）.

讨论题

1. 请概括德胜洋楼公司的企业文化特点。
2. 德胜洋楼公司的哪些做法是你最认同的？
3. 你认为德胜洋楼公司在企业文化和管理方面的实践有普遍推广价值吗？

第4章 社会文化与管理伦理

> 道，可道，非常道；名，可名，非常名。
>
> ——《老子》

> 管理意味着将同一个企业中的员工结合为一个整体，因此它也深深地植根于文化之中。无论是在德国、英国、美国、日本和巴西，经理的工作都是一样的。但他们的做法却可能完全不同。因此，对发展中国家来说，经理面临的一个基本的挑战就是发现和确认可以用作基础构件的本民族的传统、历史和文化因素。
>
> ——彼得·德鲁克

学习目标

- ☑ 理解文化的定义和内涵。
- ☑ 理解文化和伦理的关系。
- ☑ 了解不同国家和民族的管理文化与管理伦理之间的差异。
- ☑ 认识当代中国社会文化和管理伦理的变化。

引例　　工作中的文化差异

来自不同国家的人当然是不一样的。人们拥有不同的价值观，这是由不同的文化而导致的。他们在不同的教育体系中接受教育。他们的母语不同，而语言的结构有力地影响着人们的思考方式。在当今全球化世界中，这些特殊群体被不容分辨地摆放到同一个劳动场所之中，而且被期望使这一场所运转良好。

在摩托罗拉公司的马来西亚半导体工厂中，当一位美国经理环视午餐桌时会有何想法？他的管理团队包括一位苏格兰工程师、一位来自马来西亚柔佛州的白皮肤印度人（其父亲曾经在殖民地工作），以及一些中国人、马来西亚人和印度裔马来西亚人。他们彼此之间相处和解决日常问题时，可能会有什么共同点呢？他们被要求在热带气候中运营一家拥有5 000名员工的高科技工厂，他们还需要与位于美国中西部的母公司进行沟通。他们成功了，甚至胜过了其他子公司。这实在是对人类适应能力的一种展现。但是，并非所有的情况都如此幸运。

在美国某个地方的住友公司（SUMI-TOMO，一家庞大的日本贸易公司）的一个部门与它的员工产生了纠纷。该公司试图把传统的日本思想应用在美国子公司的女性雇员身上。在日本，职业女性占据了劳动力的很大一部分，但几乎都被分配在低级别的办公室职位上，而且很少被考虑晋升。日本文化假定（年轻的）职业女性仅仅是在打发时间，等到她们结婚后会生孩子并离开劳动力市场以照顾自己的家庭。住友公司对它的美国员工也做出了同样的假定，从而遭遇了指控——该公司存在性别歧视。

资料来源：特伦斯·迪尔，艾伦·肯尼迪. 新企业文化——重获工作场所的活力 [M]. 北京：中国人民大学出版社，2015：161.

4.1 似虚而实的"文化"

法国人与英国人不同，阿拉伯人与德国人不同，澳大利亚人与以色列人不同，中国人与美国人不同！在全球经济中，管理者需要理解文化差异，并相应调整他们的组织和管理风格。

"任何时候，只要两个公司合并，就会出现文化冲突现象。"[一] 虽然说如今"世界是平的"，但是当一个企业进入另一个国家从事经营时，甚至在中国这样的大国，当一个企业进入另一个地区开展经营活动时，同样会发生文化冲突的现象。

让我们来看看沃尔玛投资公司（Wal-Mart Venture）当初进军加拿大市场的例子。初看起来，你可能会认为所有的北美人都很相似，大部分加拿大人生活在距美国边界不超过几百英里的区域里。两个国家使用同一种语言，并且是彼此最大的贸易合作伙伴，然而沃尔玛公司却认识到加拿大人与其美国竞争对手并不相同。

沃尔玛公司一向对自己的团队精神和家庭般的组织气氛感到自豪。比如，在美国本土沃尔玛商店的员工都知道每天早上上班的第一件事是进行相同的仪式：由经理们带领全体员工高唱激动人心的国歌"星条旗永不落"，然后齐声拼出公司的名称（给我一个"W"，给我一个"A"，结果一个"L"……），再高呼"顾客第一"，呐喊公司已有的数目。这就是整个仪式的所有组成部分，这可以称为"沃尔玛风格"。在这里，员工们充满激情地领会着公司的经营哲学，并把这种经营哲学与团队精神、自尊和执着的高销售追求联系在一起。

遗憾的是，加拿大人却很难与美国人分享这种外向而新颖的乐观态度。当沃尔玛公司购买了加拿大 122 个乌尔考商店，并把它们改造成沃尔玛商店时，这些美国管理者切身体会到了这一点。管理层以为所有他们要做的只是把清晨的仪式加拿大化，即美国国旗更换为加拿大国旗，然后就可以坐享其成了。出乎意料的是，沃尔玛的经营者们发现他们面对的是另一种民族文化，在这种文化下，那些改变自己价值观和见解的人被人们认为是怪异的。他们对这种热情的外露式表达方法似乎感到很窘迫。比如，在卡尔格瑞分店里，沃尔玛的新员工拒绝在清晨仪式上唱加拿大国歌，并且不愿意参与公司的欢呼与呐喊。沃尔玛公司的管理层在创业的道路上经历了一些挫折和失败之后，逐渐认识到，在美国的实践活动并不能理所当然地转化到其他文化中。

上述这一故事，是美国管理学家斯蒂芬·罗宾斯在他的《组织行为学》[二] 一书中告诉我们的。而在那些跨国公司或者在不同地区从事经营管理的公司中，公司高层管理

[一] 埃德加 H 沙因. 企业文化生存指南 [M]. 郝继涛，译. 北京：机械工业出版社，2004：137.
[二] 本书中文版机械工业出版社已出版。

者几乎都有过类似的经历。这就提醒我们的企业管理者，要从管理文化的角度来思考在管理活动中所应把握的伦理准则问题。

文化，是一个人类应用最为频繁和广泛，但又往往很难明确表述的概念。曾经有人指出：在当今世界上，如果用电子计算机对那些处于首要显著地位的词语和概念加以统计，同时定出其中最优先者，那么，"文化"一词将占据头等地位。

由于研究者和实践者各人所处的地位和观察的角度不同，因此对文化的感受和体会便不同，从而便会对文化形成不同的概念。1952年，美国文化人类学家克罗伯（A. L. Kroeber）和克莱德·克拉克洪（C. Kluckhohn）写过一本《文化：关于概念和定义的检讨》，据当时他们在书中所反映的统计结果，在1871年到1951年这80年间，关于文化的定义就有164种之多。而从1951年迄今又已60多年过去了，所以关于文化的定义可以肯定早就超过了200种。

"文化"一词，在中国古代本指"文治教化"，是与武力征服相对应的，即所谓"文治武功"。《周易》"贲"卦《象传》曰："观乎人文，以化成天下，"可看作我国最早对"文化"的原始提法。而汉代刘向《说苑》中有了"文化不改，然后加诛"的提法，第一次将"文化"二字连用。

"文化"（Culture）一词源于拉丁文"Cultura"，其主要意思是指经过人类耕作、培养、教育、学习而发展的各种事务和方式，是与大自然固然存在着的事物相对而言的，例如野生的禾苗不是文化，但人类栽培稻、麦等整个过程、方式、使用的工具及其劳动成果等都属于文化的内容。

谈到文化概念的由来，人们总要提到英国文化人类学家爱德华·泰勒（E. B. Tylor）。他在1871年出版的《原始文化》一书中，第一次把文化作为一个中心概念提了出来，并将文化的含义系统地表述为："文化是一个复杂的总体，包括知识、信仰、艺术、道德、法律、风俗、意见，以及人类在社会里所获得的一切能力与习惯。"这可以说是一个关于文化的最早的较为科学和全面的定义，至今仍被人们广泛引用。

人本身就是某种文化的载体。人们在社会生活中接受着一定文化的浸润，受到某种文化的影响，又自觉或不自觉地传播着某种文化，又不时地摒弃着一些文化内容，实现着文化的转型。在社会发展中，人们的文化意识不断变化，如果我们把人们的思想、意识、心理、伦理等的发展变化看作一个连续不断的环境作用的过程，从中可以看出有一种不间断的文化在流动。

文化的社会功能是多方面的，社会中每一项事物的变化兴衰、每一个人的言行举止，其中都有文化的作用。

文化的社会功能主要体现在社会控制功能和社会调适功能上。在社会控制功能上，一个社会要想稳定、健康地向前发展，必须实行自我控制。在这方面，风俗习惯、伦理道德、宗教信仰、哲学、法律等文化形态，不仅影响人们的社会心理和价值观念，而且向人们提供行为规范并控制其社会活动。所谓社会控制，归根结底是实现对人的控制，使人的行为、活动及其相互关系稳定在某种规范之内，以保持社会的平衡和稳定。文化的社会控制功能能加强社会的自我组织能力。在传统社会中，家庭、社区乃至组织，主要是靠风俗、伦理道德等来实现社会控制的。而在现代社会中，仅仅靠这些已经不够了，还必须加上法律、制度等来维持社会稳定，加强社会控制。但是，伦理道德的作用依然不能忽视。在社会调适功能上，文化的社会调适功能主要是通过信息的反馈以及社会组织对其所做出的反应而实现的。文化的信息反馈对于社会有着重要的调适作用。所谓"体察时政""疏导民情"，就是说可以通过文化信息看出人心向背、政治得失，然后及时采取措施。

4.2 文化与伦理的关系

伦理准则与伦理规范，是一个社会道德文化的反映，是社会文化的重要组成部分。人类社会的道德现象，是人们之间某种道德关系的表现。人们生活在社会之中，必然会形成各种复杂的社会关系。在这些社会关系中，最基本的就是与物质生产活动直接相联系的生产关系和经济关系，与此相应，人们之间又形成一定的政治关系、道德关系等思想范畴的社会关系，亦即为经济关系所决定，并且表现为一定的意识形态和上层建筑的各种关系。而文化，从其广义来看，包括经济关系和意识形态的各种关系；从狭义来看，则指意识形态和上层建筑的各种关系。伦理关系是"思想社会关系"的一个组成部分，它是由经济关系所决定，并且按照一定的道德观念、道德原则和道德规范所形成的一种特殊的社会关系。

道德现象可以细分为道德活动现象、道德意识现象和道德规范现象。

道德活动现象，主要是指人类生活中围绕一定善恶的指向而进行的、可以用善恶观念评价的群体行为和个体行为，例如看见路上有老人倒下是否去搀扶、商业交易中是否以次充好等。道德意识现象，则是指在道德活动中形成并影响道德活动的各种具有善恶价值的思想、观点和理论体系，例如对于企业是否要承担社会责任的认识。道德规范现象，则是指在一定社会条件下评价和指导人们行为的规范准则。符合这些准则的思想和行为就是善，而违背这些准则的思想和行为就是恶，例如尊老爱幼、公平交易原则等就是善。这些准则，既包括人们在长期生活实践过程中所形成的"应当"与"不应当"、"可以"或"不可以"的客观标准，也包括一定社会或阶级以戒律、格言等形式自觉概括和表达的善恶标准和规范。这种"应当"或"不应当"，"可以"或"不可以"的要求以及善恶的标准和规范，是不以某些人的意志为转移的，更不是人们头脑中臆造出来的。它是在整个社会文化背景下产生的，是和一个社会在发展过程中特定的时间和空间密切联系的，也是和社会的政治体制、经济发展状况、社会总体价值观等密切联系的。

道德现象同其他社会现象一样，是在特定的时间和空间发生的，与一定的社会物质生活条件和文化氛围相联系。当人类生产活动和交往关系发展到一定阶段，文化发展到一定水平之后，社会中的人们自觉或不自觉地依据他们所处的实际关系和条件，形成自己的善恶观念和情感，并逐步从价值意识的统一体中分化出表达道德价值的道德原则和规范。它们作为一种社会意识形态和价值观，指导和规范人们的行为活动，并通过人们的社会实践,在人与人之间形成一定的道德关系和伦理准则,使人们在从事每一项行为时,都会依据这一道德关系和伦理准则行事。在这里,伦理道德的原则和规范集中反映了社会关系和人们的利益要求,表达着社会发展到一定阶段时的群体和个人的价值观。因此,当整个社会形态发生变化,社会政治、经济状况发生变革时,该社会中人们的道德观念和所信奉与遵守的伦理规范也会发生相应的变化。尤其当整个社会处于一种转型时期时,各种观念交织碰撞,文化价值观随着社会的转型也呈现出不确定性和多元化。原有的价值观尚在产生作用,新的社会价值观尚未完全建立,适应新的社会形态和体制的文化成型尚需时日。在这种情况下,人们的道德活动和伦理准则也会产生一种"失范"的现象。这种现象说明了伦理道德和整个社会大文化的一种关系,并为我们开拓了思路:在当前中国致力于建立完善的市场经济体制过程中,如何建设新时期伦理道德。

中国正在发生举世瞩目的变化,这种发展被一些人称为"中国模式"。但目前思想界对中国高速发展的观察、分析、评价和预言,主要集中在经济、政治及社会发展变化上,而忽略了蕴含于其中的文化,将其放在次要地位。不少人认为,经济、政治、社会是有形的,有实体、有数据,可以实实在在地把握,而文化则无形,文化变革能在中国社会变革中发挥何种作用,难以明察。因此往往有意无意地把文化置于从属地位,以为文化会随着经济、社会的发展而自然演进,而不会对社会发展起决定性影响。

另一类观点则重视文化对经济发展的积极作用,并以 20 世纪 80 年代末东亚儒家文化圈国家经济起飞为例,以那种观点来推论,中国作为儒家文化的源头,只要光大传统,前途就一片光明。更为乐观的观点认为,当前的中国文化不是简单的重归传统,而是与西方文化交会融合,正在产生本质上的积极变革,从而获得更为蓬勃的生命力,还有可能为已经从整体上陷入穷途末路的人类带来希望和出路。

与西方以个人为中心的文化不同,中国文化结构的核心是"家"。中国这种"家"文化的结构可以用"忠""孝""仁""义"四个字来概括。这四个字中又以"孝"为根本。"孝"维系了家庭与家族的基本伦理;"孝"的向上层面的延伸和扩展成为"忠",整个国家是一个大家族,帝王就是头号大家长;"义"是家族伦理的横向扩展,即"四海之内皆兄弟""为朋友两肋插刀";而"仁"则是君主、官吏和家族长辈对下承担的义务。"忠""孝""仁""义"是搭起中国文化结构的四根支柱,上下纵横互为支撑,形成一个不可拆散的完整框架,衍生出中国文化中大部分意义、价值、伦理与道德的体系。

长期以来,中国的整个伦理体系就依托于这一文化框架,在传统的中国社会中,主要就是靠这种伦理体系来维系和调节整个社会活动,维持着社会的正常运行的。而今,中国正在面临着前所未有的社会转型,中国的社会转型是建立社会主义市场经济的一种史无前例的尝试。这种社会转型不仅表现在社会形态上,而且更深层次地表现在文化上。由非市场经济到市场经济、由农业文明向工业文明的转型以及城市化进程的推进,都伴随着一种文化重构和伦理重建。在这种伦理重建中,我们面对着三种文化资源:其一是与西方市场经济相对应的伦理范型;其二是与中国传统农业社会自然经济相对应的伦理范型;其三是与中华人民共和国成立以来 30 多年计划经济相对应的伦理范型。毫无疑问，这些伦理范型都是不同时代、不同地域的人们在解决所面对的社会问题时采取的方式，它们都植根于特有的社会结构和社会生活中。因此我们可以吸收和借鉴，但绝不能照搬。

4.3 管理中的文化差异与伦理差异

文化是人类所创造的成果。在这一成果中，既有某些共同性内容，即为大多数人所普遍接受的东西，例如艺术、科学，但也有很多迄今为止仍然存在很大差异的内容，例如不同国家和民族各自的价值观念、文化传统，以及某些意识形态。这种文化上的差异自然也反映在管理方面。"每种文化都赋予其人民以互不相同的特殊环境。因此，虽然同样的行为原理对于不同的文化是适用的，但由于当地情况的差别而形成的社会结构和行为模式，可能使其具有很大差别。"㊀ 当商业活动变得日益全球化，劳动分工日益多样化时，"文化"问题对于领导者、经理人以及他们的组织也变得日益重要。

对文化差异进行较全面的分析，迄今为止较为权威的研究是由吉尔特·霍夫斯泰德（Geert Hofstede）所进行的。大量早期的组织研究，或者是只包含极有限的几个国家，或者是对不同国籍的不同公司进行分析，其中毫无疑问存在着较大误差。霍夫斯泰德则相反，他对 IBM 公司在 40 个国家子公司的 11.6 万名员工进行了调查，这一数据排除了把差异归因于不同公司活动与政策的不同这些理由。从中确认文化差异的四个维度，然后霍夫斯泰德和其他学者又进行了后续研究，增加了所研究国家的数量，并提出了第五个维度。

霍夫斯泰德发现，同一个公司在不同国家，管理者、雇员的行为差异表现在文化的五个维度上：

- 个人主义与集体主义；
- 权力距离；
- 不确定性规避；
- 阳刚与阴柔；
- 长期取向。

1. 个人主义与集体主义

个人主义表现为一种松散结合的社会结构。在这一结构中，人们只关心自己和直系亲属的利益。在一个允许个人有相当大自由度的社会中这是可能的。与个人主义相反的是集体主义，它以一种紧密结合的社会结构为特征。在这一结构中，人们希望自己所归属的群体（比如一个组织）中的其他人，在遇到困难时能帮助和保护自己。以这种安全感为交换条件，他们认识到自己应该对群体忠诚。霍夫斯泰德发现，一个国家的个人主义程度与这个国家的富足程度密切相关。像美国、英国和荷兰等发达的国家，

㊀ 威廉·大内. Z 理论 [M]. 孙耀君，等译. 北京：中国社会科学出版社，1984：11.
㊁ 本书中文版机械工业出版社已出版。

都是极为个人主义的；而像哥伦比亚、巴基斯坦等发展中国家，则是极为集体主义的。

2. 权力距离

权力距离是衡量社会对机构和组织内权力分配不平等这一事实认可的尺度。在一个权力距离大的社会里，人们认可组织内权力的巨大差异，雇员会对权威显示出极大的尊敬。称号、身份及地位占据着极为重要的地位。一些公司发现，在与权力距离大的国家谈判时，所派出的代表至少应与对方头衔相当才有利。这样的国家有菲律宾、委内瑞拉、印度等。相反，权力距离小的社会则尽可能减少这种不平等。上级虽仍然拥有权威，但一般雇员并不恐惧和敬畏老板。丹麦、爱尔兰和奥地利是这类国家的典型。

3. 不确定性规避

我们生活在一个不确定的世界中，未来在很大程度上是未知和千变万化的，不同的社会以不同方式对这种不确定性做出反应。一些社会和组织成员比较容易接受这种不确定性。在这样的社会中，人们或多或少对风险泰然处之。他们还能对与自己不同的行为和意见表现出容忍，因为他们并不感觉因此而受到了威胁。霍夫斯泰德将这样的社会描述为低不确定性规避的社会。也就是说，人们感到相对的安全。属于这类的国家有新加坡、瑞士和丹麦。高不确定性规避的社会以成员中的高焦虑水平为特征。在这个社会中，由于人们容易感到受社会中不确定性和模糊性的威胁，因此会采取各种方法来提供安全和减少风险。他们的组织可能有更正式的规则，人们对异常的思想和行为缺乏容忍，社会成员趋向相信绝对真理。在一个高不确定性规避的国家中，组织成员表现出较低的工作流动性，终身雇用是一种普遍实行的政策，属于这类的国家有日本、葡萄牙和希腊。

4. 阳刚与阴柔

在阳刚意识指数低的国家和组织中，雇员与经理的关系、合作友好的气氛被认为比较重要；组织相信集体决策；人们宁可缩短工作时间减少薪水而不愿延长工作时间来增加薪水；公司干预个人生活遭抵制和反对；工作压力较小；在同类岗位上，男女之间没有或较少有差异。而在阳刚指数高的国家和组织中，雇员们则把收入、获得承认、职务晋升以及工作的挑战性看得比较重要；相信独立的决策者；工作重要性较大；人们宁可延长工作时间来增加薪水而不愿缩短工作时间减少薪水；公司干预个人生活可以接受；工作压力较大；在同类岗位上，男女间的价值差异较大。

5. 长期取向

长期取向的国家有这样一些准则、价值观和信念：储蓄应该丰裕；坚持一件事以达到目标；节俭被认为非常重要；对社会关系和等级关系十分敏感；愿意为将来进行投资；接受缓慢的结果。高长期取向文化的组织，其经理人员的选拔主要基于与公司相适应的个性与受教育的特点。基于对组织长期承诺的培训和社会化，可以弥补最初在与工作相关的技能方面存在的任何不足。而相比之下，短期取向文化的组织则必须集中于直接应用的技能。因为，管理人员总是假定雇员不会长久在公司工作，而并不能保证雇员培训与社会化方面的任何投资将会得到回报。长期取向文化与短期取向文化在公司战略决策中的设定目标方面的不同表现得很明显。美国等国家的经理们期望的是直接的财务收益，因为他们最喜欢快速的、可计量的成功。而长期取向的组织也并没有忽视财务目标，但是它们将增长和长期回报放在更优先的位置，较长的时期就可以使经理通过在实践中不断完善其战略计划来尝试与探求成功之路。

霍夫斯泰德所提出的文化维度，使我们在分析不同国家和不同组织之间的文化差异时，有了一个可以使用的具体框架和指标体系，使我们能够比较清晰地认识到不同国家和不同组织之间文化的差异性。这种文化上的差异自然也反映在管理方面。例如东、西方两个发达国家——日本和美国，在整个文化和企业管理上都存在着很多差异性。

美国是一个年轻而富有朝气的国家。1776年7月4日在费城通过的《独立宣言》，宣告了美利坚合众国的诞生。美利坚民族形成的历史和美国式的资产阶级革命，使美国社会走向民主主义。在美国革命的过程中，先驱者带有浓厚个人主义色彩的自信信念、冒险精神和平等观念，成为美国人文化意识的基调。在美国的企业管理中，个人权利受到重视，重视员工个人的作用、强调个人的努力和责任是一个明显的特色。著名的美国戴尔公司就强调："要致力于员工的个人成长，仔细注意公司最好的员工所达到的成就，建立奖励杰出表现的方式。留住优秀人才的最好方法，就是让他们的工作可以随着他们的状态而改变。有时候，减轻他们的责任，能让他们有足够空间追求新机会，能够进一步拓展自我，而公司的业务也会随之拓展。"⊖

有人把个人主义、非长期雇用和能力主义工资体制，归纳为美国企业管理的主要特点。这种美国式企业管理的特色，导致了美国式的管理伦理。在美国企业中，强调个人负责。在每一项管理工作中，负责任的是某一个明确的个人，而非某个部门或是某个集体，而一旦有过失，也非常明确地归咎于具体责任者。无论是管理当局还是企业中的管理人员，不管是因功受奖还是因过受罚，都认为理所当然。而与此管理伦理相配套的则是能力主义工资体制。只要个人在工作中做出了成绩，表现出了相应的能力，就可以获得较高的工资和其他报酬，而非过多的考虑工龄、资历等方面的因素。一个年轻人可以心安理得地拿着比那些年龄大得多的同事高出许多的工资，他自己觉得这是天经地义的："因为我做出了比别人更多的贡献，这是对我能力的一种承认。"而企业管理当局也认为这种评价和奖励方式完全合乎情理，因为企业付给某人的工资报酬就是根据他现在为公司所做出的贡献。他们或许会问：如果一个人虽然在企业里干了很长时间，但一直没有杰出的表现，那为什么要付给他高报酬呢？美国企业管理者认为，这种能力主义工资制是极其公平的，也是十分道德的。而美国大多数企业中实行的"非长期雇用制"也是和这一文化基调相适应的。一个美国人，当他进入一家企业工作，和企业便发生一种"契约关系"，双方都按契约办事，合则留，不合则去。职工和企业之间，主要是雇用和契约关系，不存在"忠"与"不忠"的问题。企业一

⊖ 迈克尔·戴尔.戴尔战略[M].谢绮蓉，译.上海：上海远东出版社，1999：155.

般不对职工承担契约之外的过多责任与义务，而员工也将"跳槽"视为十分正常的事，因为这是一种追求自我价值、实现个人更好发展的方法。

与美国不同，日本社会经历了一个漫长的种族和文化融合过程。97%以上的日本人身为单一的庞大部族成员，他们之间不但有共同的国籍和语言，而且有着共同的血缘、共同的种族记忆和共同的规范。这种"单一民族""同质社会"等先天条件，使日本形成了"集团趋向"的传统特征，并由此产生了习俗、语言和文字以及思维习惯的强烈共同性，这使日本人对所属企业产生强烈的责任感和事业心，并促进集体主义的形成。

集体主义、年功序列工资制和长期雇用，可谓日本企业管理的特色，并由此构成了日本独特的管理伦理。在日本企业中，哪怕是一个小问题，也很少是某一个人当场便做出决定。那种在中国管理模式中常见的"当场拍板"，在日本企业中极为少见，而更多的是集体研究、共同决策。但一旦做出决策后，就不折不扣地遵照执行。日本人认为，脱离集体作用而过分强调个人能力，是不道德和不妥当的。美国南加州大学著名管理学教授威廉·大内在其《Z理论》一书中写道："西方人最难以理解的也许是日本人强烈的集体价值观，特别是集体的责任感。"他举了两个实例来说明这一问题。㊀

一个例子是美国电子公司投资并经营的企业。美国母公司的决策者们根据美国管理文化的特点，认为凭个人成绩和个人能力获得奖励永远是一个好办法。于是，他们在新厂的最后组装这道工序中，对一项由许多日本青年妇女把电子元件用导线连接起来的工作实行计件付酬，即谁完成的件数越多，工资就越高。但想不到开工刚两个月，女工们却提出了罢工。她们的看法是：要不是全厂的其他职工首先把他们的活做好，我们最后组装工序的工人就什么也干不成。挑出任何一个人来，说他产量最高的做法根本就是错误的，而且对我们每个人也是个耻辱。这家公司后来终于把它的工资制度从计件制改为日本的工资方式。

又一个例子是：日本的另一家美国公司建立了一种合理化建议制度。合理化建议一被采纳，建议人便可获得一笔奖金，其数额为实现该建议所获得效益的一定百分比。但奇怪的是，这项制度推出后过去了六个月，却没有收到一项建议。美国经理对此大惑不解，经过向日本雇员询问后，他们的回答是："没有人能够单独提出改进工作的方法。我们在一起工作，其中一人所提出的任何方法，实际上也是由于观察别人并和别人交换意见的结果。如果把建议归功于我们之中某一个人，那是会使我们所有人都感到难为情的。"于是，公司把它改成集体建议制度，由工人集体提出建议，奖金则发给小组。制度改变之后，生产革新的建议像雪片一样飞来。

强调集体的作用，不过分突出个人，是日本管理伦理的一个重要特点。与此相配套的则是日本企业中普遍实行的"年功序列工资制"。某个大学毕业生一旦被一个大企业雇用，就等于登上年功序列工资制的电梯，开始他缓慢上升的过程，工资随着工龄

㊀ 威廉·大内.Z理论[M].孙耀君，等译.北京：中国社会科学出版社，1984：40.

的增加而增加。同一级的职员，往往在差不多时间内一起晋升。尤其是刚被雇用的职工，在相当长一段时间里，有时长达10年，晋升幅度和工资待遇完全一样，随着资历的增长、技术的提高，工资也随之增长。

日本企业领导人认为，这种缓慢的评价与晋级的过程，有助于鼓励员工的长期行为，十分符合人的行为伦理要求。它尽可能地排除了那种哗众取宠、打击别人抬高自己的不道德做法。这种过程虽然对有抱负的年轻人来说似乎过于缓慢，但它却有效地促进了人们以非常坦诚的态度对待合作、工作表现和评价。因为这种制度使得每个人的工作能力和工作实绩得到完全、充分的表现和展现，有助于人们彼此之间进行公平、友好的竞争。

长期甚至是终身的雇用制度，更是日本管理伦理的一种体现。政府部门、事业单位和大企业的员工一经雇用，一般很少会被辞退。解雇在日本是极为严厉的处罚，被解雇的人一般很难再找到较好的工作。美国著名文化人类学家鲁思·本尼迪克特在《菊与刀》一书中写道，日本文化最大的特点，是一种恩耻感的文化。恩耻是日本社会中重要的伦理道德规范。上级有恩于下级，则得人心；而下级则应该知恩图报，卖力工作，这样就会赢得别人的尊重。日本人认为，如果有谁违背了自己所属集团的规范，或是伤害了自己所属集团的名誉，是一种很大的耻辱。而员工一旦进入企业，就是这个集体的一个成员，他的所作所为必须忠于整个集团，否则不仅会被本企业的人瞧不起，而且难以在社会上立足。"日本人永恒不变的目标是名誉"。[⊖] 日本的企业员工，为了一己私利而损害了企业的利益，就会被企业所有同事乃至自己的亲朋好友鄙视。这种管理伦理是双向的。它一方面要求企业员工对企业要"忠"，即使有不满意的地方，仍然必须尽心尽力地工作；另一方面，它也促使企业尽可能提供较好的待遇和福利，多方面关心员工的情况，以更好地培养员工的效忠心理，使他们更加努力地为企业工作。

以日美管理文化为代表的东西方管理文化的差异，体现出两种不同的管理伦理。美国人认为凭能力吃饭和看贡献给钱是道德的、公平的、天经地义的；而日本人认为不能看一时一事，而应注重长期表现。美国人认为应重视个人的作用，将责任落实到个人；而日本人认为过分强调个人的作用有违道德，因为个人离不开集体的帮助。美国人认为一个人如果一生在一个企业中工作，是一件极其愚蠢的事情，而且说明那个人没有能力、缺乏自信，也得不到别人的赏识；而日本人认为一个人终身为一个企业服务，正说明其忠心耿耿，而且得到了大家的认同，是良好道德的体现。

这些分歧，我们无法将其归结为政治体制和经济体制的差异，因为按我们的眼光来看，日美两国的政治体制和经济体制是极为相似的。我们也无法对其做出好或坏的价值判断。我们只能，而且确实应该把这种具体管理认识和行为的差异，归结为文化上的原因。这种文化上的差异，实实在在地体现在企业的管理行为中，造成了管理认识和管理行为的差异。如果我们没有认识到这一点，那就完全可能导致管理上的低效率甚至失误，最终导致管理和经营上的失败。

⊖ 本尼迪克特. 菊与刀——日本文化的诸模式 [M]. 孙志民，等译. 杭州：浙江人民出版社，1987：145.

4.4 当代中国社会文化与伦理观念的变化

当前的中国正处于创建完善的市场经济体制的关键时期。这是一个传统经济与现代经济并存、计划经济与市场经济相结合、现代化发展与市场化改革交织、"看不见的手"和"看得见的手"携手共舞的时代。从传统的计划经济体制向现代化的市场经济体制过渡，不仅是体制模式的过渡，而且是发展模式的过渡，是一项长期而艰巨的社会变迁工程，也是一种文化的变革。因此，蕴含于其中的道德活动、道德现象和伦理规范也在发生着巨大的变革。

4.4.1 计划经济体制下的伦理道德观念的反思

毋庸讳言，目前中国的经济运行中，还存在不少计划经济的内容。计划经济和市场经济是两种不同类型的经济形式。在计划经济体制下，国家和集体是最高的甚至是唯一的利益主体，由国家来统一调配社会资源和劳动产品。决策权高度集中，管理方法依靠单一的行政手段。而从企业经营管理的角度来看，计划经济所产生的影响则更多。在传统的计划经济体制下，企业纯粹是一个带有行政性质的生产单位，对应各自的行政级别。企业没有"经营"这一概念，不问市场是否欢迎，不考虑利益相关者的需要，只是完成生产任务。在这样的经济体制下，资源高度集中，人们的价值取向也单一而纯粹。

在计划经济体制下，我国原有的道德观念是力求集中人类一切美好的道德信念和准则，普遍造就一代理想的新人。但是，任何一种道德观念形态的存在，必然受到社会大文化背景（尤其是现实经济基础）的制约。在计划经济体制下，个人没有任何可以自主支配的生产性资源（包括自身的劳动力），只有从属于国家、从属于代表国家的"单位"，才能获得劳动的条件和生活的保障。这种社会现实状况，决定了当时整个社会道德观念和伦理准则是对个人自主性的排斥，和对个人绝对服从"集体"与国家的强调。这种管理伦理所造成的直接影响就是，企业缺乏发展动力和成长能力。

4.4.2 市场经济体制下的价值观念与社会伦理道德建设

计划经济向市场经济体制的转变，带来了政治体制和文化体制的多种变化，同时促进了社会伦理道德观念的变革。人们在社会中从事各种行为时，都必然会做出道德价值的选择，这是指人们在社会活动中遇到了多种不能兼得、兼顾或互相冲突的可能时，从诸种可能中做出的道德价值判断，会选取其中一种可能作为自己的行为方向和目标。人们的道德价值从来不是离开经济基础而凭空选择的，道德价值选择的基础是一定社会经济发展阶段人们的需要和利益。社会经济发展阶段不同，社会经济利益表现便有不同，由此而被影响到的道德选择价值也不同。

当代中国社会正处于经济转型期，社会发展中的一些问题还未得到彻底解决。在互联网经济时代，信息传递迅速、便捷，各类信息泛滥，现实社会和虚拟社会中的各种现象对人们产生着前所未有的各种影响。人们在社会实践活动中逐渐地意识到，经济活动、政治活动和文化活动作为人类活动结构中三大基本领域，具有各自不同的、其他活动不可替代的功能和原则。而一旦人们意识到原有社会结构的不合理性，并寻找新的解决路径时，社会转型也就开始了。伴随着这种转型，伦理结构的转型也就势在必行。

我国经济基础的转型必然要求道德观念形态的重建，新的道德观念形态必须适应、满足社会主义市场经济发展的要求。为此，在管理活动中，有几个基本的问题需要澄清。

1. 基本利益关系和基本行为准则

新的社会主义市场经济将打破国家垄断的社会利益关系和社会运行方式，形成多元、平等的社会利益关系和市场化、集约化的社会运行方式。基本利益关系和运行方式改变了，基本行为准则和基本道德要求也必须相应改变。

（1）既然打破国家垄断，让企业在市场竞争中独立生存、优胜劣汰，就应该放手让企业在市场中公开、公平竞争，遵循有偿交换、平等互利的原则。

（2）既然承认个人和企业对自身利益的追求是经济发展的基础性动机，就不能把这种动机和行为作为"个人主义""本位主义"来贬斥和批判，而应肯定它们的积极意义和进步意义，同时对它们做出必要的限定。

（3）既然承认企业内部所有者、经营者、劳动者三者的利益相互有别，并存在一定矛盾，就不应要求所有者、经营者"代表"劳动者的利益，也不能要求劳动者无条件地服从所有者、经营者的利益，而只能在三者之间建立利益边界清晰、权利义务对等的平等契约关系，尤其是在所有者和经营者之间，建立"委托代理关系"，通过彼此制约与合作，建立起合理地兼顾三者利益的利益共同体。

（4）既然肯定等价交换和以此为基础的按生产要素进行分配是市场经济的基本原则，就不能普遍要求、提倡劳动者长期不计代价的"无私奉献"。因为这实际上变成对劳动者的无偿索取，并成为填补和掩盖某些管理漏洞和体制缺陷的粉饰物。凡属正常工作职能和企业运行范畴内经常性大量出现的问题，都应靠正式的组织行为和管理体制的改革与完善来解决，不应靠非正式的个别行为和劳动者的超常付出来解决。

2. 社会整合机制和集体观念

市场经济并非一种鼓励人们自私自利、尔虞我诈的经济体制。在社会化的分工、交换和健全的市场经济中，人们只有满足他人的需求，才能满足自身的需求；只有不损害他人的合法权益，才能不损害自己的合法权益；只有彼此诚实守信，才能降低市场交易费用，实现和保障各自的长期、稳定的利益。

（1）市场经济同样肯定群体意识和团队精神。在激烈的市场竞争中，经济组织的效率和活力就在于全体组织成员的协调一致和团队精神。然而，这种团队精神是建立在承认与保障个体的独立和自由，以及组织内部的契约性组合的基础之上的。它肯定个体是独立的，具有充分的自主权和选择权，个体的自律性动机是合理的、正当的，个体利益是整体利益的基础，同时认为整体利益的实现是个体利益实现的前提和保障。

（2）市场经济同样需要国家意识和社会责任感。思想家弗里德里希·哈耶克告诉我们："我们确知了自由的重要性，然而，自由却绝非是一些学者所宣称的那样随心所欲做任何自己想做的事。自由与责任不可分，如果存在普遍的没有责任的自由，那么这种自由的社会就不可能发挥作用或维续自身。"[一]在市场经济条件下，社会化的分工与交换造成了全社会普遍的相互依存关系，每一个经济个体只有以自己良好的行为获得社会承认，履行社会责任，才能够获得社会的认同。这就要求社会成员具有明确的社会责任感和公德意识。

3. 价值观念的多维度变化

在我国改革开放和市场经济蓬勃发展的环境下，形成了一个多维度交错的价值观念变化的空间。构成这一变化的主要维度有：传统文化的价值观念；计划经济体制下混有某些"左"的成分的价值观念；外来的西方文化中的价值观念和社会主义市场经济现实体制下的价值观念。例如，义与利、供应保障与利润驱动、个人价值与集体利益、先公后私还是先私后公等都不断在各个领域的社会生活中被涉及，以各种各样的形式表现出来。这四个维度具有巨大差异，但却在当代中国交会了，在中国由计划经济向市场经济过渡的社会转型阶段相遇。在此形势下，人们在经济领域的价值观念发生了比较明显的变化。

（1）从对个体利益的忽视和否定转向重视和肯定，甚至个体利益过度膨胀。市场经济的发展肯定了个体对自身利益追求的正当意义和积极意义，也使人们进一步从非经济的对人的依赖中解放出来，使多种个体成为独立多元的市场主体。

（2）从对交换关系的轻视或否定转向重视和肯定。交换是市场经济中的基本行为，在市场经济条件下，交换是普遍存在且不以人的意志为转移的行为。这一特征表现在价值观念上，一方面是对交换的肯定，不再盲目地提倡无意义的单向行为；另一方面则是将交换引入各类价值评判、价值选择和行为取向之中的可能性增加。交换的普遍化和被肯定的趋向加深了人们对价值的理解，但也不可避免地引发了另一些弊端：唯利是图、斤斤计较、钱权交易、腐败堕落以及把交换引入政治领域。

（3）从"唯上"转为"唯实"。在计划经济体制下，即使在企业这样本来应以经济效益作为主要目标的社会单位，也是一味地听从上级的旨意，不考虑经济利益范畴内的东西，而去追求迎合上级意图及其他一些非经济的导向。在这一体制下，人们形成了"依赖"心理，不是主动积极地去挖掘创造效益，而是"等、靠、要"，吃"大锅饭"。市场经济打破了这种消极状态，激烈的竞争使企业经营者高度重视成本、利润、效益，并且根据这些来确定企业行为的价值和意义。从实际出发，实事求是，注重效益和实力，已成为价值判断的重要依据。

[一] 弗里德里希·冯·哈耶克.法律、立法与自由[M].邓正来，等译.北京：中国大百科全书出版社，2000：83.

4. 多元价值观的冲突

传统计划经济是中国改革的基础和出发点，规范化的现代市场经济是改革的目标。中国计划经济向市场经济过渡是艰难曲折的社会经济变迁过程。在这一发展和改革的双重过渡中，传统计划经济理论和道德价值已不适用，但又不能完全抛弃。西方现代市场经济理论和道德文化被引入中国，促进了理论进步和道德观念的更新，但又显得不完全适用。从西方市场经济理论和政策库中开出的医治中国计划经济向市场经济过渡的处方并不是灵丹妙药。中国社会有其特殊性，也有许多凭普通的市场经济理论难以解释的社会现象。计划经济向市场经济过渡的社会实践，对传统的计划经济道德观和现代的市场经济道德观都提出了严峻的挑战。过渡时期多元价值观的冲突主要表现为：现代市场经济道德价值观与传统计划经济道德价值观的重组，西方现代道德文化价值观与中国传统道德文化价值观的重组。现代市场经济活动所激发的自立自主、公平交易、平等竞争和务实趋利等价值观念，在中国从计划经济走向市场经济过程中具有两重性：自立自主可塑造独立人格精神，也容易造成个体本位乃至极端个人主义；公平交易可实现互惠互利，也容易把一切变成市场交易；平等竞争可激发经济社会发展的活力，也容易导致利益纷争乃至尔虞我诈；务实趋利可使人们脚踏实地地搞建设，重视经济发展，但也容易使人们滑向实用主义、拜金主义，不考虑社会责任。

5. 市场经济的公共道德

哈佛大学教授迈克尔·桑德尔指出："要看一个社会是否公正，就要看它如何分配我们所看重的物品——收入和财富、义务与权利、权利与机会、公共职务与荣誉等。"⊖ 每种经济体制都有自己的道德基础。市场经济作为一种以市场作为资源配置机制的经济体制，它的正常运行所必需的人际关系和社会秩序，一方面要依靠亚当·斯密所说的个人利益这只"看不见的手"来自发调节；另一方面也要依靠代表一定社会利益的"公共道德"加上与市场经济相适应的法制来加以调节。而市场经济公共道德，是人们在市场经济条件下，在经济活动乃至一般社会生活中应当遵守的、起码的道德规范和行为准则。

马克思曾经说过，道德是以"实践精神"来把握世界的一种特殊方式。市场经济公共道德之所以能在经济活动乃至整个社会生活中起重要作用，这是因为：一方面，它是市场经济条件下人们基本的内在道德信念，是人们评价善恶的基本价值尺度，构成人们的基本道德人格或良心；另一方面，它是人们外在的伦理行为准则，成为人们在市场经济活动的整个过程中应当遵守的基本活动规范，这样才能保证整个社会经济活动有序进行。在市场经济的各种利益冲突和道德选择中，如果社会不能尽快确立一种与之相适应的基本道德规范体系，作为人们的"内在道德律令"和"外在行为准则"，那么，市场经济也会失去公众基本的道德支撑，造成人们道德生活的失范和经济活动的严重无序。

⊖ 迈克尔·桑德尔.公正，该如何做是好 [M].北京：中信出版社，2011.

与一般社会道德相比，市场经济公共道德具有自己的特点。

（1）从道德层次来看，市场经济公共道德属于社会道德体系的基础层面，建立在社会大多数成员一般道德觉悟水平基础之上，是在市场经济条件下每个普通公民和从业人员所应当遵守的"一般道德"，是经过一定教育、引导之后可以被不同道德觉悟层次的人们共同接受和认可的基础道德。

（2）从道德调节的范围来看，市场经济公共道德具有广泛的社会普遍性，能有效地维护各种基本的经济秩序和社会秩序。

（3）从道德性质来看，市场经济公共道德具有一定的人类共同性。这是因为，一方面，市场经济正常而有效的运行有着其自身特定的规律，对人们的道德素质和行为准则提出一些基本的共同要求；另一方面，市场经济是人类社会历史发展过程中的一个经济发展阶段，市场经济下的公共道德或多或少地反映了人类道德领域的共同进步。许多市场经济的公共道德，如创业进取、敬业守职、讲求信誉、遵纪守法、公平竞争等，是世界各国在不同市场经济体制下共同倡导的美德，同时成为各国经济交往中的共同道德要求和伦理规范。这是由于市场经济公共道德具有人类共同性的特点，这就要求我们在建设社会主义市场经济公共道德过程中，既要继承中华民族的优秀道德传统，也要大胆吸收和借鉴发达国家市场经济公共道德建设的有益经验。

德国著名社会学家马克斯·韦伯在总结现代资本主义道德文明的成因时指出，成为资本主义精神气质的民众道德，不是市场经济自发倾向造就的，而是从政府到各种民间机构，通过各种渠道，长期对国民进行自我克制、敬业守职、勤勉节约、同情他人等道德教化，才逐步形成了资本主义市场经济的公共道德。为此，在我们建设社会主义市场经济体制的过程中，必须全社会高度重视，动员各方面力量，充分肯定市场经济公共道德建设的重要性，借助各种力量，建设符合社会主义市场经济体制的公共道德，并以此来推进整个社会道德体系的确立和经济运行的完善。从这一角度来说，中央提出的"以德治国"就具有重要和深远的意义。

4.5 当代文化背景下的企业管理伦理建设

进入 21 世纪之后，企业的社会环境和内部经营机制都发生了深刻变化。在经济快速发展的同时，企业的生产、服务和运作方式也经历着明显的变化。高新技术正替代传统的生产技术和生产工艺，知识在企业经营管理中的重要性日益凸显，尤其是互联网的出现和网络技术的普及与发展，这些高新技术的普遍应用对企业经营和员工行为方式实施着改变，人们对环境质量和资源永续利用的关注也比以往任何时候都要强烈。而中国特定的政治背景、经济背景、历史背景和文化背景，又与现代化的历史进程交织在一起，从而构成了更为复杂化和多样化的现实社会生活。在这样的社会文化背景下，企业的经营理念等也面临着深刻的挑战，而处于微观层面的企业伦理道德也发生着变化。

4.5.1 伦理道德与经济效益

改革开放以来，我国的企业家学习和借鉴了西方市场经济国家企业伦理的文明成果，同时弘扬了中华民族的传统美德，艰苦创业、积极进取、自强不息、奋力拼搏，为中国经济起飞做出了卓越贡献。但是，企业经营中伦理道德水平低下的现象仍然层出不穷。见利忘义、唯利是图、挥霍浪费、假冒伪劣、欺诈蒙骗，甚至伪劣产品伤害生命的现象时有发生，后果非常严重。这是企业伦理失范的表现。我们应该看到，当社会发生变革，旧的价值体系不再得到公众的认同，而新的伦理道德又未健全且存在不同认识的时候，企业的管理伦理会出现失衡、失范是难免的，但如果走向极端，就可能把经济利益放到最高位置，而不顾对环境的破坏、对自然资源的掠取、对和谐关系的损害，甚至生产和销售假药、假酒以致害死人命。

企业是一个经济组织，每一个企业创办的目的，首先是创造经济效益。在市场经济条件下，企业是独立自主的经济实体，有自己的正当权益和利益追求，因而具有"经济"的品格。但是，企业又离不开社会，企业因社会的需要而存在，社会为企业提供了生存的空间。所以，企业又是承担社会责任的经济组织，企业的每一项经济活动和行为的发生、发展及其变化，无不反映和渗透着一定的道德意识和道德行为准则，需要一定的伦理规范予以指导和约束。

企业的管理伦理，是企业在处理各项关系时对所有的利益相关者（消费者、供应商、竞争者、政府、社区、自然环境、管理经营者、员工）所应遵守的行为规范和准则。也就是说，企业管理伦理要求企业正当经营，对内、对外都应该严格遵守良好的道德规范，而不能为了自身利益随心所欲。一些企业行为（如以次充好，短斤缺两，偷工减料，拖欠货款，不择手段地搞垮竞争者，偷税漏税，污染环境且不加治理，工作条件不加改善，降低员工福利待遇，延长工作时间，等等）在短时间内有可能使企业增加收益，减少支出，但显然这种一时的经济效益是以牺牲社会和他人的利益为代价的。从整个社会角度来看，这种效益是不健康的效益，有害无益，理所当然要受到道德的谴责，情节严重的则要受到法律的制裁。

企业管理伦理排斥的是不正当的经济效益，但不努力提高经济效益，对一个企业来说同样是不道德的。努力提高经济效益，是企业的核心任务。一个因自身原因长期亏损的企业，从根本上来说是不可能为社会做出贡献的。因此，盲目决策、片面追求产值和数量、铺张浪费、因循守旧、得过且过等行为，不仅不利于提高企业经济效益，而且是违背企业伦理的。如同法律只是惩罚极少数危害社会的人而保护绝大多数公民的正当权益一样，企业的经营管理伦理谴责的是少数有损社会利益和其他企业与其他人正当利益的不道德行为，而保护并鼓励大多数企业追求正当的经济利益和正当的经营行为。惩恶扬善是企业管理伦理的主要功能。

4.5.2 追求良好的企业管理伦理

在我国近年来的经济生活中，企业间"三角债"、合同违约、不正当竞争等不道德行为，已使许多正当经营的企业遭受了巨大损失。同时，一些企业置伦理道德和法律于不顾，生产危害消费者的劣质产品或以次充好，谋取不义之财。这种行为注定是一种短期的自杀性行为。因为，企业的不道德行为迟早会招致利益相关者或早或晚不同形式的报复：在当前市场商品日益丰富，竞争高度激烈的情况下，企业一旦失去消费者和其他利益相关者的信任，他们就不愿再购买你的产品和服务；供应商不愿再与你打交道；竞争者以其人之道还治其人之身；职工也会认清企业领导的本质而丧失信心，导致离心离德、人心涣散。同时，这种不讲道德的企业"多行不义必自毙"，会受到舆论的谴责乃至国家必要的制裁，最终只能是搬起石头砸自己的脚。

而追求良好的企业管理伦理，则有助于企业获得更好的经济效益。原因有以下几点。

1. 经济效益来自正确的决策，而正确的决策依赖于正确的分析

要使决策正确，除了进行经济、技术、法律等方面的分析外，还有必要进行伦理道德方面的分析。例如，决策是否符合社会进步、人民生活改善这一根本目的？决策是否兼顾了企业与利益相关者的利益，做到共同得益？如果对这两者都是肯定的回答，那么，企业经营就不会迷失方向，决策正确的可能性也就有了坚实的基础。

2. 企业效益的取得归根结底要取决于人

企业竞争归根结底是人才的竞争。而要吸引人才、留住人才并充分发挥人的潜能，就不仅要提供相应的物质条件，还要对人给予充分的理解、信任、尊重和关心。现代社会中的人，尤其是较高层次的人才，不仅有物质方面的需求，更多地有着精神方面的需求，而这些正是企业管理伦理对企业领导人的要求。良好的企业伦理注重员工之间的平等、团结、互助，一个重视伦理道德的企业能营造一种和睦、融洽、积极向上的氛围，使人们心情舒畅地工作。对管理伦理的重视还有助于提高员工的工作责任心，并有助于促使企业管理者和领导注重自身道德素质的提高，因为"其身正，不令而行；其身不正，虽令不从"。

3. 在市场经济体制下，企业最终要为市场所接受，为消费者所认同

只有受到消费者欢迎，企业才会产生效益。要满足消费者需求和提高市场占有率，就要"发现需求、满足需求"，"让消费者满意"，并且做到"质量第一"。现在，这些企业经营原则已不再停留于理论层面，而是为越来越多的企业所接受和实践，成为其遵守的伦理准则。与此同时，在企业拓展公共关系方面，企业需要了解公众，也需要被公众了解。争取舆论支持，赢得公众信任，是企业求生存、争效益的重要条件。然而，要获得社会公众的信任，不是靠某些哗众取宠的所谓"公关手段"，而是要靠实实在在的符合优秀伦理道德的企业行为，靠优质的产品和服务。遵守良好的企业道德才能给企业带来一个充满理解、信任和合作的内部环境。而且，重视企业伦理，更有助于企业树立良好的信誉，而信誉能帮助企业产生效益。"人无信不立"，企业也同样如此。一个企业信誉的高低与企业获利能力的强弱，存在着明显的正相关关系。一个企业信誉较高，说明企业在社会公众中的受信任程度较高，在社会公众心目中具有良好

的形象，它的产品及服务对公众具有吸引力；反之，企业就会丧失对公众的吸引力，从而削弱获利能力。

本章要点

- 文化的概念与功能。
- 道德现象的分类。
- 霍夫斯泰德的文化五维度理论。
- 日美管理文化的差异。
- 市场经济体制下的基本价值观与公共道德。

复习思考题

1. 如何认识文化的功能？
2. 在企业管理中，如何克服文化差异，做好文化融合？
3. 企业如何才能更好地融入社会？

应用案例　　葛兰素史克事件

2013年7月11日，中国公安部的一则通报成为投向国内外医药界的一枚重磅炸弹：因涉嫌严重商业贿赂等经济犯罪，包括葛兰素史克（中国）投资有限公司（简称GSKCI）4名高管在内的超过20名药企和旅行社工作人员被警方立案侦查。

公安部消息称，GSKCI为达到打开药品销售渠道、提高药品售价等目的，利用旅行社等渠道，向政府部门官员、医药行业协会和基金会负责人、医院医生等行贿。涉案的GSKCI高管涉嫌职务侵占、非国家工作人员受贿等经济犯罪。旅行社相关工作人员则涉嫌行贿并协助上述高管进行职务侵占。

葛兰素史克事件并非外企涉嫌在华行贿孤例，之前包括辉瑞制药、摩根士丹利等诸多知名跨国公司都曾在华涉嫌商业贿赂。GSKCI是在华规模最大的跨国制药企业之一。葛兰素史克曾在美国、意大利、新西兰等国涉嫌违规行为被处以高额罚款。

中国警方通报称，2013年年初在工作中发现部分旅行社经营活动异常。办案民警介绍，涉事的上海临江国旅几乎没做过任何旅游业务，但年营业额却从成立之初的几百万元飙升到案发前的数亿元。在有关部门的协助下，部署涉案地的警方开展调查，发现GSKCI及其关联企业，存在重大经济犯罪嫌疑。通报称，在掌握确凿证据后，公安部指示湖南长沙、上海、河南郑州等地公安机关立案侦查。于6月27日、7月10日组织开展两次集中抓捕，对GSKCI部分高管和多家旅行社部分工作人员采取了刑事强制措施。

2013年7月15日，GSKCI终于打破沉默发布致歉声明称："公司支持中国政府根除腐败的决心和医疗改革。上述调查中所发现的问题令人羞愧，我们对所发生的事情深表歉意。"GSKCI还表示，某些员工及第三方机构的欺诈等不道德行为严重违背了葛兰素史克的规章制度、管理流程、价值观和标准。葛兰素史克对此类行为绝不姑息和容忍。2013年7月22日，英国制药公司葛兰素史克在伦敦发表声明，承认中国分公司一些高管卷入贿赂案件。声明称，一些熟悉公司运作体系的高管可能通过逃避公司流程和监管进行了不当操作,触犯了中国法律。葛兰素史克表示,对此类行为零容忍。葛兰素史克公司还表示,他们全力支持中国政府根除腐败的决心和行动,全力支持中国政府的医疗改革,并已准备好与中国政府合作。声明称,葛兰素史克正在积极研究在中国的运营模式,计划通过调整运营模式,降低药品价格中的运营成本,从而让更多中国患者能获得质优价廉的药品。

被采取强制措施的20余名涉案人员中,包括GSKCI的4大高管。这4人在公司内部号称"四驾马车",分别涉及法务、人事、市场和营销。办案民警透露,上述4名高管涉嫌通过各种会务收受贿赂、利用旅行社套现,数额巨大。警方掌握的已有证据显示,GSKCI举办8 000万元一场的年会,一名高管涉嫌一次从旅行社获取"贿赂"200余万元。警方介绍,涉案高管套取现金的另外的方式,是利用旅行社虚增会议规模和虚报会议两种方式。例如某个会议,原本只组织了30人,报账时,旅行社按药企的意思虚增20人,按50人报账。这些虚增套取的现金,一部分被高管非法侵占,据为己有;另一部分留在旅行社账上,成为GSKCI用来行贿的"备用金",用以维护医院领导、医生关系,或者对政府职能部门个别官员行贿,或用于消费、旅游。行贿链条上至工商、物价、人社等职能部门,下至基层医院、医生。有的卖一批药结算一笔钱,合作医生每人发信用卡,开药后第二天就把回扣打进账。GSKCI涉案高管受访时坦陈,包括行贿费用在内的各种运营成本助推了药价虚高,保守估计"运营成本"占到药价成本的20%~30%。"贿赂链与利益链紧密相连",据中国警方高层披露,警方前期调查曾遭遇很大阻力,行动中多次出现"严重泄密"的情况。"一些利益链上的内部人士通风报信,提前将公安部调查的消息,泄露给相关跨国药企。"

继中国警方2013年7月拘捕GSKCI的4名中国籍高管后,美国司法部也随即对此案进行调查,以查明该公司是否违反了《反海外贿赂法》。虽然葛兰素史克是一家英国公司,但因为股票在美国交易所挂牌上市,因此美国执法机构对该公司具有司法权。美国司法部对葛兰素史克的调查已经扩大至包括中国在内的其他国家的公司。葛兰素史克的发言人则证实,自从中国的调查活动开始后,该公司就主动与相关的监管机构联络,其中包括美国司法部,公司一直在与监管部门沟通。

办案民警披露,GSKCI涉案高管,常利用决定会务的权力,收取旅行社的"贿赂"。一名涉案高管介绍,公司每年都有会务预算,分内部会议和外部会议,每年的预算有几亿元。一般内部会议,采购部会提供一份会务供应商名单供选择,相关高管有权决定或提供建议。上海临江国旅的负责人,为了获取GSKCI的相关业务,承接会议,直接行贿相关高管。相关高管则会提前私下告诉旅行社,包括报价、预算等内容并提出建议。"4名高管直接拿贿赂。"办案民警称,4名高管每个人名下都有一家对应的旅行社,因此共涉及4家旅行社。

上海临江国际旅行社有限公司法定代表人也被警方控制,他被称为GSKCI涉案某高管贿赂的备用金库。他讲述了自己公司与GSKCI之间的合作。在成立于 2003 年的上海临江国旅的宣传资料中显示，它是黄浦区旅游局十强旅行社之一，日常主要业务是组织在沪外资企业中高端商务人员在中国及世界各地的会议、会务、会展和培训工作。

2007 年 6 月，上海临江国旅成为 GSKCI 的合作公司。公司负责人说，葛兰素史克公司有严格的财务制度，不符合法规的不让报销。该公司餐费人均标准 300 元，超过 500 元要特别审核；送礼最多"春花秋月"，即春节送鲜花，中秋送月饼。"送礼、行贿等项目，走财务明账肯定是通不过的，暴露后还会受到总部和内审部门的处理。"而 GSKCI 公司高管要用钱，常常会通过旅行社走账，方式则是开内部培训会或者办年会这样的会务形式。

临江国旅负责人说："GSKCI 高管不仅借旅游等名义变相受贿，而且还称'要打点打点，需要用钱'，让我准备现金，规避法律风险。而客户提要求，我都会第一时间满足。"有的时候，结算和预算如果有差距，高管会要求"增加成本"，要求结算额多开一些。

2013 年 10 月 23 日晚，涉嫌在华贿赂案发 4 个月后，葛兰素史克方面首次公开承认该事件对公司在中国的业绩造成的直接损失。英国最大制药公司葛兰素史克公布的 2013 年三季报显示，公司当期营收同比增长 1%，净利润同比下降 12%。其中，以主营的处方药和疫苗两部分核心业务销售来看，GSK 中国区则暴跌 61%。

2014 年 9 月 19 日，长沙市中级人民法院宣布判决："以对非国家工作人员行贿罪，判处被告单位葛兰素史克（中国）投资有限公司（简称 GSKCI）罚金人民币 30 亿元；判处被告人马克锐有期徒刑三年，缓刑四年，并处驱逐出境……"所有被告人均当庭表示服从判决不上诉。2016 年 9 月 30 日（美国时间），美国证券交易监督委员会（SEC）宣布，总部位于英国的制药公司葛兰素史克将支付 2 000 万美元的民事罚款，以了结 GSKCI 子公司违反《反海外贿赂法》（FCPA）花费数百万美元在中国促销药物的指控。

资料来源：本案例由本书作者综合媒体报道改编。

□ **延伸资料**

30 亿元罚单彰显以法治促开放

苏 勇

近日，长沙市中级人民法院宣布一项判决："以对非国家工作人员行贿罪，判处被告单位葛兰素史克（中国）投资有限公司（简称 GSKCI）罚金人民币 30 亿元；判处被告人马克锐有期徒刑三年，缓刑四年，并处驱逐出境……"世界 500 强企业的在华子公司中，因触犯中国法律而站上中国法庭被告席的，GSKCI 是第一家。同时，这是中国迄今为止开出的最大罚单。法槌落下，这项判决在社会上引起很大反响。此案表明了中国政府对商业贿赂的明确态度，在大力推进改革开放的中国，一方面要加快推进市场化进程，建立起更完善的市场体系；另一方面要加强市场监管，使市场主体——企业在商业竞争中恪守公开、公平、公正原则，严防企业的不当获利。

反商业腐败并非单独针对外企

我们必须看到，反对商业贿赂是世界上多数国家的一致主张。2005 年 12 月生效的《联合国反腐败公约》，就将贿赂外国公职人员及国际公共组织官员，贪污、挪用、占用受托财产，利用影响力交易等行为确定为犯罪。在美国，商业贿赂行为不但为联邦法律和各州的法律所禁止，并且早在20世纪70年代对"水门事件"的调查过程中发现有的企业在其内部设立了秘密贿赂资金，专门用于国内的政治献金以及贿赂国外政府官员后，为制止这种腐败行为，美国《反国外贿赂行为法》就在1977年出台，并于1998年进行修订。修订后的该法律将管辖权扩展到所有在美国境内经营的以及所有与美国公司有业务往来的外国公司，并且管辖的内容也扩展为获取"任何不当利益"而进行的付款行为，同时扩展了对"外国官员"的定义，包括任何履行"公共职能"的人员。

中国目前虽然还没有专门的反商业贿赂法，但在《中华人民共和国刑法》《反不正当竞争法》中都有针对商业贿赂现象的相关规制。此外，国家工商行政管理局于1996年11月15日颁布了《关于禁止商业贿赂行为的暂行规定》，《中华人民共和国药品管理法（2015年修订）》对药品流通领域的商业贿赂行为也有明确规定。因此，中国并不缺乏反贿赂的相关法律。而且，随着中国政府反腐力度的不断加大，对商业贿赂行为的监管和查处力度也持续提升。就在GSKCI贿赂事件曝光之后，中国公安部、国家工商总局和卫计委等部门轮流出动，展开了一系列的反商业贿赂行动。但是，反商业腐败并非单独针对外企。

管理者需具备诚实正直的品格

俗话说，"商场如战场"。这用来形容商业竞争的激烈程度自然没错。但细究起来，商业竞争和战场作战毕竟还是有区别的。战场作战是你死我活的较量，而商业竞争要讲规则，且可以双赢。越是市场经济发展充分的国家，其市场规则就越严密，就越重视用严密的法律体系和完善的伦理原则来约束和规范参与竞争的各企业行为，同时保障其正当权益。

在参与市场竞争的企业中，起决定性作用的无疑是企业的高管。企业高层管理人员的行为，不仅体现他个人的意愿，更体现企业的价值取向。而且因为企业高管手握大权，掌控的资源较多，所以其决策行为如果产生偏差甚至错误，就会给市场和社会带来危害。GSKCI贿赂行为之所以恶劣，一个重要原因就是多位公司高管作为直接负责人，积极组织、推动、实施贿赂销售，使这一违法行为成为公司有组织的集体行为。我们既可以从中看到该公司的企业文化发生了十分严重的问题，又表明公司高管人员对法律的漠视和胆大妄为。著名管理学家彼得·德鲁克就曾经说过："未来的管理者在工作上越成功，就越需要具备诚实正直的人格。因为在新科技之下，管理者的决策、决策跨越的时间幅度及其风险，都会对企业产生严重的影响。管理者的新任务要求未来管理者的每一项行动和决策都根植于原则，管理者不只通过知识、能力和技巧来领导部属，同时通过愿景、勇气、责任感和诚实正直的品格来领导。"由此来看，GSKCI的高管是不合格的，其违法行为不仅使他们个人遭遇法律的惩处，也给公司业务和声誉带来极为严重的损害。

开放的中国不是法外之地

中国先贤告诫我们：君子爱财，取之有道。商战有规则，法律不可违。法院判决之后，GSKCI表示完全认同中国司法机关依法认定的事实和证据,服从中国司法机关的依法判决,并向中国患者、医生、医院和中国政府、中国人民表示深刻的歉意。

开放的中国不是法外之地。此案为医药行业营销行为确立了标准,进一步表露出中国以法治促开放的坚定决心,表明了中国厉行法治,为创造更加规范、公平、稳定、可预期的市场环境而付出的不懈努力。我们也要看到,当前中国医药市场还存在某些乱象且屡禁不止,事态严重,对此媒体也时有披露。我们真诚希望那些还在"以钱开路"或者"打擦边球"的企业悬崖勒马,痛改前非,真正以高质量产品和优质服务赢得消费者信任,从而在激烈的市场竞争中赢得优势。我们也真诚希望政府有关部门和司法机关对商业贿赂之恶行常抓不懈并严厉打击,防止发生"劣币驱逐良币"现象,使中国的市场环境更加规范、透明、公正。

资料来源:本文由苏勇发表于2014年9月26日《文汇报》。

讨论题

1. 葛兰素史克中国的这一事件是偶然的吗?
2. 当前医药销售行业贿赂现象偶有发生,如何才能防止这一现象的发生?
3. 从管理伦理学角度来看,如何在企业经营中防止这类事件发生?

第 5 章　管理伦理的普遍原则

> 真实的善是每个人的心灵所追求的,是每一个人作为他一切行为的目的的。每一个人的心灵对于这个善都有预觉,都有这样一个目的。
>
> ——柏拉图

> 得道者多助,失道者寡助。
>
> ——孟子

学习目标

- ☑ 了解各类管理活动中普遍性伦理原则。
- ☑ 了解"功利主义"和"人文精神"对管理伦理的不同思考。
- ☑ 认识"利己"与"利他"的辩证关系。
- ☑ 了解当代行为伦理理论。

引例　百亿假黄金骗贷案

中国第二大产金地河南省灵宝市,其黄金故事近日再添"传奇"。2月20日,一则《百亿假黄金骗贷记》的新闻令外界哗然,灵宝市故县镇的博源矿业有限责任公司(下称博源矿业)被曝用企业自制的假黄金向金融机构质押骗贷,涉案金额超过百亿元。

目前,博源矿业董事长张淑民出逃海外,原股东夏进友失联,大股东徐建波、法定代表人王学文、原股东赵发平被潼关警方带走。

超百亿质押黄金掺假

2016年5月初,陕西潼关信用合作社因一笔约2000万元的黄金质押贷款逾期,决定处置质押黄金,在处置过程中发现黄金掺假,导致一起横跨豫陕两省的假黄金骗贷案浮出水面。该案主要涉案地区是河南灵宝市和陕西潼关县。陕西潼关县农村信用合作联社(下称"潼关信合")、西安市长安区农村信用合作联社(下称"长安信合")涉案金额分别为超过110亿元、约28亿元,而涉嫌制造质押假黄金的单位是河南省灵宝市博源矿业有限责任公司。

博源矿业于2007年4月19日注册成立,注册资本9000万元。2016年5月下旬,博源矿业大股东徐建波被捕,厂区被搜索出大量制假设备及制假材料。

《财经》杂志报道称,"博源矿业为上海黄金交易所的指定供货单位"。对此,上海黄金交易所2月21日发布严正声明:经核实,上海黄金交易所目前可提供的标准金锭、金条、银锭企业均经过严格认证,认证企业名录中并无文中所称的博源矿业公司。

部分银行土法测黄金

业内人士表示,"黄金质押贷款这个业

务过去就有，但是量没有这么大"。记者查阅发现，各银行对质押黄金的要求并不统一。

例如，中国光大银行就规定，"个人实物黄金质押贷款指在我行办理个人实物黄金代理业务的客户，以其在金交所持有的自有实物黄金作为质押物向我行申请的人民币贷款"。

而灵宝融丰的业务介绍中则指明，"黄金质押贷款是指灵宝融丰面向个人客户发放的，以合质金或标准金为质押物的贷款"。

所谓合质金，其和标准金的区别在于含金量的不同。"合质金就是我们从矿山上挖出来的矿石，经过冶炼，含金量一般在 60%～70%，和标准金相比，它的成色不够"。值得注意的是，合质金在中国是不能作为终端产品销售的，即使纯度再高，仍然要经过具有金交所供货资质的精炼厂再加工，才能成为标准金销售。

博源矿业将假黄金转向邻省运作，或许和河南地区银行监管日益严有关。前述灵宝矿企人士透露，"对于黄金检测，有一种土办法，也就是吊水法。河南地区的银行现在已经不允许用这种土办法，要打钻检测，所以在河南抵押难度越来越大"。

假黄金钨含量62%

所谓的吊水法，也称吊水密度法，是一种经济有效的检验黄金的方法，但其弊端在于，如内部掺杂了密度和黄金非常接近的钨或铱等物质，传统的吊水密度法就检测不出来。唯一的方法就是将金条打钻破坏或完全融化。

而博源矿业骗贷所用的假黄金正是掺钨黄金。钨的密度为 19.25 克/立方厘米，黄金密度 19.3 克/立方厘米，两者仅相差 0.05 克/立方厘米，非常接近。另外，黄金熔点在 1064，钨的熔点则高达 3410。博源矿业若想赎回质押的假黄金，也易于将两者分离，而回收黄金。博源矿业一股东的弟弟张青民涉嫌抵押给长安信合的假黄金，钨的含量占 62% 左右，黄金约占 38%。金砖外表是标准金，里面则包着钨块，能骗过普通检测仪器，如不采用打钻和熔炼的检测方法，很难发现。

资料来源：引自《新华网》转引 2017 年 2 月 23 日《扬子晚报》。

5.1 功利与人文

作为一种社会意识和组织意识，管理伦理与社会形态、经济关系及特定时代的文化背景有直接关系，这反映出管理伦理的历史性与时代性。但与此同时，在不同时代、不同国家和地区、不同体制的社会组织中，其管理伦理也有着普适原则和内容共通之处。

生活于同一社会经济体之中的各个阶级，处于同一历史发展阶段，有着共同的社会背景和历史背景，也有着某些共同的利益，从而在共同的社会基础上形成一定的公共生活准则，这些公共生活准则在日常社会生活中调节着人们各自的行为。首先，共同利益表现在人类征服自然的活动中。生活实践活动是人类首要的活动，大自然是这种活动的基本对象。社会存在不同的阶级，但在面对自然时，人类又结为一体，共同去改造、征服和保护自然，表现出人类的本质力量，代表人类的共同利益。例如，对科学技术的探索和对环境的保护等。在此基础上产生的道德观念、道德要求，是全人类的共同财富，也应为各个阶级的道德体系所吸取，成为支配人们行为态度的普适准则。

其次，考虑到其他种种文化因素，世界各国、各地区的管理伦理显然是各具特色的。但是我们如果透过种种五光十色的表象和形式，就可以发现，在各国、各地区的管理伦理中，依然存在着许多共同的范畴，诸如民主、效率、公平、人道、责任等原则。正是这些蕴藏于各国、各民族、各地区的管理伦理深层次内容，构成了世界管理伦理的普适性。例如，"平等"这样一个管理伦理范畴，虽然早在原始社会就已萌芽并历经数千年，其含义、范围和程度早已今非昔比，但这一范畴毕竟作为一个管理活动中人们应遵守的伦理规范而获得承认，并保留至今。

作为一种规范体系，共同的管理伦理准则和观念在不同的国家、民族、地区会以不同的形式表现出来，但其中必然有许多共同点和相通之处，否则社会公共秩序就无法维持，当今世界的共同发展、国际贸易与合作也就无法进行。

5.1.1 功利主义与人文精神

1. 功利主义

功利主义作为一种系统的伦理学说及道德准则，最早形成于18世纪末19世纪初，其创始人和代表人物分别为英国哲学家杰里米·边沁（Jeremy Bentham）和约翰·穆勒（John Stuart Mill）。在《道德与立法原理导论》一书中，边沁最早提出了"功利原则"或"最大幸福原则"这一概念，并将其要旨表述为"所有利益当事人的最大幸福"。在边沁看来，正如自然界有自己的规律一样，人类也有其规律，这就是"趋乐避苦"。正是"趋乐避苦"这一本能，支配着人的一切行为，成为人生的目的。所谓"功利原则"，就是"赞成或不赞成任何一种行为，其根据都在于这一行为是增多还是减少利益当事人的幸福"，换言之，是"促进还是阻碍利益当事人的这种幸福"。

继边沁之后，穆勒继承并发扬了功利原则，进而提出了"功利主义"（Utilitarianism）的概念。功利主义者认为，功利乃是道德的目的，主张"行为的'是'与它增进幸福的倾向为正比，行为的'非'与它产生不幸福的倾向为正比"。通俗地讲，即产生功用的行为就是道德的，因而功利主义肯定一切能增进幸福的行为，否定一切产生不幸福的行为。道德之所以必需，就在于它乃是追求快乐的工具。

毋庸讳言，相对于快乐主义而言，功利主义是人类思想史上的重大进步，因为它走出了自私自利的狭隘的个人观念，取而代之以"所有利益当事人的最大幸福"，即以社会利益作为衡量功利的标准。尽管如此，由于对人性的本质及道德的理解与把握存在偏差，使得功利主义的整个理论框架具有严重的思想局限性。

尽管功利主义者所追求的是"所有利益当事人的最大幸福"，即整个社会利益的最大化，但同时，无论边沁抑或穆勒，都将"趋乐避苦"作为人的本性加以认识，并将功利作为道德的目的，这就意味着个人在"趋乐避苦"动机的驱动下，有可能置道德与社会于不顾，而片面追求自身的"幸福与快乐"。在这种认识的基础上，功利主义者依据"趋乐避苦"的原则来调整个人与他人、个人与社会的关系。由于社会利益仅仅是"组成社会之所有单个成员的利益之总和"，即个人利益的简单相加，而社会利益由于其主体缺位，只是一种虚构的利益。故而对于功利主义者来说，把社会利益和个人利益统一起来的基础只能是个人利益，注重社会利益和他人利益归根结底只能是一时的权宜之计。例如，如果用功利主义的观点来分析，假设一个城市有千分之一的人口是残疾人，而该市政府用超过千分之一的公共财政经费来修建残疾人设施，那么就有可能侵占了"所有利益当事人"即全体市民的最大幸福，那么就是不符合道德的。

值得一提的是，早在战国初期，我国著名思想家墨子就提出了"兼相爱，交相利"的思想。与儒家的义利分离思想相比，墨子提倡"交相利"，具有明显的功利主义倾向；而与西方功利主义相比，墨家又强调"兼相爱"，具有浓厚的道德色彩。从这点来说，墨子的"兼相爱，交相利"思想似乎更具有伦理性和可操作性，对现实更有指导意义。

2. 人文精神

人文精神或人文主义（humanism），其源头可以追溯到 14～16 世纪欧洲文艺复兴时期，作为中世纪基督教神权的对立物（至少是补充物）而出现。当时的文学家和其他领域的学者们，为了追求人性的发展和人的全面解放，通过文艺作品和其他领域的创造性劳动，高扬人文主义的旗帜，寻求人类社会全面、健康的发展。

人文主义是一种普遍的人类自我关怀，表现为对人的尊严、价值、命运的追求和关切：维护人的尊严，重视人的价值，张扬人的理性，升华人的精神。就人文主义的基本精神而言，并不以追求一己私利为行为的最终目标，也不把获得实在的个人利益看作最终的幸福或快乐，而是着眼于整个社会状态中人性的全面解放和发展，把人类的进步看作最终的幸福。人文主义注重的是全社会的利益，认为社会文明的进步才是真正实际的幸福。只有文明进步了，社会发展了，最终才会获得个人的利益。因此，人文主义所提倡的是按照人性原则来衡量一种行为的道德与否，而不是简单的对当事人所获利益的计算。因此，以上述修建残疾人设施为例，用人文主义来看，应该让残疾人享受正常人的权利和福利，为残疾人提供与非残疾人一样的福利，所以不能简单地按比例来算账，修建各种助残设施是应该的。

5.1.2 两种不同的管理理论

在管理领域中，尤其在具体的管理实践中，对功利与人文的权衡与把握，虽然并不是每个管理者都能认识到的，但这一伦理原则的作用却切实体现在管理行为之中。长期以来，基于不同的人性假设及目标追求，管理界形成了两种完全不同的管理理论——物本管理与人本管理。

1. 物本管理

物本管理，顾名思义，以"物"为本，以"人"为辅，其基础和前提是"经济人"假设。当时的管理理论学家认为，人是"经济人"，是经济动物。人为金钱而工作，为物质而生存；员工之所以工作，唯一的目的就是追求经济利益，把获取经济利益作为最大的快乐。因此，只要满足人对金钱和物质的需求，就能调动其积极性。劳资矛盾也主要源于经济利益的矛盾。

在这种认识的驱动下，物本管理大行其道。物本管理的显著特点是见物不见人，重物轻人，即把企业看作一个大机器，而企业的员工则是这一机器中的零部件，把人当物来管理，要人去适应机器。物本管理实质上是对人的机械化和资本化，从而使得管理中的人性因素降到了最低的限度。

基于以上认识，物本管理将物质和金钱作为员工激励的主要手段，即用短期的、实在的利益去激发员工的劳动积极性，而对员工精神和心理上的需求则漠不关心。即使是被誉为"科学管理之父"的泰勒，也只是把人当作物和工具来管理，并没有严格区分对物的管理和对人的管理，从而表现出强烈的功利主义色彩，而忽略了对人性的考察。

2. 人本管理

随着知识经济的到来和人类自身的不断进步，人力资源在企业中的作用日渐突出，如何充分彰显人的本性，激发人的潜能成为企业当务之急，各种各样的管理理论相继出现。这些理论在不同程度上都对物本管理提出了批判，其中影响最大的是20世纪80年代前后出现的以"社会人"假设为基础和前提的人本管理理论。

人本管理者认为，企业并非单纯的经济组织，人也不单纯是创造财富的工具，而是企业的主体和财富。"人本管理"即以人为中心，尊重人的价值，激发人的热情，满足人的需要，从而充分调动人的积极性、主动性和创造性，在企业发展的同时促进企业员工的全面自由发展，从而形成个人、企业与社会三方和谐发展的良好局面。

人本管理的出发点有三："企业即人"，企业是由人组成的集合体，无"人"则企业"止"；企业并非单纯的经济组织，欲求企业全面发展，必然先有企业员工的自我发展，企业发展与员工发展相辅相成，缺一不可。

人本管理的思想在惠普等成功企业的管理实践中得到了较好的体现。"惠普之道"的精髓就是关怀、尊重每个人和承认每个人的成就，尊重个人的尊严和价值；松下公司则将自己定位为人才培育公司，兼做电器产品，这就是松下幸之助的"造人先于造物"的人本观……诸如此类的人本理念，还可以举出很多很多。当然，推行人本管理不能流于空泛，也不是空喊几句口号，而是必须切实落实到管理行为之中。人本管理只是提供了一种方向与思路，具体的管理实践，还要依靠企业管理者的管理实践与经验积累，正所谓"运用之妙，存乎一心"，这是任何名师也难以教授的。

值得一提的是，随着管理理论的不断创新与发展，近年来，世界知名企业在管理上均突出了"能本管理"，大力提高企业员工的科技创新能力。然而无论是"人本管理"抑或"能本管理"，其核心都是以人为本，突出人的主观能动性，维护人的尊严，挖掘人的潜力，提升人的价值，谋求人的发展。而所有这些，正是人文主义的核心所在。

5.1.3 功利与人文的统一

中国目前还处于社会主义初级阶段，伴随市场经济大潮而来的是世俗化的潮流，其势锐不可当。享受人生、重视眼前利益的理念获得追捧，不少人希望不劳而获，幻想一夜暴富，马基雅维利式的为达目的不择手段的功利主义哲学流行。面对物质诱惑与精神追求，如何取舍，成为许多人心中解不开的结。在这种情况下，作为企业管理者，如何正确把握功利和人文这一伦理准则来引导和激励员工，从而使得员工、企业与社会和谐发展便显得至关重要。

"风物长宜放眼量",作为管理者,应当意识到,企业固然要追求利润,尽力实现利润最大化,但纯粹的功利主义,或者说物质上的激励,只能建一时之功,而绝非长远之计。而且,如果过于强调功利目的,会导致员工样样事情都斤斤计较,极有可能会在企业中形成一种为达到目的和效益而不考虑手段的伦理趋向,使企业形成不良的文化。

当然,我们并不完全否认功利手段在管理中的作用。完全脱离功利的目的去追求人文主义精神需要,至少对管理这样一种和经济密切相关的行为领域不尽合适,而且是不现实的。根据马斯洛的"需求层次理论",人有不同层次的需求:生理需求、安全需求、社交需求、尊重需求以及自我实现需求。这五种需求由低到高依次排列,只有在较低层次的需求得到充分满足后,才能产生更高一级的需求。因此,只有当较低层次的需求得到充分的满足后,深层次需求的满足才具有激励作用。试问,如果对一个连基本物质生活都难以保障的人大谈理想与追求,而对其物质上的需求视而不见,又怎么能够起到应有的激励效果呢?功利主义的目的虽然不如人文主义那样光彩照人、富有魅力,但却是人类进步必不可少的一种社会目标。否则,任何人文色彩的社会理想都将是海市蜃楼。

尺有所短,寸有所长,具体到管理实践,功利主义与人文精神并无高下之别,关键在于灵活运用。唯有将两者有机结合起来,以功利主义满足企业员工当前的物质需求,而以人文精神激发员工的深层次需求,才有可能产生持续的激励,从而求得员工的全面进步和企业的健康发展。从社会道德进步和管理伦理发展的层面而言,管理者的追求或者管理的注意力和重心不能仅仅停留在功利的层面。作为一个有理想、有抱负,并有高度社会责任感的管理者,在当今科技迅速发展、人类命运和社会可持续发展受到越来越多关注的形势下,应该多思考如何使管理的方法和手段更具有人文色彩,更有利于员工思想道德、个人素质的全面发展和社会文明的进步。我国有一位企业家曾经说过,对员工的管理要做到"两袋投入"。何谓"两袋投入"?口袋与脑袋。这实质上是用极朴素的语言,极其确切地概括了企业管理者如何把握好功利与人文这一管理伦理的尺度,其实这也就是人们常说的,物质文明和精神文明一起抓。

5.2 利己与利他

作为企业,其经营目的自然非常明确,那就是以企业自身的发展为社会提供更多的物质财富和就业机会,同时实现股东利益的最大化。不同的经济理论对此有着不同的解读:企业管理理论认为,应以利润最大化为核心;福利经济学认为,应以社会福利最大化为核心;传统政治经济学认为,应以国家利益最大化为核心;西方宏观经济学认为,应以达到社会资源配置最优为核心……上述各种理论对企业经营目的的观点分歧,大致都是围绕着社会性和盈利性的矛盾。简言之就是,企业的"利他性"和"利己性"哪个是第一性的。利己与利他的问题,其实质是处理"利"与"义"的关系,目的是解决企业的经营活动过程中经济利益与社会道德、社会责任之间的矛盾。

5.2.1 价值取向与观点

在西方社会，早在19世纪中叶，就有德国历史学派的经济学家提出了所谓的"亚当·斯密问题"。他们发现，在斯密1759年出版的《道德情操论》中所阐述的是以"公民的幸福生活"为目标的伦理思想；而在斯密1776年出版的《国富论》中，则又系统地提出了人们行为动机的自利原则，认为个人对自身利益的追求是社会发展的最原始动力。不仅个人的经济行为由此得到解释，社会的发展也最终源于这种经济的"第一推动力"。虽然今天看来，斯密的论述是否真的存在自相矛盾的一面，或者说"亚当·斯密问题"是否只是后人在解读这两部经济学巨著时的误解，还有待商榷，但至少我们由此可以看到，对于经济行为的伦理考虑以及如何处理利己与利他的关系，历来都是经济学家所苦苦探寻的。

在中国，"利"与"义"的关系同样是几千年中国传统文化所要阐明的核心问题，诸子百家对此有着不同的理解和观点。孔子认为："富与贵，是人之所欲也，不以其道得之，不处也；贫与贱，是人之所恶也，不以其道得之，不去也。"⊖也就是说，人人都喜爱富贵、厌恶贫穷，关键在于获得财富、摆脱贫穷的手段是否是正当的，即主张"君子爱财，取之有道"。荀子认为："义与利者，人之所两有也。虽尧舜不能去民之欲利，然而能使其欲利不克其好义也。虽桀纣不能去民之好义，然而能使其好义不胜其欲利也。故义胜利者为治世，利克义者为乱世。"⊜在荀子看来，追求"义"与"利"是人固有的本性，但只有建立在伦理道德基础上的"利"才能真正满足人们对物质利益的追求，违反了基本的社会道德，就会导致"乱世"而使个人的利益得不到保障。而墨子所宣扬的则是"兼相爱，交相利"，并指出"利人者，人必利之，害人者，人必害之"⊜。按照墨子的观点，利己者必先利他，只有建立在这种互惠互利的基础上，才能实现个人的利益。

上述结论都有其自身的合理性。而利己与利他，对于企业来说并非截然对立，两者是一个相互依存、互为基础、互为前提的经营目的。正如天平的两边，绝不可以对立起来看待，过度倾向任何一侧，企业都无法持续健康地发展下去。而高明的企业经营者应该是能很好把握平衡的智者，而这天平的两边也体现着企业的两种身份——"经济人"和"社会人"。

5.2.2 企业作为"经济人"

在发展比较充分的市场经济下，根据市场理论，市场能够得到有效运行的前提条件必须是：企业首先是作为自主经营、自负盈亏、自我发展、自我约束的商品生产者和经营者，它具有独立的经济利益，追求利润最大化是企业得以存续的基础和生产经

⊖ 引自《论语·八佾》。
⊜ 引自《荀子·大略》。
⊜ 引自《墨子·兼爱》。

营的目标。也就是说企业是"经济人",天生就具有自私的血统,其行为也必然出于"利己"的考虑。

任何经济社会都必须以企业的持续经营来获得稳定的经济基础,保证企业能够持续经营的前提是让企业不亏本。而想让企业能够有足够的动力发展,就必须确保企业能有所盈利。在市场经济条件下,市场从供给角度自动调整产品供求曲线的机制环节就在于企业的盈利程度:盈利的多少会对企业的生产经营行为起到正向或者负向的驱动。在实际经营中,企业会以盈利率为指向标准来对经营行为进行调整。如果企业不作为经济人,对企业自身的盈利与否丝毫不关心,企业就不会及时、适当、自动地调整企业产品从生产到销售的各项经营环节,那么企业最终会陷入无法经营的境地,企业的持续经营也就无从谈起了。

追求盈利是企业生存发展的前提条件,缺之不可,因而许多经济理论认为追求盈利就是企业经营的最终目的。但是,如果经营目的的天平只向"利己"倾斜,企业就很难避免走入一个误区,当社会和他人利益与企业自身利益产生冲突的时候,如果以"利己"为首要原则,企业必然会损害他人利益以保全自身利益。由此,企业出现的不良现象也就成了合理的行为了:偷工减料、违约失信,或者不择手段、赤裸裸地将他人利益占为己有……如果这个"利己"的核心目的原则是合理的,似乎市场经济规则就是"尔虞我诈,弱肉强食"了,那么最终可能就陷入了"社会达尔文主义"的境地。遗憾的是,很多经济理论观点的确如此。而这实际上背离了"经济生活是人的协作性生活"的经济本质。市场经济并不是极其简单地肯定人们追求自己的物质利益,获取财富,而是鼓励以促进经济发展的方式去实现主体自身的价值。事实上,在市场经济条件下,由于企业从事商品生产和提供劳务的目的并不是满足自身需求,自己进行消费,而是满足他人的需求。因此,企业只有通过交换使自己的私有劳动转化为社会劳动,才能顺利实现商品或者劳务的价值。换言之,市场经济通过交换关系将每个市场主体紧密地联系在一起,企业的利益和价值能否得到满足实质上取决于他人。因此,即使是出于"利己"的目的,企业也必须站在"利他"的角度,关注和肯定他人利益,并不断改进技术,改善管理,节约生产成本与交易成本,提高劳动生产率,以生产出更受大众欢迎的商品,最终达到企业价值最大化的目的。

5.2.3 企业作为"社会人"

企业追求盈利天经地义,但在追求盈利的同时,企业作为社会经济细胞,是社会财富最基本的创造者,还必须为社会提供合格有效的物质财富甚至精神财富。企业的这种社会性决定了它是"社会人"。企业的生存与发展所需的各种资源(包括人力、财力、物力等)及企业所生产的产品的实现条件都有赖于社会提供,因而企业应当承担一定的社会责任,其经营行为应当受到社会的约束和限制。

从企业原始积累阶段获取基本生产要素的角度看,它获取利润最大化的目的也具有很强的社会性。企业创业最需要的生产要素是资金。在企业原始积累阶段,企业资金大致来自自身储蓄、债务贷款、股份发售、风险资金等。除自身储蓄外,资金的最大来源就是社会，即所谓"公共资金"或者就叫"社会资金"。这些社会资金也是要求有所回报，以求保值增值的，因此从这一角度来看，企业满足社会要求义不容辞。现代企业发展扩张的一大动力是社会资金，所以现代企业的社会性越来越明显，这样的企业开始被称为"公共企业"。

事实上，企业"社会人"身份的确立，最主要是由产品的价值实现所决定的。企业需要持续发展而必须依靠"盈利"，而"盈利"必须来自销售收入，销售行为实际上就是产品价值的实现过程。根据对马克思主义经济学的理解，企业生产的产品是"价值和使用价值"的结合体。而价值实现的前提是"产品必须要有使用价值"，就是能为人们所使用。如果商品不能为人们所使用，商品就无法实现其价值，也就无法形成有效的销售收入，那对企业来说就更谈不上"盈利"了。由此逻辑推导出的结论就是：企业如果不能"利他"，也就无法"利己"。

另外，企业必须立足于社会的可持续性发展，自觉承担起对其他利益相关者以及整个社会的应有责任，努力使企业可能产生的负外部效应内部化，防止自身成本"外嫁"，潜心营造让企业能够长期获利的社会氛围。反之，如果企业在经济活动中仅从满足一己私利出发，那么企业的求利行为就难以实现，即使实现，也难以持久。因此，企业在求利过程中不仅不可以排斥"利他"，而且必须依赖"利他"，这是不以任何企业的个体意志为转移的。也正是从这个意义上讲，我们认为，"求德利他"是企业一切经济行为的约束力和外在规制。

综上所述，企业经营的天平既不能偏向"利己"，也不能偏向"利他"。"利己"的人性和"利他"的社会性不是对立的，企业必须在这两者之间保持平衡。自利心是人的天性之一，也是企业在自己的经营活动中时时要考虑的问题，不可能也不应该完全抛弃，最好的办法是把利己与利他结合起来。企业在做利他之事的时候，不抛弃自己应当拥有和争取的正当权益；而干利己之事的时候，则不能损害别人的利益和尊严。

美国著名的"默克制药"（Merck）的第四代企业领袖罗伊·魏吉罗曾经讲述过默克公司发展史上有这样一段经历："我五年前第一次到日本时，日本的企业界人士告诉我，是默克在第二次世界大战之后把链霉素引进日本，消灭了侵蚀日本社会的肺结核。我们的确做了这件事，我们并没有赚到一分钱，但是默克今天在日本是最大的美国制药公司，这一点也不意外。（这种行为的）长期影响并非总是很清楚，但是，我认为它多多少少是会有报偿的。"事实上，早在1950年，默克公司的权威领袖乔治·默克二世的一段话就很好地解释了企业"利己"与"利他"之间辩证统一的关系："我希望……表明本公司同人所必须遵循的原则……简要地说，就是我们要牢记药品旨在治病救人。我们要始终不忘，药品旨在救人，不在求利，但利润会随之而来。如果我们记住这一点，就绝对不会没有利润；我们记得越清楚，利润就越大。"[⊖]

事实证明，企业经营的"利己"和"利他"特性从辩证的角度看是统一的，都是

⊖ 吉姆 C 柯林斯，杰里 I 波勒斯. 基业长青 [M]. 北京：中信出版社，1997：49.

企业经营的必要而不充分的前提条件，而综合两者才真正构成了企业持续经营的充分必要前提条件。而这两个前提条件的实现又是以对方实现为前提的，因此，讨论企业经营中的"利己"与"利他"问题时，不应该仅仅讨论哪一个更重要，而应该从管理学和伦理学的角度去探讨如何保持两者的有效平衡。

5.3 公平与效率

现代营销理论认为，企业80%的利润是由20%的客户创造的，但其中的一半被30%的非盈利客户抵消掉了。为此许多企业认为应该对不同客户区别对待，即加强对20%最优客户的维护与服务，削减中间50%客户的维护成本，而剔除"最差30%客户"，以此改进利润收入水平。

"二八原则"同样出现在企业人力资源管理过程中。现代企业的核心竞争力往往由企业所拥有的人力资源决定，而根据"二八原则"，企业80%的效益又是由最关键的20%员工所创造，关键员工的去留对企业（尤其是高新技术企业）具有举足轻重的影响。因此许多企业对关键人才在机会、待遇等方面予以格外关照，而忽略了其他80%员工的情感需要。

"二八原则"在提高企业效率之余，也引发了许多争议：同为企业顾客，何以差别对待？同是企业员工，为何机会不等？企业是否可以为了提高效率，而置公平于不顾？效率与公平究竟孰轻孰重？

5.3.1 公平与效率的含义

1. 公平

公平，又称为公正或正义。这一概念在西方伦理思想史上一直受到相当的重视。古希腊时期，柏拉图就提出了公正、智慧、勇敢、节制这样四种最基本的道德准则。

我国早在殷周时期就有人提出正义问题。"正义"一词最早见于《荀子》一书，与此同时出现了"公平""公正"等类似的概念。

不同时期的人们，对于公平的概念有着不同的理解和认识。早在春秋时期，孔子就提出了"不患寡而患不均"的公平观，这种观点影响中国长达几千年之久，并直接导致"平均主义"的盛行。然而人们很快发现，"平均主义"既没有带来公平，也没有带来生产效率的提高，带来的只有贫穷。与此同时，西方国家却正经历着前所未有的繁荣。对比西方，反观自身，人们逐渐意识到，没有经济的发展，就没有真正的公平可言。于是，国家出台一系列政策，实行按劳分配，鼓励一部分人先富起来，以先富帮后富，最终实现共同富裕。然而，这并没有得到期望的效果。

"平均主义"不是公平，"两极分化"是不公平。究竟什么才是公平？厉以宁先生从宏观经济学的角度，对"公平"的伦理学含义做了研究。他认为，按照不同的解释，公平或者是指收入分配的公平，或者是指财产分配的公平，或者是指收入与积累财产的机会的公平，它们全都涉及价值判断问题，而"问题归结到底是机会的公平或机会的均等"。[①]

可见，根据厉以宁先生的观点，新时期下的"公平"指在机会均等条件下的收入分配或财产分配的公平，即在机会均等的前提下，将按劳分配与按要素分配结合起来。

2. 效率

关于效率，厉以宁先生认为它是一个经济学的范畴，指资源的有效使用与有效配置。在经济学中，效率的高低升降是根据资源有效使用或配置的效率变化来计算的。在经济领域内，任何资源都是有限的，不同的资源只是有限供给的程度不一而已。如何使用和配置各种有限的资源？使用得当，配置得当，有限的资源可以发挥更大的作用；反之则不能发挥很大的作用。这就是高效率与低效率的区别。

5.3.2 公平优先还是效率优先

人类社会的发展历史就是一部追求公平与效率的历史，公平、效率与稳定是每一个国家孜孜以求的目标。古往今来，人类社会为了追求公平与效率而不断演绎着沧海桑田与社会变迁，大到国家、社会，小到家庭、个人，都在追求对公平与效率的权衡和把握。究竟怎样把握效率与公平的关系？两者孰先孰后，孰轻孰重？学术界对此争论由来已久。

1. 公平优先

持"公平优先"观点的人，主要有以下三点理由。

（1）人生来平等，所以机会均等就应当被视为一种神圣不可侵犯的天赋权利。只有将其放在优先地位，才能体现出社会对这种天赋权利的尊重。

（2）机会不均等是形成收入分配或财产分配不均等的一个很重要的原因。我们可能遇到两种不同的收入分配或财产分配不均等的情况：一种是机会不均等条件下的收入分配或财产分配不均等；另一种是机会均等条件下的收入分配或财产分配不均等。前一种情况所引起的社会不协调肯定大于后一种情况所引起的社会不协调。据此，从减少社会的不协调方面着眼，机会均等显然是必须放在优先地位的，也就是把公平放在优先地位。

（3）为了保证社会安定，必须把公平放在优先地位。尽管公平并不是指收入分配的均等或财产分配的均等，但并不等于说分配的差距可以不加限制地扩大。收入分配和财产分配的过大差距总不能被视为公平，而应当被视为不公平的一种反映。

2. 效率优先

持"效率优先"观点的人，也有三个理由。

（1）效率是自由参与的结果。如果从天赋权利的角度来分析，把效率放在优先地位同样是有充足理由的。这是因为，效率是指资源配置的效率，而资源配置效率的发挥以市场竞争为前提。但如果没有自由参与，就不可能有真正意义上的市场竞争。所

[①] 厉以宁.经济学的伦理问题[M].北京：生活·读书·新知三联书店，1995：246.

以说，把效率放在优先地位，就是把自由参与权利放在优先地位，而自由参与是劳动者的天赋权利，这种权利是不应该受到损害的。

（2）劳动者的努力程度不同。在市场竞争中，每个参与者（劳动者）即使站在同一条起跑线上，彼此的努力程度往往也是不同的。有人比较勤奋，有人比较懒惰，于是前者的工作或经营便有较高的效率，从而能够从市场上取得较多收益，而后者由于努力程度不够，从市场上取得较少的收入是必然的。

（3）效率是生产要素供给者投入所取得的。效率的源泉来自生产要素供给者（即个人）或企业主动性、积极性的发挥。而公平，要在相当大的程度上依靠社会权威机构的干预，特别是依靠政府的干预。因此，应当放在优先地位的，是自发性质的生产要素供给者个体的努力与主动性、积极性，而不是外来干预性质的社会权威机构或政府的参与。

从整个社会宏观经济与社会安定的角度，应用经济伦理学的观点，厉以宁先生对此问题提出了"效率优先、兼顾公平"的主张。他有如下的观点。

第一，把效率放在优先地位，就是把自由参与放在优先地位。生产要素供给者的自由参与权利是不应该受到损害的。

第二，把效率放在优先地位，就是把个人努力程度放在优先地位。效率高得到的收入就多，这是对个人努力的一种奖励。

第三，把效率放在优先地位，就是尊重生产要素供给者个体的积极性与主动性。这种努力与主动性、积极性是自发的，有别于外来干预性质的社会权威机构或政府的参与。

厉以宁先生认为，只有把效率放在优先地位，让每个生产要素供给者的主动性、积极性充分发挥出来，让每个生产要素供给者有更高的投入产出之比，公平才有实现的可能。丰富的产品和劳务供给是靠高度的效率形成的。效率低下，产品和劳务的供给不足，无论怎样在公平的实现方面做出努力，效果总是不理想的。

5.3.3 管理领域中的公平与效率

公平与效率也是一对管理伦理方面的范畴。管理本身也是一种资源的分配行为，包括人力资源和物质资源。在进行这些分配和管理时，怎样处理公平和效率的问题，也是管理伦理学的一项重要内容。

在日常管理行为中，公平与效率的问题无处不在，并且常以两难的形式呈现。前述"二八原则"现象就是一例。既然企业80%的效益是由最关键的20%精英所创造的，为了吸引和留住他们，企业往往不惜重金：精英们行有专车，住有别墅，年薪动辄上百万元甚至上千万元；而普通工人呢，每日奔波劳苦，年薪却只有几万元而已，这是否公平？普通工人一辈子的收入或许不如企业老总一年的收入，这是否符合企业的伦理道德？

在当前竞争日趋激烈的情况下，减员增效已成为许多企业的不二法门。然而在企业提高效率的同时，却又给社会带来了沉重的负担，这是否符合企业的伦理道德？显然，没有减员，企业就没有效率可言，甚至可能破产，使得全体员工都失去工作机会。

然而如果减员，让谁下岗是公平的？如何维持其基本生活水平？不少企业领导人对此感到十分困惑。

从管理伦理学的角度出发，同样可以用"效率优先、兼顾公平"这一伦理原则来处理公平与效率这一对矛盾。

（1）如果不把效率放在优先的地位，而片面追求所谓的公平，其结果可能适得其反。须知，没有效率的公平只能是"伪公平"，其结果是降低效率而追求所谓的公平。事实上，只有效率提高了，企业发展了，才有可能提供更多的机会与岗位，才有可能创造更好的条件让企业员工全面发展，才有可能让员工感觉到真正的公平。

（2）与宏观经济一样，在企业或组织这一微观形态中，每个人所付出的努力在客观上是不同的，其所起的作用也不一样。只有将工作效率放在优先地位，才有助于更好地调动每一个员工的积极性，或者说，这本身就是一种公平。

（3）在很多情况下，公平只是个人的主观感觉，事实上很难做到绝对公平。公平是一种主观感受，个人总是将自己的付出与所得之比与他人相对照，以此来判断是否公平。出于自利心理，个人总是倾向于高估自己的付出，而低估自己的所得。在这种情况下，试图评估每个人的付出与所得，并在其间找到平衡点，从而使得每个人都感觉公平，这既不现实，也不可能。而将效率放在优先地位，将会创造更多的机会，使得组织成员获得机会的概率增大，从而可能消除原有的某些不公平。

当然，我们主张效率优先，并不是提倡绝对的效率至上，也不是主张以明显不公平或不道德的方式去追求效率。相反，在注重效率的同时，要重视公平，例如给下岗的工人增加补贴，为其积极创造再就业的机会，扩大二次分配的比重，等等。只有正确处理好公平与效率这一对伦理原则，才能使组织内的人际关系日趋和谐，并使组织最终得以发展。

5.4 竞争与合作

5.4.1 "不要比猪更聪明"：竞争中的让步与合作

博弈论中有一个经典模型及其发展变型——"智猪博弈"，对现代企业间的竞争与合作有颇多启示。

"智猪博弈"模型是说，猪圈里有两头猪，一头大猪，一头小猪。猪圈的一边有个踏板，每踩一下踏板，在远离踏板的猪圈另一边的投食口就会落下少量的食物。如果有一只猪去踩踏板，另一只猪就有机会抢先吃到另一边落下的食物。当小猪踩动踏板时，大猪会在小猪跑到食槽之前刚好吃光所有的食物；若是大猪踩动了踏板，则还有机会在小猪吃完落下的食物之前跑到食槽，争吃到另一半残羹。

在多次尝试后，两只猪各会采取什么策略，才能达到所谓的"均衡"呢？最优结果是：小猪将选择"搭便车"策略，也就是舒舒服服地等在食槽边；而大猪则为一点儿残羹不知疲倦地奔忙于踏板和食槽之间。

这个模型原本是为了揭示"搭便车"现象的，却可以用来印证竞争中的让步观点。

事实上，这个模型没有就此中止，有人将博弈延伸下去，最终达到的"纳什均衡"却是：小猪躺着大猪跑，大猪不想做"傻猪"，也不乐意让小猪坐享其成，最终没有一只猪去踩踏板。谁去踩，谁就是犯傻。可是这样两只猪谁也得不到食物，这样的均衡有意义吗？所以，大猪应该还是很聪明的，宁可"犯傻"，也总比没有吃好。可见，在与小猪的竞争中，大猪明显让步了。而这种让步并不意味着"犯傻"，而是明智。

博弈论把竞争分成了三大类：零和游戏，就是博弈的结果没有使总效用发生变化；负和竞赛，博弈造成总效用灭失或减少；正和竞赛，博弈使总效用得到了增加，组合起来就是所谓的"双赢"。可见，"智猪博弈"模型中的大猪、小猪的选择，最终形成了"正和竞赛"。所以，现代企业竞争中遇到有可能让对手"搭便车"的情况时，竞争双方应当将彼此间的关系理解为"大猪小猪"的关系，有所不同的是，通过双方协商，"搭便车"一方应当给予对方一些适当补偿，以保持良好的"合作性竞争"关系。千万不要"比猪更聪明"。

5.4.2 合谋总比相互拆台好：竞争中的合谋

博弈论中的"囚徒困境"可以说是解释合作性竞争最好的模型。1950年，由就职于兰德公司的梅里尔·弗勒德（Merrill Flood）和梅尔文·德雷希尔（Melvin Dresher）拟订出相关困境的理论，后来由顾问艾伯特·塔克（Albert Tucker）以囚徒方式阐述，并命名为"囚徒困境"。经典的囚徒困境如下。

警方逮捕了甲、乙两名嫌疑犯，但没有足够证据指控二人有罪。于是警方分开囚禁两名嫌疑犯，分别和两人见面，并向双方提供以下相同的选择。

若一人认罪即"背叛"对方，而对方保持沉默，此人将即时获释，沉默者将被判监10年；若二人都保持沉默，则二人同样判监1年；若二人互相检举，则二人同样判监8年。由此可见，这两名囚犯如果都能不坦白，两个人都有最好的结果。但他们不能相互讲话，更难相互信任，在信息不对称的情况下进行博弈，为了自身利益最大化，最终两个囚徒都会坦白。

罗伯特·艾克斯劳德在其著作《合作的演进》一书中描述过一个计算机竞赛：选择14种策略在200次"囚徒困境"的博弈中与对方争斗。计算机中的竞赛结果表明，合作是可以出现的，即使竞争双方是理性的、自私的。这个胜出的策略就是"针锋相对"策略，这一策略着眼于合作，从合作出发，而不是相互背叛。几轮博弈之后，各方的策略就会明了起来，为对方所知晓和理解。

从两个博弈论模型中，我们可以看出合作越来越成为现代企业竞争的新趋势。企业在开拓市场时实行合作竞争、联合竞争、协作竞争是个大趋势，这个趋势会越来越重要。如果加以概括的话，那就是：从单纯的竞争到协作型竞争；从追求独家利润到互惠互利；从独赢模式到"双赢模式"或"多赢模式"。在合作竞争、联合竞争、协作竞争中，"双赢模式"越来越引起人们的重视。按照《合作竞争大未来》一书作者的说法，"双赢模式"是要从传统销售关系中的非赢即输、针锋相对的关系，改变为更具合作性、共同为谋求更大利益而努力的关系。作为市场主体的企业之间似乎很有必要调整自己的竞争策略，以避免不明智造成的尴尬局面。

5.5 当代行为伦理理论

在 21 世纪，随着企业管理水平的日益提高和管理人员素质的日渐提升，企业经营中的伦理道德问题，在各国都已成为一个热点研究问题。而且随着社会的进步和科技的发展，新的问题也会层出不穷。

要判断企业某项行为是否符合道德，在很多情况下并不像人们想象得那么容易。当然，一些违背社会公德的行为，诸如做虚假广告、制售假冒伪劣产品、搞价格骗局等为社会所普遍痛恨的行为，其不道德性是显而易见的。但是，对经营中的某些行为，如影射竞争对手、以顾客身份从竞争对手处获取情报、为了推销奶粉而送给产科医院赠品等，究竟是否符合道德，往往仁者见仁，智者见智。

伦理学家曾经提出功利论和道义论两大理论，用以对人们行为的"善"与"恶"或者其道德的合理性做出评价。功利论主要以行为后果来判断行为的道德合理性，如果一项行为能给多数人带来最大的益处，则该行为就是道德的，否则就是有问题的或是不道德的。道义论则根据人们的社会经验、价值观念和伦理方面的直觉，归纳出某些人们应当共同遵守的道德责任和义务，以是否这些义务的履行作为判断行为是否符合伦理的标准。

5.5.1 显要义务理论

显要义务理论（The Prima Facie Duty Framework）由英国人罗斯（W. D. Ross）提出。罗斯在 1930 年出版的《"对"与"善"》一书中，系统地提出了关于"显要义务"或"显要责任"（The Prima Facie Duty）的观点。他认为，所谓"显要义务"，是在一定时间、一定环境中人们自认为合适的行为。在大多数场合中，神志正常的人往往不需仔细考虑便明白自己应当做什么，这应该作为一种道德义务。

对所谓的"显要义务"，罗斯提出了最基本的六条。

1. 诚实

诚实，包括信守诺言、履行合约、实情相告和对过失予以补救等。具体到经营领域，则要求企业避免欺骗和误导性宣传，使产品质量或服务质量符合企业宣传内容，符合消费者的预期要求。

2. 感恩

感恩，即知恩图报。如报答父母的养育之恩，对朋友的关心、帮助予以善意的回报等。在企业经营中，则要求企业对那些与自己有着长期友好合作关系、对自己企业有过帮助的客户或供应商给予特别关照，一旦后者遇到困难，则企业应尽力给予相助。

3. 公正

公正，即对外一视同仁，对内奖罚分明，不厚此薄彼。比如，在招标过程中应按程序和投标条件确定发标给谁，而不能凭个人好恶或是对方是否给予回扣等做出决定。对员工评价也应根据其绩效表现而做出，不能凭关系亲疏决定。

4. 行善

行善，即乐善好施，助人为乐。比如热心于社会公益事业、拒绝与损害公众利益的公司合作等。

5. 自我完善

自我完善，是使自身潜能和美德得到充分发挥，实现企业在社会中的自身价值。比如，企业应尽可能地生产适合社会需要的产品，为股东赚取更多的利润，并使企业能够可持续发展。

6. 不作恶

不作恶，即不损害别人。如在营销活动中不打击别人来抬高自己，不欺行霸市，不强买强卖。

上述六项显要义务在很多情况下可能会发生冲突，此时就存在适用次序问题，即应优先履行何种显要义务。例如在赴约途中，遇到有人因车祸受伤，急需送医院抢救，此时当事者就必须在遵守赴约的诺言和帮助不幸者之间做出选择。虽然守约和行善两条原则都十分重要，但此时应选择何者才更为正确呢？罗斯认为，在普通人的意识直觉中就能够考虑到，在这种情况下更大的责任应当是救人。他认为"归根结底，调节各种道德原则冲突的'正确'的概念，是在一定场合下对某一具体行为的正确的直觉"。

罗斯的"显要义务理论"所提出的六条标准有相当高的价值，它对企业所应遵守的一般道德规范做了阐述。应该承认，在大多数情况下，人们凭借常识和以往经验就可以对行为取舍做出基本判断，企业决策者对于经营行为是否符合伦理道德也具有基本的认识。但是问题在于，当道德和义务发生冲突时，仅靠具体人员的直觉和常识来解决，难免带有一定的主观性和不可靠性，就拿给予长期客户的优惠来说，究竟怎样给予才是符合道德的？另外，如果将企业产品情况实情相告，会不会损害到企业的利益，而消费者是否能得到实际的好处。

"显要义务理论"在企业道德的建设方面有其重要的意义。一是它鼓励经营人员在经营活动中重视思考并决定应当承担哪些道德责任，并且如实履行那些凭直觉就可以意识到的道德责任。二是强调经营活动中无处不在的伦理义务，而相对淡化对行为结果的预测，从而有助于减少那些从单纯功利观点看某些经营行为似乎可取、而实际上并不符合道德的做法。三是罗斯的"显要义务理论"提醒每一个企业领导人要注重对经营人员的道德培训，帮助他们提高在经营活动中的道德直觉和判断水平，以减少和避免不道德的营销行为。

5.5.2 相称理论

相称理论（The Proportionality Framework）由加勒特（T. Garrett）于1966年提出。该理论认为，判断一项行为或一项决定是否道德，应从综合评价的三个维度，即目的、手段和后果三个方面加以综合评价。

1. 综合评价的三个维度

（1）目的，是指行为背后的动机与意图，即从什么出发点来从事某项行为。加勒特认为，行为背后的动机是构成道德的一部分，动机纯正应作为判断行为是否道德的一个重要因素。比如，如果营销经理从事市场调查，其目的并不是获得真实、准确的市场信息，而只是堵住反对者的口舌，这样的市场调查活动本身就存在违背道德的问题。

（2）手段，是使目的得以实现的过程，以及在此过程中所采用的方法。例如，为使企业获得政府采购订单，营销人员通过给政府官员回扣或者贿赂来达到目的。尽管获得订单这一目的无可非议，但其实现目的的方式、方法显然是不道德的，同样应该受到谴责。

（3）后果，是指行为所引起的结果。它包括两个方面：一是行为人意欲达到的结果；二是虽不为行为人所期望，但能被行为人预料到的结果。加勒特认为，虽然行为结果有助于对整个行为进行评价，但绝不能用结果来证明手段的合理性，也不能不加区别地根据行为结果判断行为是否合乎道德。

2. 评价的原则

如何运用目的、手段与结果这三个维度来综合地对某一行为的道德合理性进行评价呢？加勒特提出了这样几条原则。

（1）假定所用的手段和想达到的目的均无可指责，但如果行为人预见该项行为将产生不好的副作用，则行为人不应当对可能产生的副作用加以任何掩饰或欺骗，否则，该行为就是不道德的。通俗地说，即不能对可预见的行为可能产生的恶果故意装作不知道。

（2）无论是作为手段还是作为目的，将会对他人造成"大恶"（Major Evil），而且提不出相称理由的行为，这是不道德的。

（3）允许或放任一种对他人的"小恶"或小害发生，且提不出相称的理由，同样也是不道德的。

加勒特所提出的"大恶"，是指造成某一机构或个人丧失某些重要能力的结果，例如因为产品缺陷致人残疾、使竞争对手破产等。"小恶"则是指造成他人物质利益方面损害的结果，例如夸大产品功能，或通过有奖销售等方法来刺激消费者购买他们并不需要的产品等。而所谓"相称理由"则是指：行为人所期望的"善"的效果超过可能的不为行为人所期望的"恶"的效果。例如某种药品由于其严重的副作用，在本国已被明令禁止销售，但在其他国家则没颁布这种禁令，那么如果某公司将这种药品大量销往他国，则该项行为显然是不道德的。但如果该公司获悉本国法令所依据的试验结果并不可靠，确信本国有关部门将向政府申请撤销该项禁令，那么这种"夸大事实的试验结果"则构成继续向国外销售该药品的"相称理由"，从而便可认为这项行为是合乎道德的。

我们只要稍为仔细地分析一下便可看出，相称理论在判断行为的合理性方面是极其含糊的。怎样区分"大恶"与"小恶"？什么是构成一项行为具有道德合理性的"相称理由"？大多数企业经营者，如果要执意进行一项行为，往往可以从主观上找出理由，有意无意地夸大某些事实或缩小某些情况来造成某种"相称理由"。比如以营销人员为获得订单而给人回扣为例，该行为按加勒特的标准只能算是"小恶"，但如果此举将明显造成不公平竞争，或因此导致收受回扣的政府官员被撤职，那是否该行为就构成了"大恶"？假如确实构成"大恶"，而该营销人员辩解说，他本人如果不获得此项订单就会被公司解雇或降职，那么这一威胁是否又构成了使该行为符合伦理的"相称理由"呢？类似问题在实际中可能每天发生，但是"相称理论"无法对此做出回答。

但我们也应该看到，"相称理论"仍具有某种积极意义，它所提出的从目的、手段、后果三个维度来考虑某项行为是否合乎道德的思路，给我们一种启示，有助于我们多角度地辨别一项行为的道德与否。而且，它至少提出，企业的经营人员不应去从事那些既明显提不出相称理由，又会给他人造成伤害的行为。

5.5.3　社会公正理论

社会公正理论（The Social Justice Framework）由哈佛大学伦理学家、哲学家约翰·罗尔斯（Rawls）于1971年提出。该理论从一种叫作"起始位置"（Original Position）的状态出发，力图构建一个理想的社会公正系统。

罗尔斯在1971年出版了《正义论》一书，该书一出版就引起巨大反响。40多年来，西方关于社会正义、分配公平、政治自由等问题的探讨，在很大程度上都是对这本书的回应。

相对于古代社会和中世纪，现代社会的主要特征是多元化。人与人之间，道德观念和哲学观念大相径庭，其追求的人生理想和价值观也是各异其趣。非但如此，持各种观念的人们还常常互不相让，甚至势不两立。然而，这些人生观、价值观不同甚至对立的人们，必须生活在同一个社会中，接受同一个政府的管治。这就提出一个问题：在有关社会制度和行为规范的基本原则上，我们究竟有没有相互重叠的共识？如果有，它们是什么？

罗尔斯的社会公正理论的核心概念是"起始位置"。所谓起始位置，犹如游戏之前的状态，参加者并不知道自己要扮演的角色，也不知道输赢的概率，更不知道最后结局。例如在一个社会中，各人都不知道自己将来在社会中的地位，也不知道受教育的机会怎样，将来会处于社会中的哪一个阶层。罗尔斯认为，只有在这样一种假设状态下，人们才可以描绘出一副纯粹公正的社会图景，其决策才是毫无偏见的。如果事先知道了结局，如某人知道他将来会变成巨富，那么，对于从富人手中征税用于救济穷人的办法，他可能会认为不公正。反之，如果他知道自己将来是穷人，就可能会持相反的看法。因此，从一种原始的"起始位置"出发，有助于演绎出公正的理想社会。

1. 两条基本公正原则

根据这一理论，罗尔斯得出了两条基本的公正原则，即"自由原则"和"差异原则"。

（1）自由原则，是指在不影响他人行使同样权利的前提下，让每一社会成员尽可能多地享受自由。这一原则不仅要求社会保证机会均等、舆论自由、财产权、选举权、人身权等基本权利，也意味着在保持社会和谐、稳定的条件下，最大限度地让人们自己决定自己的命运。

（2）差异原则，是指社会、经济的不平等应该如此安排：一方面，这种安排应普遍适合每一社会成员；另一方面，应使社会最底层成员获得最大的利益。

2. 公正原则的管理伦理意义

上述这些看似比较抽象的原则，对企业管理伦理方面的意义在于如下三点。

（1）自由原则强调每一社会成员都有权决定自己的命运，有权享受与其他社会成员一样的平等待遇。这意味着每一个消费者都有权根据自己的意志选择产品，有权获得关于产品和服务方面的完备信息，有权获得安全、可靠的产品。而企业在经营过程中应尊重消费者的这些权利，在每一项经营措施中维护消费者的这些权利。

（2）差异性原则要求企业不能以损害别人的利益换取自身利益，尤其是不能恃强凌弱，对弱者进行剥夺。

（3）社会公正理论再一次从道德公正角度肯定了树立企业经营的正确观念：将在整个市场体系中处于弱者状态的消费者的权利纳入企业经营决策的迫切性与重要性。

本章要点

- 了解管理行为中功利与人文的关系。
- 企业经营中正确处理"利己"与"利他"的关系。
- 公平与效率的关系及对其的把握。
- 企业之间竞争与合作的原则。

复习思考题

1. "功利主义"与"人文主义"是一对不可调和的矛盾吗？
2. 个人或企业，应如何处理"利己"与"利他"的关系？
3. 企业应如何处理"效率"与"公平"的关系？
4. "商战"和"兵战"是一回事吗？

应用案例　　恒大足球队更换球衣事件

"三年内两度问鼎亚冠，中超联赛五连冠"，这句话描述的正是广州恒大淘宝俱乐部。谈到一支球队的实力和影响力，在国内绿茵场上，很难有球队能和广州恒大淘宝比肩。但是，在赛场之外的法庭上，这家俱乐部最近却处于下风。由于"球衣换广告"事件，东风日产公司在最近这一年时间里，算是和淘宝俱乐部"较上了劲"。双方对簿公堂的原因，就是在去年亚冠决赛第二回合的比赛中，恒大队员临时更换了东风日产已经购买的球衣胸前广告。

随着主裁判的一声哨响,身穿红色球衣的恒大队员振臂欢呼、跳跃拥抱。这是2015年11月21日晚,在广州天河体育中心内,恒大夺得亚冠冠军时的场景。当天晚上,整个体育场变成了欢乐的海洋,只有东风日产工作人员的心情异常复杂。因为,原本恒大球衣正面的"东风日产"广告,已经被硬生生地换成了"恒大人寿"。

东风日产启辰事业部部长洪浩在接受《中国之声》栏目组采访时用"震惊"来形容恒大自行替换球员胸前广告的行为:"他们胸前的广告并没有按照我们双方事先约定的'东风日产启辰770'展示,而是单方面换成了'恒大人寿'。我们感到非常震惊,当即就通过官网、官微、官博发布声明,表明了我们的态度。在震惊的同时,对于恒大的违约行为,我们希望恒大俱乐部能够给予公开的解释说明。"

事实上,这已经不是恒大淘宝俱乐部第一次突然更换球衣的胸前广告了。早在2013亚冠的决赛上,恒大就突然把胸前广告变成了自己旗下一种即将上市的矿泉水广告,由于当时恒大尚未出售胸前广告,所以当时是自己的地盘自己说了算,换广告也被认为是一次成功的营销手段。

但是,这次情况的不同在于,东风日产据称耗资1.1亿元人民币买下了2014、2015赛季恒大主客场比赛的球衣胸前广告权。洪浩回忆说,开赛前,东风日产方面明确拒绝了恒大方面提出的更换胸前广告的要求。"他们第一次找我们是在11月10日,恒大主要负责人说要回购21日的亚冠主场胸前广告,我们当场明确回绝了。回绝后,我们又以书面发函的形式发给恒大俱乐部,明确表态不同意恒大单方面回购的要求。"

针对亚冠决赛上恒大"球衣换广告"的行为,东风日产曾于2015年12月向法院提起诉讼。广东省广州市花都区人民法院于2016年6月6日做出民事判决,要求被告广州恒大淘宝足球俱乐部在判决发生法律效力之日起10日内,赔偿原告东风日产损失2 477.864 5万元,同时驳回原告东风日产汽车销售公司的其他诉讼请求。

广州恒大淘宝俱乐部发布公告称,已于6月7日收到法院的民事判决书。同时,恒大淘宝俱乐部称,目前各项业务正常开展,诉讼没有对日常的经营产生任何不利影响。

那么,我们究竟应该如何看待法院的判决?这次达到千万级的赔偿是否算是"天价"?

中国政法大学传播法研究中心副主任朱巍认为,法院的这次判罚是相对公允的。钱到底多不多实际还要看当时代言的协议。这个判决应该是一个补偿性的赔偿,如果同样的案件放在欧美足球俱乐部中,对这种恶意的单方违约行为处罚很高,基本上都是代言费的数倍。但我们国家是大陆法系国家,在合同违约时,更多地采用补偿性赔偿。违约责任的认定是2 400多万元,相关费用的判决还是比较公允的。

同时朱巍还表示,足球俱乐部违约,除了要支付高额违约金外,还可能会付出更昂贵的代价,那就是丢了诚信,失了信誉。他认为,足球俱乐部表面上是运动,实际也是产业。如果俱乐部单方违约,让赞助者心里没底儿,这是国际足联最反对的一种做法。可能除承担民事赔偿之外,足联也要下达行政上的"判决书"。在这个案件中,亚洲足球联合会也给恒大开了一个处罚性赔偿:十几万美元的罚单,给中国足球俱乐部敲了一个警钟。你赢的不单纯是运动场上的比赛,还要赢得口碑和信誉。这个信誉就是看你如何对待你的赞助商。

资料来源:本书作者综合媒体报道编写。

□延伸资料

何谓契约,谁之责任

苏 勇

近日,有两个事件在网络上广为流传,并引发人们对于契约精神及违约责任的思考。

第一件事是一篇《我差点死在首都机场》的网文,讲述了一位乘客突患急病,但飞机抵达首都机场后,先是机组迟迟不开舱门,然后又和机场救护人员互相推诿,导致病人只能自己爬下飞机的悲惨遭遇。第二件事是恒大淘宝足球队二夺亚冠的赛场上,恒大单方面擅自更换了队员球衣上赞助商东风日产的广告,从而引发东风日产提起法律诉讼。

在我看来,这两个事件虽然具体情形不尽相同,但有一个共同的实质问题,即如何考量契约(制度)和伦理道德两者之间的关系,同时,作为一个商业组织,如何履行契约,并承担起相应责任。

"契约"一词源于拉丁文,它在拉丁文中的原义为交易,其本质是一种契约自由的理念。所谓契约精神,是指存在于商品经济社会中因为交易而派生的契约关系与内在的原则,是一种自由、平等、守信的精神。8年以前,我曾经在一次演讲中提出一个观点。衡量任何一个组织的行为,有三条杠杆。最基本的是法律杠杆,即任何行为都不能违反法律,这里的法律在两个组织的一般交易中也可以引申为契约。在一个社会中,如果任由违法或违约行为出现,社会秩序就会荡然无存,商业交易也无法进行或者交易成本极高,因为在不遵守契约的情形下,交易双方都时刻对另一方保持警惕,随时加以防范。在一个法治社会中,法律非常有效,人们都知道犯法将受到惩处,违反契约也同样会受到法律的制裁。但问题是,法律不可能面面俱到地覆盖到每一种社会行为,而且法律会有滞后性。在任何社会中,只有当一种社会现象较为普遍产生,并且当人们达成基本共识后,才会出台一项法律对该社会现象加以规范。因此社会同样需要伦理这第二条杠杆来引导和制约人们的行为。著名学者亚当·斯密在其名著《道德情操论》中便说道:"在所有的场合,良心的影响和权威都是非常大的。只有在请教内心这个法官后,我们才能真正看清楚与自己有关的事情,才能对自己的利益和他人的利益做出合宜的比较。"这就是说,当我们仅依据法律对一项行为是否应该去做较难确定时,可以依据伦理道德标准(即良心)来做出明确判断。第三条杠杆即理念信仰的杠杆。有信仰且坚定的人,往往比较容易对一项行为是否应该去做、如何去做,较容易和清晰地做出判断。

如果用这三条杠杆来分析一项行为的是与非,结合对契约精神的思考,或许有助于我们来对上述两个事件做出判断。先说第一个事件,其实质就是在契约没有明确规定的情况下,有关各方如何履约的问题。任何一项规定、制度甚至法律,都不可能穷尽所有情况,否则这个契约可能将漫无边际，也缺乏实际应用意义。乘客购买了机票，可以看作和承运的航空公司签订了一项契约，在这个契约中，不会对谁应该抬病人下飞机这样的具体情况加以约定，这就需要执行者面对具体情况，在不违反契约原则的基础上，用第二条杠杆（即伦理杠杆）来加以规范和调节。机组人员在制度没有明确规定的前提下，应该依据伦理原则，尽力给予病人及时必要的救护；而机场救护人员在即使没有相关明确规定，更何况在机场区域内救护病人本就是其职责所在，也不能拿没有明确规定说事。否则的话，即使没有违反契约，这两方的相关人员都难辞其咎。更不用说本着人道主义精神救死扶伤本来就是一个健康社会中每个公民都应尽的责任。

第二件事情判断起来相对复杂一点。恒大在事发之前曾经向东风日产提出停止履行契约并协商赔偿的申请，但据称东风日产方面未予答应，然后恒大方面就单方面违约。对此我认为，恒大的做法在法律层面没什么不对，但用伦理道德即前述第二条杠杆来衡量，就相对欠妥，在契约精神的遵守上也是有所欠缺的。契约精神包含四层含义，即契约自由精神、契约平等精神、契约信守精神和契约救济精神。在这一事件中，恒大在契约信守精神上显然没有做到，更谈不上做好。其违约行为的发生并非是遇到不可抗力或是其他客观原因，而是出于单方面自身利益的考虑。虽然商业合同即契约中一般都有违约责任这一条，但制定契约的初衷是签约双方应该信守而不是违背，更不能出于单方面主观获利愿望而故意违约，否则就违背了双方订立契约的初衷，更不是一个负责任的企业所应有的行为。

著名经济学家哈耶克对于市场经济下的道德行为曾经有过一段论述："市场经济最重要的道德基础就是'责任感'，这种责任感源于每个人对自己行为的一切后果负责的道德感。没有基于道德基础之上的责任感，任何职业都将失去它的社会价值。"每一个个人要对自己行为所产生的一切后果负责，作为企业法人也同样要对自己行为所产生的一切后果负起责任，包括因为自己的行为对利益相关者所产生的伤害。违约认罚固然可以被认为是一种负责任行为，但因为某种功利目的而主观故意违背契约，这其实是更大的不负责任，也不是作为恒大这样的著名企业所应有的行为。

从上述两个事件中，我们可以更明白为什么国内外著名商学院，除了给包括各类管理者在内的学生开设商法课程外，都还普遍开设"商业伦理"课程。因为从事各类商业活动，遵守法律只是底线，法律的作用更多的在于"惩恶"，这虽然很重要但并不够。除此之外，我们还需要有"扬善"作用的良好商业伦理，只有这样，才能建立起现代商业文明，使社会健康、可持续发展。

资料来源：本文由苏勇发表于2015年12月8日《复旦商业知识》。

讨论题

1. 你怎么看待恒大更换球衣胸前广告的事件？
2. 恒大更换球衣胸前广告事件在伦理上是否无可指责？
3. 一个组织的行为，怎样才是负责任的行为？

第 6 章 企业运营管理中的伦理

只有强硬的领导力会倾向专横,陷于独裁境地;而只知谦虚则缺乏将企业引向蓬勃发展的魄力。谦虚谨慎与坚强领导缺一不可。说来简单,实行起来却异乎寻常的困难。因为,过于强势,有可能为员工所反感,而过于谦逊则会为员工所不屑。

——稻盛和夫

企业的结构只是一个为了使人们能有效工作的系统。组织过于复杂通常是没有将这一概念用于实际而造成的结果。

——哈罗德·孔茨

> **学习目标**
> ☑ 了解生产运营管理中的伦理原则。
> ☑ 了解如何从管理伦理角度激励员工。
> ☑ 在流程再造中重塑运营中的管理伦理。
> ☑ 了解"全面质量管理"中的伦理内涵。

引例　Uber 司机:职工还是承包商

创立于 2009 年,累计融资超过 40 亿美元,估值达到 400 亿美元的 Uber 是美国目前最值钱的创业公司之一。然而,这只共享经济的领头羊一直以来麻烦事不少。既有来自政策层面的风险,又要对抗传统势力,在国际化扩张与本土化上它也丑闻不断。最近,有关 Uber 司机的福利问题再一次将它推到风口浪尖。此前,Uber 还被质疑它无法给司机带来自己宣称的高收入。

Uber 目前正面临司机提出的集体诉讼,问题在于,与 Uber 签约的司机到底算公司职工还是承包商?如果是职工,那么司机们似乎没有享受到应有的福利,比如,让公司报销油费、车辆维护费等开支,目前是司机自己承担了这些费用。

Uber 当然希望法官将签约司机认定为 Uber 的承包商而非职工,但法官对此有所质疑。在法庭听证会上,美国地区法院法官 Edward Chen 表示,Uber 声称其只是一个软件平台、一家服务供应商,因而将司机认定为公司承包商的理由很牵强,对他来说没有什么说服力。他补充说,诉讼最终可能需要陪审团来裁定。而 Uber 方面的反驳是,司机们对自己的作息时间有控制权,他们并没有被分派到具体的服务区域。公司也没有为司机们提供除了 iPhone 和标志之外的任何设备(对此,有司机称,Uber 的注册程序非常简单,但是他从来没有拿到过传说中"Uber 人手配备的那部 iPhone 5")。

Uber 的代理律师 Robert Hendricks 则

表示，Uber是知识产权公司而非交通公司，司机不是为公司服务，Uber不承担提供乘车的义务，乘客乘车是通过软件实现的，司机是公司的客户。Chen对此表示："我认为司机在为Uber服务，如果公司只是销售应用，完全可以在应用商店销售，但Uber做的不止这些。"

如果法官做出不利于Uber的判决，这意味着Uber将极大地增加其开支。除了司机在诉讼中提出的要求之外，它还需为其缴纳社会保险金、补偿金和失业保险金。

据调研机构Benenson Strategy Group对Uber平台司机进行的抽样调查结果显示，Uber的司机基本可以分为以下4类：

- 专职司机（The Pros），约占18%。这些是高端租车平台UberBLACK上的司机。在工作时长超过6个月的司机中，他们所占的比例是最高的。
- 转型司机（Crossovers），约占18%。这部分群体由以前开出租车或者黑车的司机组成，但他们在Uber平台上的活跃时间不到6个月。
- 新加入的司机（New Enthusiasts），约占12%。他们是新加入平台的，使用UberX平台，通过Uber来获得稳定的收入，因为其他渠道的收入可能不太稳定。
- 兼职司机（Part-Timers），约占52%。他们占到UberX平台上的多数，主要是为了寻求更灵活的收入途径。这部分司机中75%在Uber之外还有其他工作。

据悉，Uber在美国市场的运营模式是公司与司机按照二八比例分成。而在中国，以前鉴于监管问题和"非法营运"的风险，Uber必须与各个租车公司合作，再通过与租车公司挂靠的司机运营，分成也是在三者之间进行。但在2016年7月底，中国政府宣布，准许像Uber这样的叫车公司在中国运营。新规定去除了监管方面的不确定性，并设计了一个新框架。叫车公司可按照这一框架在中国开展业务。

Uber使司机能在广受欢迎的应用软件帮助下用私家车搭载乘客，颠覆了中国的出租车行业。尽管在技术、营销和补贴方面进行了投资，但它之前是在法律的灰色地带运营，司机被警方拘押的事情时有发生。在中国，严格的政府规定多次让本土和海外的互联网公司栽跟头。但在迅猛发展的中国科技业，"先投资、再获批"的模式成了主流。对Uber来说，这种观念看来成功了。

分析人士称，于2016年11月1日生效的新规标志着官方在早前更严厉提案的基础上做出了让步。根据相关规定，司机须拥有三年驾龄、获得当地出租车监管机构颁发的许可证、无犯罪记录，且不得使用行驶里程超过6万千米的车辆。在对新规定的解读上，司机意见不一。他们在一个聊天群里说，一方面，看到自己的工作得到政府的允许让人松了一口气，但另一方面，新规定的细节尚不清楚，导致一些问题还不确定，比如是否允许非京牌外埠车辆在京载客。

另外，在中国的试运营过程中，Uber的推广采用了常见的"补贴"方式：付给司机固定费用来吸引他们签约。然而在2015年7月的时候，北京Uber取消了这笔固定补贴，Uber的运营开始与美国和中国其他城市统一，完全采取分成策略。

美国的Uber司机们并未提出本次诉讼的具体赔偿金额。不过，Uber的估值很可能因此受到负面影响，另外，其他分享型初创公司的价值也可能一并受到牵连。

资料来源：由苏勇根据相关报道编写。

6.1 单一性与多元化

现代企业，从事的是社会化大生产，需要运用高超的管理技术和现代先进的科学技术，采用高效率的组织方式，以达到少投入、多产出、高效益的目的。

在企业的生产作业管理中，在企业的作业组织中，同样存在伦理方面的问题。这些问题虽然有时并不十分明显，也可能因其过于具体和实际，使很多管理者并没有意识到，但它们确是客观存在的。如果我们不能正确处理这些问题，不仅会影响员工的工作积极性和心理情绪，而且不利于企业的长远发展。

6.1.1 单一性与分工理论

"每天都做同样的事，"弗兰克说，"当旅客座椅从生产线上下来之后，把它们放进车内，用四个螺栓把它们固定在车身上，然后用电扳手把螺栓拧紧。就这样，一个小时 30 辆汽车、120 个螺栓，一天 8 小时。我并不在乎他们一小时付给我的那 18 美元，但在生产线上我都快疯了，这活儿我做了将近一年半的时间，最后我对妻子说，'这不是我下半辈子的生活方式，再干我就成了傻子'。因此我辞职了。现在我在一家印刷厂工作，一小时不到 12 美元，但我觉得工作很有趣，它具有挑战性。现在我每天早晨都渴望尽快去上班。"

上述这一段话，是一个美国工人在谈到他的工作状况时的一番感想。这说明，在工作场所作业安排中的伦理准则和行为，对于员工的工作热情和心理健康具有怎样的重要性。同样的情景发生在 21 世纪初的中国深圳，当某公司的员工希望他的同事能踹他一脚，使他可以趴在地上休息一会儿，或者能多有几个零件掉在地上，使他可以改变单一的站立姿势而多弯几次腰时，我们也从中听到了同样的心声。

一个企业，生产一种产品，从原料进厂到产品出厂，其间要经过许多道复杂的工序，在产品中要融入工人们许多复杂的劳动。任何工业产品的生产，都需要经过一定的生产过程，在这个生产过程中，主要是劳动者运用劳动工具，直接或间接地作用于劳动对象，使之按人们预定的目的变成工业产品。

1. 企业生产过程

工业企业的生产一般是通过许多部分进行的，根据各部门在生产过程中的作用不同，可划分为以下三部分。

（1）基本生产过程。它是指对构成产品实体的劳动对象直接进行工艺加工的过程。例如机械企业中的铸造、机械加工和装配等过程；纺织企业中的纺纱、织布和印染等过程。

（2）辅助生产过程。它是指为保证基本生产过程的正常进行而从事的各种辅助性生产活动的过程，如为基本生产提供劳动力、工具和维修工作等。

（3）生产服务过程。它是指为保证生产活动顺利进行而提供的各种服务性工作，如供应工作、运输工作、技术检验工作等。

上述三部分彼此结合在一起，构成了企业的全部生产过程。其中，基本生产过程是主导部分，其余各部分都是围绕着基本生产过程进行的。

合理组织生产过程，使生产过程始终处于最佳状态，是保证企业获得良好经济效益的重要前提之一。合理组织生产过程是指把生产过程从空间上和时间上很好地结合起来,使产品以最短的路线、最快的速度通过生产过程的各个阶段,并且使企业的人力、物力和财力得到充分利用,达到高产、优质、低耗。

在企业组织生产的过程中,不可避免地会碰到划分每个人工作范围及分工的问题。这种分工,从较广义的范围来说,包括企业中各个职能部门之间的分工乃至上述三部分的分工;从狭义的范围来说,有生产流水线上装配工人的分工。

2. 劳动分工理论

在管理学发展史上,亚当·斯密最早提出了劳动分工问题,强调工人从事单一的劳动可以有效地提高劳动效率。亚当·斯密在他的名著《国富论》(又名《国民财富的性质和原因的研究》)中对制针中劳动分工及其经济效果做了如下描述:"一个劳动者,如果对这种职业(针的制造由于分工而成为一种专门职业)没有受过相当训练,又不知怎样使用这种职业上的机械(使这种机械有发明可能的,恐怕也是分工的结果),那么纵使竭力工作,也许一天也制造不出一枚针。要做出20枚,当然是绝不可能的。但按照现在经营的方法,不但这种作业全部已成为专门职业,而且这种职业分成若干部门,其中有大多数也同样成为专门职业。一个人抽铁丝,一个人拉直,一个人切截,一个人削尖铁丝的一端,一个人磨另一端,以便装上圆头。做圆头需要有两三种不同的操作。装圆头,涂白色,乃至包装,都是专门的职业。这样,针的制造分为18种操作。有些工厂,这18种操作分由18个专门工人担任。固然,有时一人也兼任两三种。我见过一个小工厂,只雇用10个工人,因此在这一工厂中有几个工人担任两三种操作。像这样一个小工厂的工人,虽很穷困,必需的机械设备虽很简陋,但他们如果勤勉努力,一日也能成针12磅。""有了分工,同样数量的劳动者就能完成比过去多得多的工作量。其原因有三:第一,劳动者的技巧因业专而日进;第二,由一种工作转到另一种工作,通常必须损失不少时间,有了分工,实行单一化的劳动,就可以免除这种损失;第三,许多简单化劳动和缩减劳动的机械的发明,使一个人能够做许多人的工作。"⊖

亚当·斯密的这种分工理论,在美国汽车大王亨利·福特(Henry Ford)那里得到了进一步的发挥。福特是美国汽车制造业的著名人物,也是科学管理的实行者和流水线生产管理技术的倡导者。他把泰勒的"科学管理原理"和亚当·斯密的分工理论加以综合后应用于生产,首创了流水线生产方式。在他所设计的汽车生产流水线上,每个人都固定在某一岗位上,从事单一性的简单劳动动作,工人越做越熟练,以至于生产成本降低、劳动效率提高,因此,福特出产的汽车不仅数量多,而且价格便宜。一时间,这种劳动方式被许多工厂接受,使泰勒所提出的"标准作业法"又充实了新的内容。

⊖ 亚当·斯密.国民财富的性质和原因的研究(上卷)[M].北京:商务印书馆,1997:6.

6.1.2 对单一性作业方式的伦理分析

应该肯定，使用单一性作业方式的流水生产线这种生产组织形式，有它一定的先进性。这种生产组织形式有如下特征。

（1）工作地点专业化程度高。在流水生产线上固定地生产一种或几种产品，每个工作地点固定完成一道或几道工序。

（2）工艺过程是封闭的。工作地点按工艺顺序排列，劳动对象在工序间作单项移动。

（3）每道工序的工作地点数量同各道工序的加工时间比例相一致。

流水生产线的上述特征，决定了它有以下的优点：

- 整个生产过程平衡、连续、协调均衡；
- 有利于机器设备和人力的充分利用；
- 最大限度地缩短生产周期。

由于工作地点专业化程度高，能采用专用设备、工具，有利于提高劳动生产率。

采用单一性的作业方式，以及基于这种方式上的流水生产线，确实有许多好处，而且直至现在，许多企业仍然采用这种生产管理的方式，这也是无可厚非的。

可是，人类社会在不断发展，社会文明在不断进步，许多新的知识被人们不断地掌握，许多以前没有发现的问题也在被发现。在企业经营管理方面同样如此。如果我们从管理伦理的角度来对单一性生产作业方式以及在此基础上形成的流水生产线做一个伦理上的分析，在如何保证工人的行为合理性以及身心的全面健康方面，仍有一些值得思考的地方。

对这一问题的分析可以上溯到20世纪初期。在泰勒的"科学管理原理"理论和方法中，为了提高企业的生产效率，采取的方式之一，就是将工人的劳动过程化解为各个尽量简要、单一的动作，并使每个工人长时间地在流水线旁边从事单一的劳动，以此来提高劳动效率。当时，管理伦理的问题已经存在了。让每一个工人从事单一的劳动，甚至简单到连工具都不用更换，这样自然越干越熟练，也当然能提高劳动生产率，这也是许多企业乐于采用这一生产组织方式的主要原因。但是问题在于，一个人如果长时间地从事一项单一的行为，久而久之，会导致产生严重的行为障碍，最后会产生病态的行为。幽默大师卓别林在《摩登时代》这部影片中有一个发人深省的情节，一个流水装配线上的工人，他每天的工作就是拿着一把扳手，把输送线上流动过来的产品上的某个螺栓拧紧。日复一日，他始终从事如此单一的工作，熟练到闭着眼睛都能做。但结果却使操作的工人产生了病态的行为：当流水线因为故障停止运行后，那个工人仍然在机械地重复着拧螺栓的单调动作。而且这一动作已经深入他的意识，当他走到大街上去，依然做着这个拧螺栓的动作——把街上的消防水龙头拧了开来，把交通警察戴得好好的帽子拧上一把，等等。由此可见，采用单一性的生产组织方法，虽然能有效地提高劳动生产率，但却对工人的身心健康带来了不利的后果，有的影响长期发展下去会很严重。

对这一问题是否重视，要看我们的企业管理者的自身素质以及对管理行为中伦理道德的把握。是只考虑提高经济效益而不去重视工人们的身心健康，以致让工人像机器一样地干活，还是既考虑提高生产效率和经济效益，又十分重视工人的身心健康，让他们能够在工作中获得一个良好的成长和发展空间。把握好"人道"与"物道"的关系，它们是两种不同的管理伦理，也反映出两种截然不同的管理思路。

6.1.3 使员工的工作丰富多彩

一个具有良好素质和管理伦理的企业管理者，不仅要注重如何有效地组织生产、提高劳动生产率，而且应该全面地考虑工人的身心健康，充分尊重人的权利，让工人能在劳动过程中不仅创造出客观的物质财富，也能够在劳动过程中获得某种愉悦，至少不至于产生某种病态的行为或产生某种痛苦。这就对生产劳动组织和生产现场的管理提出了很高的要求，要求企业领导人和管理者不仅要有这方面的意识，而且要有较高的管理水平和组织才能。

现代企业管理已经针对劳动单一性所产生的不良后果，提出应该设法使员工的工作丰富多彩的问题。美国心理学家阿吉利斯曾经进行过一次试验，挑选12名女工，先按预定方案进行领班、包装、检验等明确分工。在工作熟练以后取消原来的分工，让她们按自己的意愿、想法去组织生产，并告诉她们，产量下降不扣工资，产量提高增加工资。结果，开始几周生产情况很不理想，但在15周以后，产量却大幅度上升，而且质量提高，成本下降。美国卫生部、教育部和福利部也曾发表过一份研究报告，对职工的工作态度和工作的生活质量进行了分析，得出的结论是：引起职工不满的重要原因，是他们工作的性质——他们工作的生活质量。如果能把他们的工作丰富起来，并且扩大工作的内容，那么，蓝领职工将会更加努力地工作。由此可见，工作丰富化的问题确实应该引起企业管理者的高度重视。

在如何丰富工作内容、提高工人劳动兴趣和生产积极性等方面，有一些企业提供了一些好的经验和做法。

1. 扩大工作内容

不少企业在实践中体会到，如果使工人的工作内容不是那么单一，而是内容多样化一些，有助于提高工人的劳动兴趣和生产积极性。为此，有的企业采取各种措施鼓励工人学习多个岗位的工作内容，具备不同工种的上岗资质，然后定期将工作岗位进行轮换。实践证明，不仅劳动效率大为提高，而且工人在工作中的兴奋感也增强。另外从企业角度来说，也更有利于人力资源调配，提升经济效益。

2. 班组长轮换制

这是美国通用汽车公司内部创造的。根据生产阶段长短，选择熟练工人不定期地担任班组长。公司把整个生产线交给班组长，又通过监督委员会定期地进行考核监督。

这种做法可以使班组中的每一个工人在工作中有一种成就感，并使许多工人的学识、专长、优势得以发挥，进取意识获得加强，并在工作中学会怎样与别人协调关系和友好相处。

3. 把生产线办成工作站

这是从瑞典沃尔沃汽车公司开始试验的，在世界上引起了广泛的关注。他们在大车间里按三叶草的形状，把生产线的直线状态改变为25个工作站。在工作站中，工人们可以调整自己的位置以及零部件的工位，用现代化设备和手工生产相结合的方式来完成汽车的装配工作。他们允许工人自由结合，轮流担任组长。在小组中，可以自主决定调换工人岗位，自主决定组内事务，财务独立核算，还允许工作时间播放音乐。这一试验曾被一些人指责为不可思议的做法，是从"科学管理"的倒退。但这个公司的托斯兰工厂采用这种方式，使装配一辆汽车的成本降低了25%。而且更重要的是，在随后的15年中，只有一名工人因为表现不佳被辞退。现在在西方已有不少企业采用了他们的方法。还有的企业把生产线从以往的直线状态改成U形，这也在某种程度上丰富了现场组织的形态，使工人改变单调的生产情绪，因而质量事故随之减少。

4. 组织业余活动小组

这一生产中的组织形式在西方经济发达国家已经相当普遍，有的叫项目研究小组，有的叫专题研究小组。这种小组的成员一般在10人以内，活动时间多少不等，有的还占用上班时间，每个小组的存在时间一般是半年左右。这种小组的活动内容很广，效果都比较好。美国得克萨斯州仪器公司的小组成员是8~10人，并有一两位工程师加入。小组成员自愿结合，自定目标，存在3~6个月。这个公司有9 000个这样的小组。他们认为，只有在小组中，人们才可能更好地感受到自己的存在。而在日本，这种形形色色的员工小组则更多。这些小组的特点如下：

（1）全员参加。每个小组5~8人，从社长到员工都参加。

（2）全方位展开。小组活动内容从经营目标研讨到技术改善、人际关系等，都包括在内。

（3）有周密的组织指导措施。企业中设立小组活动本部或推进委员会，负责制订活动方针、活动方法，以及进行宣传教育等，还负责活动内容的登记和审定。

（4）领导负责指导。例如，提出目标、交给课题、评价成果等。

（5）企业提供一定的便利条件。例如，提供一定的活动场所并给一定时间，免费提供午餐或发放一定津贴，等等。

（6）及时总结表彰。一个课题研究的时间是3~6个月，如此，企业每年组织两次成果发布会，并给予奖励。

这种业余活动小组，虽然不在工作时间内活动，其活动地点也不一定在生产现场，但是它大大丰富了员工的工作内容，而且尤为重要的是，它使员工在某种程度上摆脱了被动地依附于流水生产线而产生的机械乏味的感觉，使他们有地方、有场合把自己的想法、意见和建议讲出来，从而获得心理上的满足。这对员工精神需求的满足以及他们的全面成长和发展，都会带来很大的益处。

5. 企业流程再造

这是近年来国际企业界一个被广泛采用的管理措施。企业流程再造这一管理计划的推行，一方面是在强调以顾客为导向和服务至上的形势下，针对市场激烈的竞争形势所采取的创新措施；另一方面是为了使员工的工作内容丰富化和形式多样化，更好地提高他们的工作兴趣和积极性，密切彼此之间的配合而采取的管理行为改进，是对企业的整个运作流程进行根本性的重新思考并加以彻底的改革。

按照亚当·斯密的分工理论和泰勒的科学管理方法所进行的劳动分工，不仅在从事制造业的那些企业中使工人产生单调乏味的感觉甚至产生病态的行为，而且在那些服务型企业中也存在同样的问题。

由于企业内分工变得越来越细，围绕某一产品或某项服务的过程越来越复杂。例如有一家美国大型保险公司，客户索赔竟然要经过250个程序，导致顾客不满之声四起，客户数量也开始下降。而且，由于每个人所从事的工作日益单一化，除了增添员工单调乏味的情绪外，更使得企业内部很多人的工作与满足顾客要求（即制造高质量产品、降低成本、提供优质服务等价值产生过程）毫无关系。结果导致部门主义泛滥，企业内大量员工在层层节制和公文往来中，丧失了整体感，降低了整个企业效率，看上去每个人似乎都忙忙碌碌，效率却很低，而且没能满足顾客的真正需求。员工也不明白自己所做的这部分工作究竟起到多少重要的作用，而且由于工作内容过于专业化和单一化而提不起兴趣。

针对上述由专业的过分分工所产生的弊病，流程再造策略主要从以下方面着手进行改革。

（1）重新整合工作流程。这就是将原来被分割的各项工作，加以重新审视和研究后进行压缩、改组或合并。例如银行，原来对同一客户的联络和业务处理可能由不同的业务人员担任，甚至可能分属两个不同的部门，比如公关部和联络部。这就使本应成为一体的一项业务被分割开来，而现在则将它合在一起，每个业务员都担任联络客户、帮客户处理具体业务直至最终完成的全过程工作。如果某项工作特别复杂，一个人完成有困难，则成立一个小组从头到尾共同负责一项工作。这样一来，不仅在服务方面做到了"一条龙"，增加了客户的好感度和信任度，也扩大了员工的工作范围，使他们的工作内容多样化和丰富化，并且使他们可以看到工作的成果，共享完成任务的喜悦。

（2）让员工拥有决策的实权。在日常工作中，减少分级管理的层次，改变决策与执行分离的方法，让员工拥有一定范围的决策实权，可以及时处置各种随时遇到的问题，而无须事事请示部门领导或其他上级，由"项目经理"或"项目小组"自主进行工作。在这样的工作流程中，淡化了权力和等级界线，大家一起出主意、想办法，同心协力为完成某一项完整的工作而努力，迅速地做出决策并加以执行。这不仅使企业的效率大为提高，而且改善了服务质量。对员工来说，由于自主权的增加因而也会提高工作满足感和兴趣。

（3）超越组织界线的制度设计。企业中的传统做法是：企业工作完全按部门划分，而为了使各部门的工作能够协调，又增设一些协调部门或增加许多协调性的工作职位。例如以往的直线职能制和直线职能参谋制，乃至事业部制和超事业部制均按照这一思路进行组织设计。结果往往使得企业中人浮于事，而流程再造策略则提出，按照工作流程的性质超越组织结构的界线移动工作场所，而不必拘泥于是否属于某个部门。这样就更加增强了工作过程的灵活性，使工作内容本身更加丰富多彩。

上述这些措施，都能在不同程度上解决由于工作内容单一化所带来的问题，可以防止员工产生某些不正常的心理和行为，把兴趣以至长处与工作结合起来，使员工心理更愉快、精神更饱满，并且能够明显提高工作效率。当然也会发生另外一些问题，例如像职工业余活动小组，建立"工作站"乃至"流程再造"，并不一定都能成功。有些员工习惯于简单的固定性工作，不想费时、费力再去多做什么或多动脑筋。企业为这些变革也需要投入资金、设备和人力。而且，员工的素质也是一个制约因素，如果员工素质很低的话，这些变革都会失败。

之所以提出工作单一性与多元化的问题，是因为从管理伦理学的角度考虑，在研究如何提高劳动生产率、提高企业效率的同时，也应该想到怎样的劳动组织形式和现场管理方式才能够真正有利于员工的工作、健康和个人的发展。尤其在当今知识经济社会中，必须注重发挥企业中人的作用，使其头脑中的知识被最大限度地开发出来，才能使企业提升竞争力。而且，作为一个企业的管理者，如果见物不见人，头脑中只有销售额、利润等经济指标，而不考虑员工的身心健康，那显然是不道德的，不符合现代企业管理者所应有的伦理准则。但在现实生活中，不重视员工身心健康，采用不恰当或不合理的生产组织方式的事情却屡见不鲜，这就更值得从管理伦理的角度将这一问题认真研究，也说明在这方面还有大量工作要做。

6.2 全面质量管理与企业管理伦理

6.2.1 全面质量管理与企业产品质量

质量控制是企业管理中的一项重要内容，它对提高产品的市场竞争力、降低产品的生命周期成本有极其重要的意义。质量问题无时不在、无处不在。可以说，只要有产品和服务活动，就存在质量问题。长期以来，质量问题一直受到人们的高度重视，特别是在科技高度发达的今天，市场竞争越来越激烈，用户的品位越来越高，对产品和服务质量的要求也越来越高，"皇帝女儿不愁嫁"早已成为历史。产品和服务的提供者稍有不慎，就有可能在激烈的市场竞争中败北。

在当前中国企业的产品质量方面，问题最为严重的是食品质量。例如，原来在中国市场上份额并不大的进口奶粉，据中国食品土畜进出口商会提供的2012年的数据显示，进口奶粉的市场占有率已从2008年以前的30%左右跃升到50%以上。

事实上，一个产品的质量只有在使用过程中才能体现出来，所以，唯一对质量有发言权的是用户。用户满意，则说明产品质量高；用户不满意，再好的产品也不能说质量高，或者说这种高质量是无任何意义的，因为没有市场的产品是谈不到质量的。

全面质量管理（Total Quality Management）的核心思想是，企业的一切活动都围绕着质量来进行。它不仅要求质量管理部门进行质量管理，还要求从企业最高决策者到一般员工均应参加到质量管理过程中。现代企业全面质量管理的目的已经不是仅仅考虑如何向顾客提供安全、优质、价格合理的产品和服务了，而是全面关注企业整体质量，全方位塑造企业形象，以培养企业健全的"人格"。因此，现代企业必须树立大质量观念，其内容主要包括以下几点。

1. 人员质量

人员质量是指企业所有员工的知识、技能、体力、团队精神和伦理素养的水平。人员质量的高低对企业的兴衰成败起着决定性作用。在21世纪，企业的人员质量有了新的含义，即更注重人员的知识技能和团队精神及伦理素养，这三个因素在当今企业运营管理中的重要性尤为突出。企业应加强人力资源管理，全面提高人员质量，特别要以社会公德、职业道德和自身伦理准则来教育、培养员工，提高他们的伦理素养。

2. 工作质量

工作质量是指企业的各部门、各环节的工作人员，为达到和提高产品质量以及提高企业整个质量所进行的工作行为水平。工作质量是产品质量和企业整体质量的基础与保障，产品质量和企业整体质量最终要靠工作质量而获得。

3. 产品质量

这是消费者最容易感知的质量部分。产品质量是指企业要为顾客提供合乎需要的、安全、优质且价格合理的产品和服务。这是企业整体质量最集中的体现，也是企业所承担的最基本的基础性、永久性的伦理责任。

4. 信用质量

信用质量是指企业在处理与各利益相关者之间的关系时要公平合理、公开坦诚、负责守信、相互尊重，以建立起自身及相互间高质量的信用，从而增强交易中的可预见性、可依赖性和相互信任。这是维护交易秩序、降低交易成本、化解交易风险的必要条件。"人无信不立"，企业也是如此，信用就是金钱。在激烈的市场竞争中，一个企业如果没有良好的信用，就不能建立商业网络，就不会有长久的商业伙伴，如此便会给企业经营造成不利影响。

5. 声誉质量

声誉质量主要强调企业如何通过积极承担社会责任，贡献社会福利来形成、维护和扩大企业声誉。它既是各方面质量管理的效应延伸，也具有自己独特的内容。

6. 生态质量

生态质量是指企业为承担生态伦理责任、实现企业可持续发展而努力达到的开发绿色技术、生产绿色产品、实施绿色营销的水平。

7. 文化质量

文化质量是指企业及企业成员创建和发展企业文化的能力水平，以及企业化的凝聚力、对企业经营环境的适应力、帮助企业预见和适应未来环境变化的能力水平。高质量的企业文化拥有促进企业产生符合伦理行为的核心价值观：长期、真诚地关心主要的利益相关者，并保持正直。

6.2.2 全面质量管理的伦理内涵

1. 注重顾客需求的质量

质量新概念是以最低的内部成本和外部成本来充分满足约定的顾客需求。随着社会的进步、文明的发展，人们的消费需求不断地扩展和改进，质量的内涵也已不再仅仅指一种产品能够正常使用，而应该包含更深层次的要求。这些要求主要有如下几点。

（1）产品的绿色化要求。当前，环保和"低碳"概念已日渐深入人心。顾客的需求已经超越了过去的享乐主义，他们越来越趋向于花钱购买具有环保价值的产品，无氟冰箱和环保彩电的盛行就充分说明了这一点。因此，企业应尊重和满足顾客的这种需求，自愿接受环保规范，将对人类自然环境和共同未来的伦理关切渗透于产品的设计、生产和销售之中，努力实现产品的环保化、绿色化。

（2）产品的人权化要求。除产品的绿色化要求外，顾客的需求也不再仅仅是达到个人满足，还要关注产品中是否含有非道德的、违背人的权益的因素，比如，不能在生产过程中使用童工、保证生产者的基本劳动条件、创造人道化的工作环境等。人们愿意承认和接受产品中的人权化成本。因此，企业还必须把这些要求作为质量目标加以接受，以实现产品生产的人权化。

2. 质量小组的参与伦理

参与伦理有两个含义：一是通过伦理教育，把员工培养成道德人，使他们自愿承担自己认可的道德义务，在一致承诺的基础上开展自愿合作；二是强调作为有健全"人格"的企业对社会公益、慈善、福利事业的自愿、主动、积极奉献和参与。全面质量管理的精髓在于持续不断地改进企业质量，而改进企业质量的关键则是全体员工的参与，鼓励员工积极主动地提出和实施他们的想法和建议。由企业不同层次人员组成的跨职能质量小组就为员工的参与提供了机会。在质量小组里，他们有清晰的目标、一致的承诺、良好的沟通、恰当的领导，并相互信任，这些无不闪耀着伦理的光辉。

3. 持续改进的伦理

全面质量管理专注于企业质量和持续的改进活动。企业满足顾客的质量要求能够持续改进到什么程度，它的独特性就会达到什么程度，同时顾客的忠诚度也就会达到什么程度。这样，通过持续的改进企业质量就能够形成令竞争者难以模仿的、不断积累的竞争优势。因此，越来越多的企业把全面质量管理作为建立企业竞争优势的战略武器。全面质量管理的持续改进主要是对组织、技术和人员素质的持续改进。这些改进都体现了伦理的要求。

（1）组织改进伦理。全面质量管理的组织改进主要是向分权化、低纵向变异、较宽的管理幅度、较少的劳动分工和支持跨职能团队工作的方向进行。这样的组织结构能促进合理的授权和工作的丰富化，增进纵向交流和横向沟通与合作，从而尊重员工权利，满足他们高层次的需求，为他们提供必要的职权和手段以开展改进企业质量的活动。

（2）技术改进伦理。全面质量管理的技术改进是指改进老技术、采用新技术、开发新产品、利用新资源。首先，技术改进的目的，一方面是达到质量定义中的"最低的成本"和顾客需求的充分满足。这是注重顾客需求、尊重顾客权益的社会伦理责任的要求；另一方面是努力改善员工的生产环境和生产条件，保证生产安全，降低劳动强度，以承担增进员工身心健康的人本伦理责任。其次，无论是新技术、新产品，还是新资源，它们都必然体现环境保护和节约资源的生态伦理责任的要求。再次，伦理还体现在技术改进的决策中，它要求决策者有能力把握技术改进所潜在的、未知的、危险的后果，努力破除"集体思维"的羁绊，保持理性、鼓励参与、集思广益、尊重意见，避免做出错误决策，带来悲剧性的结局。

（3）人员改进伦理。无论是组织改进还是技术改进都必然要求企业员工能积极投身于实现质量目标和持续改进活动中，这也就对人员的持续改进提出了要求。

1）企业应通过适当的教育和培训来培养员工的工作和伦理责任，使他们能自觉、主动地不断去寻求一些事情来加以改进。这是员工对企业所负伦理责任的表现。

2）企业应关心员工的个体成长和职业发展，帮助员工掌握解决问题、制定决策、参与磋商和团队建设等方面的必要技能，以适应持续进行的组织改进和技术改进的要求。

3）企业还应建立公正的奖罚制度，将质量目标纳入对企业员工的奖罚计划，以支持全面质量管理目标的实现。以上人员改进的工作都体现了企业伦理责任的要求。

总之，现代企业的全面质量管理应当是注重顾客需求，强调参与和团队合作，并力争形成一种文化，以促进所有员工严肃地、持续不断地关注伦理责任，改进企业质量，全方位塑造企业形象，培养企业健全"人格"的管理活动。

6.3 重视作业环境改善和员工安全

6.3.1 保障员工身心健康是企业的责任

员工到企业上班工作，每天要在企业中停留10个小时左右。人的一生中，在他退休以前，大约有三分之一的时间是在工作单位中度过的。除了家庭以外，企业是员工停留时间最长的场所。

因此，工作场所环境的安排布置，就不应该仅仅是考虑如何有利于生产、方便工作、提高效率的问题，而是除了这种指标和因素之外，还要考虑到如何让员工在一个舒适、文明的生产环境中度过他的工作时间。企业的生产经营过程总是在一定的时空环境中运行和延续的。处于烟雾弥漫、机器轰鸣、堆物杂乱、垃圾遍地、光线昏暗的环境中，人们不仅会感到沉闷、压抑、心神不宁，而且会产生厌倦、枯燥、痛苦的情绪。调查研究表明，在这种环境中，人们的劳动生产率至少要下降10%。而处在空气清新、鸟语花香、井然有序、洁净通畅、光线明亮的环境中，人们不仅感觉到心情舒畅、精神振奋，而且减轻了生理、心理的压力以及思维紧张和疲劳的程度。调查研究表明，在这种较为舒适的环境中，人们的工作效率比一般环境中至少可以提高15%。正如优美的学校建筑可以使孩子们乐于学习，有利于在他们之间产生一种宁静与快乐的学习气氛一样，工厂的建筑和生产作业环境的布置，也必须有利于提高职员的工作效率，有利于员工集中精力投入生产。在环境安排和布置上应该具有人情味儿，使员工感到他们不是工资的奴隶或机械的附属，而是这个生产环境的主角，能够从中体会到一种心情上的愉悦和自我实现的感觉。

企业劳动作业环境的优化，不仅仅是一个具体的管理技术或管理方法的问题。对企业的领导人或者管理者来说，是否具备这样的意识和是否能够设身处地从员工的角度来考虑，从最有利于员工的身心健康出发，改善现场的劳动环境，以使员工在日复一日的工作中能够保持愉快的心情和良好的态度，这是辨别和判断每一个管理者是否具有良好的管理伦理的一个重要标准，也是现代优秀管理者所必备的一个基本素质。

6.3.2 如何优化企业的作业环境

优化企业作业环境，要根据企业特点来进行，并综合运用管理学、行为学、心理学、色彩学等多种学科的知识。

中外现代化大企业，近年来普遍在优化企业作业环境方面做了不少创新。美国的谷歌（Google）公司就是一个很好的例证。谷歌公司是一家互联网公司，主要从事互联网上的搜索引擎及相关业务。谷歌公司由美国的拉里·佩奇和谢尔盖·布林于1998年创建，当时他们还在学校求学。截至2010年第三季度，谷歌公司市值已经达到1 880亿美元。

有记者去谷歌公司走访后发现，谷歌公司总部简直如同一座"游乐天堂"，员工们压根就没有作息时间，自己想什么时候来上班就什么时候来上班，甚至还可以带着孩子或宠物狗来上班。谷歌公司老板拉里·佩奇和谢尔盖·布林经常穿着黑色T恤衫上班，尽管管理着世界上最大的公司之一，他们的办公桌上却并没有成山的文件，而是堆着一些乱糟糟的拼装儿童玩具。

谷歌公司雇有近20 000名员工，员工们大都是年轻人。记者发现，他们仿佛是在这儿度假，而不是上班：有人在谷歌公司总部的道路上悠闲地散步，有人带着孩子和宠物狗玩单脚滑行车。

此外，谷歌公司总部中的玩乐设施可说是应有尽有。员工如果工作累了，可以在办公室中比剑，或者去公司的排球场、游泳池、台球厅等拥有多种娱乐休闲设施的场所随意活动。另外，公司为员工提供免费餐点，早中晚三餐全包。

一名员工说："每天早晨来上班时，我都感到自己仿佛前往天堂上班。编写计算机程序是非常疲劳的事，但这个地方就像一座游乐园和度假胜地，没有一名员工会感到疲劳。"谷歌公司之所以这样将总部打造得像个游乐园，目的之一是想让员工，尤其是程序师和工程师保持快乐的感觉。

在谷歌公司，想象力被认为是成功的关键，哪怕是异想天开。创始人拉里和谢尔盖就经常会冒出奇思妙想，譬如谢尔盖发明了一个手持火箭筒的机器人，而拉里则在为公司 CEO 希米德特塑造一个真人大小的雕像。

谷歌公司之所以采取这种作业现场管理方法，自有其深刻道理。互联网等高科技公司，其实并没有多少"硬"资产，其最重要的资产就是人，只要充分满足人的需求，最大限度地发挥人的主观能动性，就能使员工头脑中的创意被激发出来，从而为公司创造财富。而员工这种创意的激发，是一种高智商、高脑力的活动，它需要在十分轻松的环境下让思想自由飞翔，才能够产生创意。为此，谷歌公司尽力为员工提供各种最方便舒适的条件，让员工能在身心愉悦的环境中工作，贡献自己的聪明才智。

有一家非常有名的企业，这家企业是以生产和制造家电等产品为主的，它的管理方法就和谷歌公司迥然不同。这家公司对员工的一举一动、一招一式都有明确规定，甚至连员工在厂区里应该怎么样走路都有明确规定。当人们问起为何要规定如此严格和具体时，这家公司领导明确告知："我们就是要用严格的行为规范来确保我们生产制造的质量，否则就会造成松松垮垮、自由散漫的情况，最终影响我们大批量制造的产品质量，影响我们的企业竞争力。"

在企业管理中，没有最好，只有最合适。因此，上述两种大相径庭的作业现场管理方法，很难明确做出孰是孰非的价值判断，不同的企业有不同的管理需求。但是有一点是明确的，那就是企业不仅要考虑生产效率，更要考虑员工个人的发展。因为如果员工的行为出现异化，那么必将直接或间接地降低企业的生产效率，这就不仅使企业丧失竞争力，而且对员工的职业生涯造成损害。

6.3.3 企业的安全管理

人类的繁衍生息，社会的文明，工业的发展，科技的进步，如果没有安全作为其先决条件，没有安全的物质财富及精神财富为其奠定基础，那么当代各国的经济建设所取得的成就，全世界人民所有的物质需求及精神需求，一切都将无法实现。著名的美国行为学家马斯洛，于 1943 年在其《激励与个人》的论著中指出，人类最基本的需求是维持人自身生存和延续的生理需求、安全（含健康）保障的需求，然后才是社交活动、尊严地位、自我实现的需求。

随着世界经济一体化进程的加速，与生产过程密切相关的职业健康与安全问题受到国际社会的普遍关注，与此相关的立法渐趋严格，世界各国制定的相关经济政策和措施陆续出台，相关方面对职业健康与安全问题的关注在普遍增多。越来越多的组织希望通过系统化、标准化的方式推进其管理活动，以满足职业健康与安全的法律要求和自身方针的要求。这已成为当今现代化企业管理的一项重要内容。

从20世纪80年代末开始，一些发达国家率先开展了研究及实施职业健康与安全管理体系的活动。为了适应全球日益增加的职业健康与安全认证需求，1999年3月，由全球数家最知名的标准制度机构、认证机构（如BSI、SGS、BVQI、DNV、NSAI、AS/NZ、UNE、LRQA、SABS等）共同颁布了关于职业健康与安全的OHSAS18001标准，成为目前国际社会普遍采用的职业健康与安全认证标准。

目前，职业健康与安全管理体系（OHSAS18001）已被广泛关注，包括组织的员工和多元化的相关方面（如地域居民、社会团体、供方、顾客、投资方、签约者、保险公司等）。

在组织内部，体系的实施应以组织全员（包括派出的职员和各协力部门的职员）活动为原则，并在一个统一的方针下开展活动，这一方针应为职业健康与安全工作提供框架和指导，同时要向全体相关方公开。标准要求组织建立并保持职业健康与安全管理体系，识别危险源并进行风险评估，制定相应的控制对策和程序，确保达到法规要求并持续改进。

另外，在某些特定行业还有专门针对员工职业健康与安全管理的伦理规范。比如责任关怀（Responsible Care）是国际化学制造商协会发起的一项促进化工企业的安全、职业卫生和环境保护的行动计划，已得到各国化学制造商们的响应，并正在对我国的化工企业产生积极的影响。责任关怀的具体内容包括六个方面：生产工艺安全、雇员的健康与安全、环境污染的预防、化学事故防备的宣传与应急救援、产品的安全监管、产品的销售运输。

本章要点

- 从提高工效和提高员工身心愉悦感两方面来考虑工作安排。
- 把质量管理提升到伦理高度来认识。
- 重视改善作业环境和员工工作安全。

复习思考题

1. 在企业运营管理中，如何做到提高效率和员工身心健康两不误？
2. 在当今企业中，如何有效改善工作环境，以提升员工积极性？
3. 互联网时代，企业运营管理在伦理方面有何特点？

应用案例

宜家"夺命柜子"事件

北京时间2016年6月29日凌晨，美国消费品安全委员会宣布，由于存在可能翻倒的风险，宜家已同意在美国召回包括畅销的马尔姆（MALM）系列在内的2900万个抽屉柜。自1989年以来，这些问题抽屉柜已造成6名儿童死亡，36名儿童受伤。

宜家已经同意启动针对"夺命抽屉柜"的召回工作，但目前的召回范围仅限北美地区。宜家方面已明确表态，不会在中国召回同款产品。

据悉,此次召回涉及宜家产品中颇为畅销的800万个马尔姆系列抽屉柜,以及其他款式的儿童和成人用抽屉柜,共计2 900万个。此外,宜家还将因相同问题在加拿大召回660万个抽屉柜。

记者从宜家中国获悉,宜家宣布在北美召回的马尔姆系列抽屉柜,在中国亦有销售,但宜家不会在中国召回类似产品。至于不在中国启动召回的原因,宜家中国称,"在中国销售的抽屉柜符合中国国家标准"。

事故造成多名儿童死亡

美国消费品安全委员会表示,宜家此前收到了41起涉及马尔姆抽屉柜的倾覆事故报告,这些事故造成3名儿童死亡,17名儿童受伤。该公司还收到另外41起涉及其他型号抽屉柜的事故报告,这些事故造成另外3名儿童死亡,19名儿童受伤。

宜家在2015年7月曾发布警告称,这些产品可能翻倒并造成人员受伤、被困,甚至死亡。CPSC此前也警告称,消费者应立即停止使用宜家高于60厘米的儿童抽屉柜,成人用的柜子也不应高于75厘米,除非将它们固定在墙上。

美国费城的一家媒体曾报道过一起相关案例:2016年2月,家住美国明尼苏达州的一名22个月大的男孩就因一款马尔姆抽屉柜翻倒死亡。当时,男孩母亲把他放在房间内睡觉,每隔20分钟进房间查看一次,结果最后一次发现六屉柜的梳妆台倒在地上,小男孩被压在了下面已经没有了呼吸。

早在2014年2月,美国宾夕法尼亚州两岁男孩库伦·克拉斯也被一个倒下的宜家马尔姆六屉柜压在床上死亡。此事件发生3个月后,华盛顿又有一个23个月大的孩子因为马尔姆三屉柜翻倒死亡。当时克拉斯的母亲对宜家发起诉讼,她认为这一柜子具有"缺陷性和危险性设计",应该发布警告。

宜家公司拒不召回在中国市场上销售的马尔姆抽屉柜等问题产品的态度,遭到了绝大多数中国消费者的强烈反对,他们纷纷认为宜家在北美市场和中国市场执行截然不同的两种经营行为,是对中国消费者的歧视,也是对中国消费者极不负责任的表现,这与宜家公司一贯主张的企业价值观严重不符。

此事引起了中国政府有关部门的高度关注。在中国国家质检总局就此事依法约谈宜家公司之后,宜家公司决定从2016年7月12日起,在中国市场上召回1999年至2016年期间销售的马尔姆系列等抽屉柜,涉及近50个品牌、超过260个货号,受影响的产品数量共计约160万件。

资料来源:此案例由苏勇综合媒体报道编写。

□ **延伸资料**

宜家"夺命柜子"的"商业伦理命门"

苏 勇

近日,发酵已久的瑞典宜家家居的"夺命柜子"事件,终于有了一个结局:在中国国家质检总局约谈后,宜家提交了召回计划,决定从2016年7月12日起,在中国市场上召回1999~2016年期间销售的马尔姆系列等抽屉柜,涉及近50个品牌、超过260个货号,受影响的产品数量共计约160万件。在此之前,宜家因已经在北美地区召回同类产品而在中国迟迟没有召回而受到公众舆论强烈谴责,而宜家方面辩称,之所以未召回的原因,是因为这些产品符合中国标准,所以并非地区歧视。

1998年,瑞典的宜家公司首次进入中国,在上海徐汇区开设第一家商场。很快,宜家以其简洁明快的北欧风格产品和独具特色的经营方式,受到中国消费者尤其是年轻人群的欢迎。宜家商场中常常人头攒动,销售额也不断拉升,以至于中国成为宜家全球销售额增长最快的市场区域。

平心而论,宜家的经营确实有其特点,例如床椅等家具可以任意躺卧的体验式营销,商场中大规模平价餐饮拉动人气,颇具设计感的多样化家居对温馨氛围的营造等,无不体现出宜家在经营中顾客至上、以人为本的理念。正因为如此,此次宜家对于在中国市场上召回缺陷产品的暧昧态度,实在让人大跌眼镜,甚至可以说简直匪夷所思。宜家方面对于这次迟迟不召回缺陷产品所给出的理由是,这些产品符合中国的国家技术标准。确实,美国材料与试验协会(ASTM)标准规定,家具在自由站立时,即使外界施加压力也不能倾倒,而宜家的多款柜子不符合这个标准,所以它在北美实施了召回,而中国并没有类似规定标准。

宜家的辩解显然有点强词夺理。在明知该款柜子自1989年以来已经导致6名儿童死亡的情况下,宜家一反以往其"帮助更多人创造美好家居生活"的理念,迟迟不召回问题产品,这绝对是对消费者的不负责任,也会大大降低宜家的品牌价值。

宜家"夺命柜子"事件,引发了一个值得认真探讨的问题:在企业经营中,如何理解法律(制度)和伦理的关系问题。企业经营者在其经营活动中,是否只要遵守法律就足够了?在明知产品存在问题的情况下,企业是否可以借口因为法律制度没有规定而任意妄为?

2007年,我在香港的一次演讲中提出一个观点:任何一个组织,包括企业,在行使自己行为时有三条衡量标准。第一条是法律制度。任何一个组织,在行使自己行为时,毫无疑问首先要遵守制度、遵守法律。一个社会如果大家都目无法纪,社会就无法运行,人们生活就无法得到保障。但是我们应该清醒地认识到,遵守法律固然重要,但仅遵守法律不够。这是因为,首先,法律制度不可能管到所有方面。社会运行、企业经营非常复杂,涉及面极广,而法律制度相对较为原则和抽象,不可能覆盖到每一个方面、规范每一种行为。其次,法律会有滞后性。任何一个社会,都是当某种现象具有普遍性,而且人们都相对一致地达成共识后,才会出台一个法律或一项制度,对某种现象加以规范和约束。因此就有了第二条衡量标准,那就是伦理标准。伦理标准会高于法律制度,却不如法律制度那样有刚性,但良好的伦理道德能够促进社会更好的可持续发展。企业虽然是一个经济组织,但同时是一个社会组织,其一言一行除了产生经济效益,也会产生社会效应。因此,企业在法律制度还没有管束到的某些方面,就要自觉地用商业伦理来约束自身行为,在企业经营活动中遵守良好的伦理标准,使企业提供的产品和服务能更好地为社会发展服务。就法律和伦理的关系而言,法律制度保障社会的基本运行,是底线,起的作用主要是"惩恶";而良好的伦理道德引领社会的良好运行,起的作用更多是"扬善"。任何一个社会，这两条行为衡量标准不可偏废。而第三条更高的衡量标准就是企业信仰和企业的社会责任。一个希望做成百年老店、追求可持续发展的企业，一定要有自己的信仰，努力成为一个伟大的企业。一个伟大的企业，则必须用更高标准来要求和约束自己的行为，而不是仅仅满足于遵守法律制度，也不是一般地遵守商业伦理，而是有着长远目标和理想信念。

从宜家本次行为来看，它的产品虽然可能符合中国当前的质量标准，因此也可以说符合法律制度标准，但是显然不符合商业伦理标准。无论是产品本身存在的缺陷，还是已经在北美发生的多起"柜子夺命"事件，都已经证明该类产品存在很大问题，会严重影响到消费者的人身安全。但宜家明知如此，却多方狡辩，以不违反标准为借口，拒不召回问题产品，在企业道德上出现了严重缺失。这样一家在其企业文化宣传中强调致力于人们幸福生活，强调可持续发展的著名跨国公司，其言行是严重脱节的。

著名经济学家哈耶克指出："市场经济最重要的道德基础就是'责任感'，这种责任感源于每个人对自己行为的一切后果负责的道德感。没有基于道德之上的责任感，任何企业都将失去它的社会价值。"作为一家著名企业，宜家不仅应该重视自己所提供的商业价值，而且更应该高度重视自己应有的企业责任和社会责任，否则就会失去自身价值，最终有可能失去消费者的信任和赞誉。而对于如何遵守商业伦理，另一位著名经济学家亚当·斯密在其出版于1759年的名著《道德情操论》中就指出："在所有的场合，良心的影响和权威都是非常大的。只有在请教内心这个法官后，我们才能真正看清楚与自己有关的事情，才能对自己的利益和他人的利益做出合宜的比较。"这就非常明确地告诉每一个企业经营者，当明知自家产品有严重缺陷甚至会伤及消费者生命，而似乎又合乎现行标准时，你就应该"请教内心这个法官"，问问自己的良心，看看和企业平时所宣传的理念是否相符，认真思索和考量每一个行为是否符合良好的伦理道德，你做出的商业决策是否对得起企业的"良心"，是否有利于社会进步，这样就不难做出明确判断。所以对于任何一个企业而言，上述三条衡量标准中，至少法律制度标准和伦理道德标准都是必须遵守的，而且是同等重要的。

值得关注的是，宜家的问题产品一方面在实施"召回"，但另一方面并未下架，而仍然在商场中销售，只是强化了"上墙固定"的提示。这说明该问题还未引起宜家公司的足够重视，未能彻底消除隐患和对消费者完全尽责。这依然在商业伦理上存在问题，需要宜家公司对此做出深刻反思，彻底对消费者负起责任，用自己的实际行动，不辜负消费者信任，重塑良好的企业形象。

资料来源：本文由苏勇发表于 2016 年 7 月 20 日《上海观察》。

讨论题

1. 你认为宜家这样的著名公司为什么会发生这样的事件？
2. 宜家应该对此负责并下架问题产品吗？
3. 如何从企业伦理角度来分析宜家公司的这个问题？

第 7 章　企业财务管理中的伦理

百工从事，皆有法度。

——墨子

不做假账。

——朱镕基

学习目标

- ☑ 了解企业会计伦理体系。
- ☑ 从管理伦理角度，认识提升财会人员素质的重要性。
- ☑ 从企业可持续发展出发，认识环境会计的重要性。

引例　　欣泰电气退市

一夜之间，欣泰电气成了资本市场搜索的热词，它或被打上"欺诈发行退市第一股""创业板退市第一单"的标签。

在证监会下达立案调查书10个多月后，欣泰电气收到了《行政处罚和市场禁入事先告知书》，其中列明了该公司涉嫌欺诈发行及信息披露违法违规的事实。按照规定，一旦证监会正式的《行政处罚和市场禁入决定书》下达，坐实上述两项违法违规情形，公司股票将被深交所暂停上市，并最终退市。

市场普遍担心，没有 *ST 或 ST 缓冲期的创业板，是否会成为今后退市股风险暴露的集中地，加之近几年来创业板造假上市的案例频出，这个拥有高估值、市梦率的理想之地是否泡沫丛生。

谁将成为创业板退市第一股

在欣泰电气的《行政处罚和市场禁入事先告知书》还未下达之前，市场各方舆论一直认为金亚科技将是"创业板退市第一股"。谁料想，在金亚科技立案调查的结论未明确之前，欣泰电气就触动了"涉嫌欺诈发行及信息披露违法违规"这颗地雷，证监会的事先告知书中，拟对欣泰电气及相关责任人做出行政处罚和市场禁入措施。而此前，公司曾被披露因涉嫌违反证券法律法规被证监会立案调查。

具体来看，证监会最终认定的违法事实包括两项：一是在报送证监会的申请中首次公开发行股票，并且创业板上市申请文件中相关财务数据存在虚假记载；二是上市后披露的定期报告中存在虚假记载和重大遗漏。

"十几个月的调查，证监会已经基本认定欣泰电气为造假上市了。"一位市场人士表示，欣泰电气的违法违规事实清楚，想要翻盘不太可能，退市是迟早的事。公开信息显示，2011 年 11 月，欣泰电气向证监会提交 IPO 申请。2012 年 7 月 3 日通过创业板发审会审核。2014 年 1 月 3 日，欣泰电气取得证监会核准发行的批复。

证监会调查结果显示，为实现发行上

市目的，解决欣泰电气应收账款余额过大问题，2011年12月至2013年6月，欣泰电气通过外部借款、使用自有资金和伪造银行单据的方式，在年末、半年末等会计期末冲减应收款项，大部分在下一会计期初冲回，致使其在向证监会报送的IPO申请文件中相关财务数据存在虚假记载。

为了掩盖真相，2013年12月至2014年12月，欣泰电气在上市后继续通过外部借款和伪造银行单据的方式，在年末、半年末等会计期末冲减应收款项，大部分在下一会计期初冲回，导致其披露的相关年度和半年度报告财务数据存在虚假记载。

违法违规事实清楚，是否意味着欣泰电气就会立马暂停上市呢？根据《创业板股票上市规则（2014年修订）》，一旦证监会正式下达《行政处罚和市场禁入决定书》，确认欣泰电气存在欺诈发行、重大信息披露违法违规情形，公司股票将被深交所暂停上市。而与其他存在暂停上市风险公司不同的是，"欺诈发行"这一违法行为具有不可纠正、不可消除影响的特征。届时，欣泰电气走上退市道路的概率非常大。

目前，欣泰电气收到的仅为事先告知书，离最终的行政处罚书的下达还有多个法定程序要走。据一位监管部门的人士指出，上市公司在收到告知其违法行为，处罚依据的事先告知书后，若受到处罚的主体存有异议，可在规定时间进行陈述和申辩，而证监会有义务对申辩内容做出回应，并最终下达行政处罚书；若处罚主体没有疑问或放弃上述权利，证监会将依法下达行政处罚决定书，进入实质处罚程序。

现在尚不清楚欣泰电气及其相关处罚对象对证监会的事先告知书作何回应。

上述市场人士指出，即便欣泰电气提出申辩，也不会改变他们欺诈发行的事实，该公司报送的IPO申请文件中财务数据虚假记载的事实清楚，欣泰电气对事先告知书的态度只能决定该公司何时会被暂停上市直至退市，并不能躲过退市危机。

资料来源：《证券时报》2016年6月2日。

7.1 企业的会计伦理体系

在现代市场经济中，企业的财务会计工作是企业管理的核心组成部分，在企业运营中起着重要的作用，有"财神爷"之称。企业的会计是一种信息系统，它以货币为计量单位，对企业的财务和其他经济活动系统地加以记录、计算和汇总，并分析解释其结果。会计作为一个信息系统，为它的用户——企业的管理当局及外界有关单位提供相关必要的经济信息，是企业领导制定有关决策的依据。因此，它所提供的必须是连续、系统、完整和正确的经济信息，并且要符合各种法律、规章的规定，符合公认的会计准则。

《中华人民共和国会计法》中明确规定："会计凭证、会计账簿、财务会计报告和其他会计资料必须符合国家统一会计制度的规定，不得伪造、变造会计凭证、会计账簿，不得提供虚假的财务会计报告。"其核心就是会计信息真实完整，唯有真实完整才有可能对会计信息的使用者进行决策有用，而决策的有用性也恰恰是会计生命所系。

企业的会计工作作为企业经营管理工作的重要组成部分，无疑要受到各项有关法律法规及制度条例的约束，必须严格遵守各项法律法规。但是，我们也应该看到，与企业其他的经营管理工作一样，在企业财务会计工作中同样存在着伦理问题。例如如何确保会计信息的真实性问题和建立与企业可持续发展相适应的会计体系问题等。

7.1.1 会计伦理缺失:一个世界性的难题

美国的西德尼·戴维森在其主编的《现代会计手册》(1977年版)一书中指出:"会计是一个信息系统。它旨在向利害攸关的各个方面传输一家企业或其他个体的富有意义的经济信息。"由于会计工作是向国家、社会和企业的各个方面提供信息的工作,因此其"伦理"水平的高低显得尤为重要。

在我国现代社会中,有关企业财务会计中的伦理问题受到了极大的重视。不要说琼民源、郑百文、银广夏、杭萧钢构这些典型的造假案例,就一般层面,中国会计信息失真确实存在。1999年年底,财政部抽查100家国家企业会计报表,有81家虚列资产共37.61亿元,89家虚列利润共27.47亿元。2000年度的会计信息质量检查结果更令人吃惊:被抽查的159家企业中,资产不实的147家,共虚增资产18.48亿元,虚减资产共24.75亿元;利润不实的157家,共虚增利润14.72亿元,虚减利润19.43亿元。2001年12月25日,国家审计署公布了它对16家具有上市公司年度会计报表审计资格的会计师事务所实施质量检查的结果,在被抽查的32份审计报告中,有14家会计师事务所出具了23份严重失实的审计报告,涉及41名注册会计师,造假金额达70亿元人民币。2002年财政部门继续开展了对部分企业2001年度会计信息质量的检查工作,同时是中国连续开展会计信息质量检查的第四年。此次共检查了保险、烟草等行业192家企业以及相关的91家会计师事务所,共查出这些企业资产不实115亿元,所有者权益不实24.2亿元,利润不实24.2亿元。检查结果表明,企业的违规问题主要集中在随意改变会计要素的确认标准和计量方法上,如人为操纵利润、长期投资管理混乱、合并会计报表编制不规范等。在2013年6月27日于上海召开的主题为"金融中心群落结构性转型与创新"的第九届国际金融中心论坛上,台湾地区并购与私募股权协会理事长黄齐元在主题演讲中表示,中国一些企业做假账影响到其海外上市,这对中小型的民营企业来讲是很明显的。外国投资人认为,中国中小型企业有一个非常大的问题存在。在这样的背景下,国务院前总理朱镕基同志把"不做假账"作为当时新成立的上海国家会计学院"校训",实在有点恨铁不成钢的意思。不管人们对"不做假账"的总理训示作何理解,这与其说是总理对全国广大会计工作者的殷切期望,不如说表露了他对中国会计的一些失望。

在大洋彼岸的美国,有关企业会计中的伦理问题也同样得到了前所未有的重视。2001年发生的"9·11"事件彻底地改变了美国对外政策,而紧随其后的全球能源业巨头安然公司的破产案,更改变了我们对美国会计信息质量的认识。虽然安然公司董事长最后被判刑24年,并导致一批高官入狱,但在此之后,美国公司在财务会计方面的虚假信息问题依然存在。

7.1.2 企业会计伦理体系的组成

企业财务会计的伦理涉及两个相关的难题。其一,会计信息是否以及如何向利益相关者各方披露,决定了它是服务于个人利益还是公共利益的特性;其二,会计信息在与企业有利害关系的个人与团体之间的分配一般是不均匀的，所以信息的产生过程与他们的利害得失休戚相关。而信息分配的不均肯定会带来许多伦理问题，比如一个公司的内部人员就有可能会为了他的个人利益，而在市场上披露虚假的财务信息，通过骗取投资者的信任来谋取私利。

具体而言，有关企业的财务会计伦理应包括以下四方面内容。

1. 会计的公正性

公正作为伦理学范畴，它要求人们在处理社会关系时力求做到不偏不倚、公道正派。最先将公正引入会计伦理范畴的应是美国会计学家斯科特，他于1952年在《会计原则的基础》中将会计的公正性表述为"会计原则、程序和技术应该公正，不偏不倚，它们不应该服务于特殊的利益"，并提出三个著名标准：

- 会计程序对一切利害关系方面都必须公正对待；
- 财务报告应该毫不歪曲地做真实和正当的陈报；
- 会计数据应该是"公正"的、无偏见和不偏不倚的，而不是为特定的方面服务。

会计界之所以强调公正性是会计职业道德规范的一个基本范畴，除了因为会计的特性外，还因为公正是处理各种会计关系的基础，使会计关系保持均衡，使企业代理关系延续与稳固。公正与否还是各方评价企业行为和会计行为优劣的依据，公正促使其行为达到优化，因而公正一直倍受会计理论家的青睐。

2. 会计的真实性

真实性是会计职业道德的另一个重要范畴，它一直是会计理论家研究的热点。美国著名会计学家肯尼斯·麦克尼尔在《会计的真实性》中就指出："财务报表只有在它们揭示资产的现行价值以及由于价值变动所发生的利益或损失时，才显示出真实性，虽然价值的增加是应该标明为实现或未实现的。" 1952年斯科特在《会计原则的基础》一文中，将真实性解释为："财务报告应该毫无虚假地、真实地描述。"真实性是会计的生命，是会计存在的价值所在。缺乏真实性的会计必然会引起社会经济的混乱和动荡。例如20世纪20年代下半期至30年代初，会计信息严重失真，导致或助长了世界经济危机。我国会计信息的失真，也导致了经济紊乱。因而保持会计的真实性就成为会计的一种信条和社会公认的道德范畴。

3. 会计的忠诚性

会计的公正性、真实性离不开对会计人员的心理规范和人格培养，这主要体现在忠诚性和勇敢性等方面。所谓忠诚就是"尽心竭力"，它有两层含义，其一是忠心耿耿，尽心尽力；其二是诚实，全心全意，实事求是，表里如一。之所以对会计人员有此道德要求，是因为会计人员负有双重受托责任，扮演着委托人和代理人之间的中介角色。因此忠诚性也是双面的，首先是对管理当局的忠诚，即内忠诚，忠实完成管理当局所委托的责任，如实反映经营状况，指出存在的问题，提出合理化建议，严守商业秘密。

然而这种内向型忠诚并不是丧失独立性和人格，任人操纵、摆布的，而是在坚持客观、公正的立场上，坚持会计原则的条件下的忠心耿耿，在企业管理当局利益与企业的利益发生冲突时，应以企业的利益为重。其次是对企业委托人的忠诚，即外忠诚，表现为客观、公正地反映受托责任的履行情况，选择的会计方法要不偏不倚、充分披露、突出重点，让委托人一目了然，为其决策提供相关的信息。会计人的内忠诚与外忠诚是统一的、相辅相成的，两者缺一不可。

4. 会计的勇敢性

勇敢性是对会计人员另一层面的品格要求，只有勇敢的人才能战胜困难、克服阻力，达到公正、真实和忠诚的彼岸。会计伦理之勇敢，是指会计人的勇气、胆量、无惧无畏。会计勇敢性的意义在于使会计人员有正义感，坚持原则，实事求是，不畏强权，不谋私利，敢于直言，勇于披露真实信息；它是实现会计公正性、真实性、忠诚性的必要条件。无私才能无畏，无畏才能勇敢，勇敢才能坚持原则、追求真理。尤其是当企业领导人或老板出于一己私利或其他原因，明示或者暗示企业会计人员制造虚假信息时，会计人员是否有勇气拒绝和抵制，这就会体现出会计的勇敢性。

综上所述，在会计伦理体系中，"公正"构成了会计人的主导思想和行为标准。公正决定了会计道德的其他范畴，没有公正，也就没有是非标准，真实也无法达到；而没有公正与真实，也就没有忠诚与勇敢可言。真实是公正的延续和必然要求，同时是忠诚的基础，没有真实，就没有必要忠诚，忠诚也就失去了导向；忠诚是真实的基本保障，没有会计人的忠诚，也就没有真实的会计行为和会计信息。忠诚又离不开勇敢，没有勇敢，忠诚是不现实的，没有勇气和胆量面对困难、克服困难，也就谈不上忠诚；勇敢是忠诚的保障。这四大范畴互为基础，相得益彰，构成了较为完整的会计伦理体系。

7.2 保证会计信息的真实性

7.2.1 会计信息的重要作用

会计信息是现代会计理论中一个基本范畴，是人们在经济活动过程中运用会计理论和方法，通过会计实践获得反映会计主体价值运动状况的经济信息，其重要作用表现在以下四个方面。

1. 帮助投资者和贷款人进行合理决策

在市场经济环境下，企业的资金主要来自股东和债权人，他们作为现在的或潜在的投资者和贷款人，为了做出合理的投资和信贷决策，必须拥有一定的信息才能了解已投资或计划投资企业的财务状况和经营成果。

2. 评估和预测未来的现金流量。

企业内外使用者对信息的需求主要是为了帮助其进行未来的经济决策，预测企业未来的经营活动，其中主要内容侧重于财务预测，如现金流量、偿债能力和支付能力等。通常，预测经济前景应以过去经营活动的信息为基础，即由财务报告所提供的关于企业过去财务状况和经营成绩的信息作为预测依据。

3. 有助于政府部门进行宏观调控

国家财政部门根据企业报送的会计报表，监督检查企业的财务管理情况；税务部门通过阅读企业的会计资料，了解税收的执行情况；等等。

4. 有利于加强和改善经营管理

企业将生产经营的全面情况进行搜集、整理，将分散的信息加工成系统的信息资料，传递给企业内部管理部门。企业管理者可及时发现经营活动中存在的问题，做出决策，采取措施，改善生产经营管理。

7.2.2 会计信息真实性的伦理审视

在管理伦理学范畴内所要讨论的这一问题，不是技术层面的问题，而是道德层面的问题，其中不涉及财务会计技术层面的内容。对于企业的财务会计人员来说，资金运用得成功与否，或账务处理得好坏，是个人业务素质高低的问题。这就需要通过不断的学习与培训来提高个人的业务素质，然后才能使这些业务得到很好的管理和处理，使企业能够经营成功。

但是，如果不是由于具体工作人员业务水平的问题导致会计信息失真，而是因为主观上的原因或者其他方面的因素导致出现假账或者假数据，那这就不是一个业务技术方面的问题，而是一个典型的伦理问题。因为在这种情况下出现的信息失真或虚假账目，其实质是"非不能也，是不为也"，即完全是因为出于企业小团体的利益，或是由于经办人个人的道德素质问题而导致的。

在目前情况下，在企业的财务会计工作中出现虚假账目或虚假数据，而导致企业财务金融状况发生问题，从伦理层面来讲，主要有这样几点原因。

1. 某些领导的不良做法

一些企业或单位的领导，或出于想提高自己的政绩，或出于从企业本位利益的考虑，命令或者授意财会人员做假账或者虚报数据，以应付上级检查和统计，以及国家税务等机构。国家有关部门在对企业进行财务检查时，经常发现有的企业的财务有几本账，最多的竟然有下列七本账：一是虚增资信以贷款的"引资账"；二是为偷税漏税而设的"逃税账"；三是应付工商行政管理部门的"年检账"；四是应付财税大检查的"备检账"；五是虚报浮夸的"邀功账"；六是便于非正常开支的"账外账"；七是只有法定代表人等少数人知晓的"实际营销账"。除了"不足与外人道"的第七本账外，其余六本账皆可谓"对症下账"，因事而虚设，各有其"妙用"，也各有其"成因"。其共同特点是弄虚作假，为小团体和个人骗取各种利益。这就造成了国有资产大量流失，使少数企业领导失于有效监督，导致贪污贿赂等腐败现象在企业滋生蔓延，助长了虚报浮夸、骗功骗奖甚至骗官等坏风气。

从上述"七本账"现象来看,之所以会出现这种情况,纯粹是某些企业高层领导主观方面的原因。从管理伦理层面来分析,这种现象显然是完全不道德的。不要说它完全不符合我国法律要求和社会主义企业应有的伦理准则,就是在充分市场化的经济发达国家,企业也应该遵循公开、公平、公正的基本原则,而且应该遵守市场经济下企业之间的共同"游戏"规则,否则不仅不符合企业管理伦理,还会受到相应的法律惩处。

在当前的中国,一般情况下,上述这种"七本账"的现象在公开场合自然也是会受到批评和谴责的,没有一个领导人会公然声称自己在做这类事情或赞同这类现象。但是问题的严重性在于,上述这种现象在当前中国的不少企业中不同程度地存在着,否则就不会有每年的财税大检查和几十亿元甚至上百亿元的违纪金额被查出,也不会有国家领导人"不做假账"的基本而严厉的要求。而且,上述的"七本账"中,除了虚报浮夸的"邀功账"是某些人为个人捞取好处的做法之外,其他出于企业本位的考虑,主要为企业小团体谋取利益的种种做法,往往会得到个别人的同情甚至默许。2012年1月6日据媒体报道,有一家企业职工向上级举报本单位在发放上一年年终奖的问题上弄虚作假,竟被本单位领导怒斥"良心何在"。

2. 某些业务人员的品质低下

企业之所以会出现虚假数据以至虚假账目,还有一个很重要的原因就是具体业务人员个人品质不佳。

2008年1月24日,法国兴业银行曝出该行历史上最大的违规操作丑闻,该行年仅31岁的交易员热罗姆·盖维耶尔违规购入大量欧洲股指期货,给银行造成49亿欧元(折合71.6亿美元)的损失。此次法国兴业银行的损失金额是英国巴林银行当时损失金额的4倍多,是全球银行业历史上最大规模的欺诈案之一,也是有史以来单笔涉案金额最大的交易员欺诈事件。

法兴银行欺诈案起因于欧洲股票指数期货交易。股指期货是一把"双刃剑"。一方面,没有股指期货的股票市场系统性风险很大,因为投资者无法对付系统性风险;另一方面,股指期货本身具有高风险的特点,使用者使用不当时会对自身造成伤害。

从2007年上半年开始,法国兴业银行交易员盖维耶尔在未经授权的情况下违规从事欧洲股票指数期货。欧洲股指期货市场是国际股票市场中流动性最高的区域之一,在正常情况下,每日将围绕这些指数产生400亿~500亿美元的期货交易量。截至2007年年底,盖维耶尔预期股票市场会下跌,因此一直大手笔做空市场。由于投入大量资金,而且市场趋势与预期一致,盖维耶尔管理的账户在2007年年底时一度出现巨额的浮动盈利。

从2008年开始,盖维耶尔突然反手做多,豪赌市场会出现上涨。然而,欧洲市场2008年年初以来的大跌使其交易账户反而出现巨额亏损。由于他错误地估计市场,并且全球主要金融市场因次贷危机出现新一轮动荡,迫使法国兴业银行在发现盖维耶尔在股指期货上建立起来数百亿欧元多头仓位后,整整抛售3天,最终蒙受49亿欧元的损失。

盖维耶尔在未被授权的情况下居然创建了超过 500 亿欧元（约合 728 亿美元）欧洲股指期货的多头仓位。这一数字不仅超过法国兴业银行现有的大约 350 亿欧元（约合 510 亿美元）市值，而且与斯洛伐克整个国家一年的国内生产总值（GDP）相当。盖维耶尔之所以能够"悄然"建立起 500 亿~700 亿欧元的多头仓位，是因为他除了法国兴业银行的正式账户外，还在交易所内偷建了一个虚拟账户，挂在法国兴业银行名下。他每次都用后一个虚拟账户来取消正式账户的部分交易，所以属于法国兴业银行的正式账户里并没有发生异常现象。同时，因为他对查账的日程表了如指掌，并在真实仓位面临交割前会进行展期，从而使他的交易躲过了法国兴业银行的风险监控系统。

一家管理健全的公司或银行，股票交易要经过三个主要的部门来完成，即交易员所在的部门、风险管理部门和结算部门。交易员只有在规定的权限内才有交易的权力，交易员在交易时要受到使用资金额度的限制，而风险管理部门则主要是控制交易员每天的交易量，结算部门要负责交易结算。风险管理部门必须完全独立于业务部门，对风险的评价和监控必须在集团的层面扎实进行。然而，法国兴业银行构筑的风控"天网"却在盖维耶尔面前脆弱得不堪一击。有着"流氓交易员"绰号的盖维耶尔居然通过了法国兴业银行"五道安全关"获得使用巨额资金的权限，并利用大量虚拟交易掩盖其违规投资行为，隐瞒其交易达数月之久，终于使得令人不可思议的事情发生了。究其原因，皆是盖维耶尔"熟悉法国兴业银行风控的每一环节"，"这好比是知道密码的人要从保险柜里拿钱"。"如果有一个人知道系统的每一个环节，你要阻止他做坏事是很难的"，因为盖维耶尔的交易头寸没有被记录，他使用了假的头寸来遮掩真实仓位。他持续以虚假买卖为即将到期的合约转仓，结果令持仓额越来越大。在菲利普看来，法国兴业银行坚不可摧的风控系统难防"家贼"盖维耶尔。

一个年仅 31 岁的年轻交易员，竟能使一个拥有严密制度的老牌银行蒙受巨额损失，这其中原因究竟何在？有人把它归咎于高风险的金融衍生业务，这自然有一定道理。但是这种高风险的金融交易业务同样有它的一套规则，而像法国兴业银行这样的老牌银行在这方面具有丰富的经验和成熟的运作制度。俗话说"道高一尺，魔高一丈"，应该看到，在现代高技术迅速发展的信息社会中，各种交易手段日益快捷和隐秘，单个交易员所能拥有的在瞬间进行交易的数额和能力都比以前大大增加。在这种情况下，光靠有形的、技术的监控往往并不能解决问题。因此，不要迷信任何风险管理制度或系统。天网恢恢，疏而有漏，任何制度或系统都是有漏洞的，都可能给人以可乘之机。因此，我们不要迷信任何风险管理制度，不要迷信任何风险管理系统。拥有"世界一流"风险控制系统的法国兴业银行却遭遇了如此巨额的风险损失，无独有偶，因出售石油看涨期权损失 5.5 亿美元的中国航油（新加坡）股份有限公司在事件发生前，曾聘请安永会计师事务所制定了《风险管理手册》及《财务管理手册》，建立了"一套完整的风险管理体系"，这套风险管理体系曾获得过国家级企业管理现代化创新成果一等奖，但是因为具体管理者的伦理丧失，照样给企业和国家造成了巨额损失。诚如美国联邦储备委员会主席在英国巴林银行危机后所指出的那样，在通过按电钮便可进行大额交易的高技术世界中，仅靠立法并不足以防止巴林银行危机的重演。

7.2.3 通过提升企业的会计伦理水平来保证会计信息的真实性

在对企业提供虚假会计信息特别是上市公司会计造假的批评中，学界纷纷把矛头指向公司内部治理结构，这种批评的合理性毋庸置疑。问题是，采纳了学界的建议，在公司内部建立起企业独立董事制度和审计委员会制度，就真的能唤起公司管理层的良知？以安然公司为例，董事会17名董事中有15名独立董事，审计委员会的7名委员全部由独立董事组成，这样的制度安排还不是没有防止舞弊？因此要保证会计信息的真实性，只是对公司内部制度进行完善是不够的，还要在提升企业的会计伦理水平方面做文章。

1. 提高会计从业人员个人基本素质，要有对国家、对历史负责的使命感

会计是一种信息系统，也是一种管理活动。在21世纪，国际资本一体化带来了会计市场的一体化，增加了对透明、可比、及时、可靠的高质量会计信息的需要，也对会计工作提出了新的挑战。中国的会计工作也被赋予越来越重要的使命和职责，它的发育、发展和发达程度，直接关系到我国市场经济秩序的建立与维护，关系到正在进行的政治、经济体制改革的深入和完善。会计从业人员对此应有一种高度的危机感和历史责任感，自觉把诚信原则放在首要位置，积极向国际惯例靠拢，这样才能承担起时代赋予的责任。

2. 加强会计从业人员的道德伦理修养和法制观念

第一，要加强职业道德教育，提高职业责任感，增强敬业爱岗精神。《会计法》第5条规定"会计人员办理会计事项应当实事求是、客观公正"，《中国注册会计师职业道德准则》中也提出了客观原则、公正原则。这些也都是诚信道德的具体体现。道德是一种以指导人的行为为目的，形成人的正确行为方式为内容的实践精神。人格的保证不仅仅靠法律，而且更重要的是靠理性自觉，是一种发自内心的操守。会计从业人员职业道德能够促进会计人员的自我完善，因此加强会计从业人员的职业道德教育至关重要。

第二，加强法制教育，增强法制观念。道德规范上升为一种法律原则后，就体现了法律范畴内权利与义务的统一，从而更加有效地约束违法行为的萌芽。会计从业人员要自觉加强法律知识学习，强化法制观念，认清弄虚作假、提供虚假会计信息是一种违法行为，自觉接受监督，将外在监督转换成自我约束的需要，自觉杜绝违法行为，提高法制意识水准，带头维护会计法规的尊严。

第三，积极汲取优秀传统文化如儒家伦理道德中的养分。儒家思想是在规范共识的基础上建立的关于社会秩序的学说，基本精神是以人为中心，以道德教化为导向，以正己正人为途径，具有很强的渗透力和相当的合理性，曾经是我国两千多年历史中重要的精神支柱。近年来，随着人们对于工业文明利弊的深入思考与反省，儒学更加引起世人的普遍关注。作为儒学故乡的中国，特别是从事为生产和经营提供核算与监督服务的会计从业人员，更应从儒家伦理思想宝库中汲取其良好成分，以其倡导的"诚"与"信"作为会计工作的伦理指针。

3. 要努力提高会计人员的业务水平

会计信息是会计从业人员的产品，但它不是一般意义上的产品，而是被赋予了道德意义的特殊的公共产品。因此，会计从业人员要十分重视会计信息的质量，质量就是诚信的体现。会计从业人员要提供高质量的专业服务，除必须具备良好的职业品德外，还必须具有丰富的文化知识和较强的业务能力，既要学习、掌握渊博的科学文化知识，提高综合素质，又要不断接受后续教育，加强业务学习，熟练掌握相关的标准与实务，提高职业判断能力，提高对会计法律法规的理解和运用，最大限度地减少因政策理解上的偏差而带来的失误，把会计工作质量提高到新的水平。同时，还要加强对会计技术与方法的研究和探索，广泛应用先进的会计核算手段使会计信息及时、准确、可靠，以取得单位领导、政府机构、投资者和社会公众的广泛信赖。

7.3 环境会计：一种全新的会计体系

7.3.1 把可持续发展概念引入会计体系是社会发展的必然

人类的价值观总是随着历史车轮的滚动而向前，随着对所走过的每一段历程的反思而发生或细微或巨大的变化。以美国的发展为例，仅仅在几十年前，美国人还在政府的鼓励下大量超前消费，并尽可能多地淘汰正在使用的产品，以保持对整个工业的高需求。这种高消耗、高增长的发展哲学确实使美国人早早实现了几十年前的梦想，还拥有了更多曾经看来是奢望的东西——个人电脑、无纸化货币、全球互联网……但是，他们也失去了很多——空气不再那么清新，河水不再那么洁净，交通越来越拥挤……于是，人们又开始希冀在宽阔而安静的林荫道上信步的那一份悠然自得。

作为一门管理科学，会计的发展必然受所处的社会环境变迁的影响，其准则和目标反映了某一特定时期社会的价值判断。随着人类价值观的调整和变革，会计科学也相应地不断演进。

最先从狭隘的纯经济理性中走出来，并且进行理论和实践系统性变革的应该是 20 世纪 60 年代末 70 年代初，在西方工业发达国家兴起和发展的社会责任会计。它以反映企业的社会绩效，研究企业活动给社会带来的影响为目的，提出了"社会净贡献"这一衡量指标，即从企业的经济利润中扣除其经济活动作用于不同社会部门所产生的外部成本（即社会成本）来评价企业经营的综合绩效。指导社会责任会计的核心理念是企业不仅要有经济目标，而且必须承担社会责任，考虑社会成本和社会效益。

进入 20 世纪八九十年代以后，环境会计（又称"绿色会计"）逐渐成为西方理论界研究的热点。作为现代会计的又一分支，环境会计最初的目的，是围绕自然资源耗费的补偿，尝试既应用货币单位又运用实物单位核算计量资源的耗费，从而对企业与环境有关的活动进行反映和控制。其基本功能是对企业与环境有关的经济活动的环境成本和负债进行确认和计量，并对这些环境信息进行报告和披露。在传统的会计系统中，这一部分功能被弱化和忽视。随着人们对发展观的重新认识以及对会计体系的不断探索和可持续发展概念的引入，这一部分功能不断得到加强和深化，逐渐朝着以可持续发展为目标,以"经济—社会—生态"系统为核心,以生态效率为衡量尺度的环境会计体系方向发展演化。1995年3月召开的联合国国际会计和报告标准政府间专家工作组第13届会议,把"环境会计"列为主要议题,1998年2月召开的专家工作组第15届会议,又把"环境会计和报告"作为主要议题,会议讨论通过的《环境会计和报告的立场公告》成为目前国际上第一份较为系统、完整的关于环境会计和报告的国际指南。

无论是社会责任会计还是环境会计,乃至近年一些国家正在推动的"绿色审计",都是对传统经济理性的一种挑战,也是对现代会计模式的有益探索和创新,但它们之间又有区别。

社会责任会计的理论体系构建在"经济—社会"二维系统的基础上,它虽然也把环境考虑在内,但环境仅仅是作为社会子系统中的一个变量,对企业的经济活动而言,仍然属于外生变量。而环境会计把理论的构建基础由二维的"经济—社会"系统发展成为三维的"经济—社会—生态"系统,认为生态环境对于人类活动不仅仅是一个外生变量,而是一个子系统,并且把理论的出发点和归宿定位在可持续发展上,试图从生态效率的角度出发实现对企业活动所产生的社会成本和环境成本的科学计量,并遵循可持续发展的目标和原则,对这些活动进行正确评估和合理控制。由社会责任会计向环境会计的转化,实质上反映的是人们对经济活动和社会、环境关系的更深刻、更本质的了解。下面对这两种理论体系进行了大体描述,如图7-1所示。

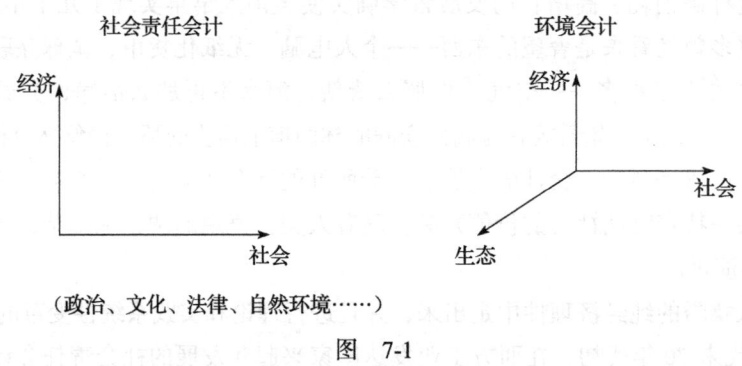

图 7-1

从传统的会计体系到社会责任会计体系,再到以可持续发展为目标的环境会计体系的演变是一种历史发展的必然,是人类面临社会发展和生态承载能力矛盾而不得不做出的选择。这种矛盾在微观层面体现为企业所面临的提高其环境绩效(Environmental Performance)压力日益显著。

- 针对能源和环境的税收日渐增多,比如欧洲一些国家已推出碳税(Carbon Tax),即工矿企业向大气排放二氧化碳气体必须缴税。这些新税种的设立旨在敦促企业节约能源,减少对环境的污染。
- 由长期对环境的破坏引起的民事诉讼和刑事诉讼造成的巨额负债。比如埃克森石油公司因在阿拉斯加原油泄漏造成污染而最终可能赔偿的数额达100亿美元之巨。
- 企业声誉可能因其环境绩效而受到影响以及来自环境保护组织的压力。

- 有关环保的立法造成夕阳工业和新兴工业的更替，为大量的产品带来契机。最明显的例子是 20 世纪 80 年代因臭氧层遭到破坏而禁止使用氟利昂和其他一些化学品，为一系列替代品如绿色冰箱等产品创造了新的市场。
- 一些制造企业因劳动力、原料、设备及其他生产要素投入加工过程中的低效而造成损失，这种生产过程中的损失通常要占到总产量的 5% ~ 10%。
- 对环境绩效差的企业而言，由于投资者和债权人要求更高的风险报酬而使其资本成本上升。

凡此种种，使企业面临前所未有的压力，继而形成环境会计发展的动力。

7.3.2 环境会计理论结构的组成

环境会计的理论结构，可以借鉴传统会计理论结构的思想，结合环境会计的特点加以构建。

1. 环境会计的对象

传统会计理论把会计对象看作与企业资金运动有关的、能用货币计量的经济事项。除此之外，均排除在会计对象之外。如果将其具体化，就是六大会计要素，即资产、负债、所有者权益、收入、费用和利润。

环境会计的对象则大大突破了资金运动这一范畴，它所考虑的还有除了资金之外的资源环境、整个社会生产消费以及生态循环价值。因此，在环境会计下，会计要素须重新界定，资产中应增加自然资产，即全世界所共有的特定财产：空气、水、海洋、矿产资源、臭氧层等；负债中应将企业承担的环保社会责任加以确认；所有者权益中应将自然资本加入其中；在收入要素中除了确认传统的生产经营所得带来的收入外，还应包括企业在推行环保政策、积极治理污染时所享受到的国家给予的补贴、奖金和税收减免，企业回收的"三废"收入，其他单位和个人缴来的环境损害赔偿费或罚金收入，以及实施环保措施后企业形象、信誉度的提高而带来的社会效益，等等；而费用不能仅仅计算经济成本，还要包括社会成本、环境成本，以及耗用资源和排污而被征收的生态环境补偿费、治理费、环境研究与开发费，从而避免企业对自然资源的无偿占用和耗费以及以牺牲环境为代价造成企业虚增利润的情况发生。

2. 环境会计的目标

会计目标是建立和完善会计理论体系的基石。环境会计同传统会计一样，也有基本目标和具体目标。基本目标就是在促使企业提高经济活动的经济效益的同时，高度重视生态环境和物质循环规律，合理开发和利用资源环境，努力提高社会效益和环境效益；具体目标是组织相应的"绿色会计"核算，充分披露企业的环境信息。

3. 环境会计的基本假设

会计假设是会计核算的基本前提，包括会计主体假设、持续经营假设、会计分期假设和货币计量假设。尽管环境会计的核算内容与传统会计有所区别，但环境会计同样离不开这四个基本假设。所不同的是，因环境会计核算对象的特殊性，使一般意义上的货币计量假设发生了较大变化，即环境会计计量单位超过了传统会计单一货币计量而具有多元性，它不仅可以用货币单位反映各项经济业务的成本和效益，还可以选择实物、百分数、指数来进行辅助计量，甚至可以用图表和文字叙述加以说明。

4. 环境会计的一般原则

会计原则是确认和计量会计事项所依据的规则，对会计核算工作具有指导意义。因此，环境会计除了继承一些传统会计的原则外，又有适用于环境会计所特有的会计原则。

第一，与一般会计原则完全相同的原则有：客观性原则、及时性原则、明晰性原则。

第二，与一般会计原则不尽相同的原则有：重要性原则、可比性原则。重要性原则是指环境会计在核算时，应将环境因素、资源因素按其重要性进行排列，选取对经济发展起重要作用的事项进行核算。可比性原则要求企业严格按照联合国设计的环境会计核算体系进行会计处理，以便会计信息使用者进行企业之间，乃至国与国之间环境资源状况的比较，促进环境会计信息在世界范围的可比性。

第三，与一般会计原则完全不同的原则有：政策性原则、社会性原则、充分披露原则。政策性原则是指环境会计在进行核算时，必须严格执行国家颁布的有关环保政策和法规以及相关的会计法规、制度，正确处理企业与环境的关系。社会性原则是指环境会计所提供的信息应充分揭示企业对环境保护的社会责任。这一原则要求对企业的评价应以企业社会效益与社会成本相配比并取得社会利润为标准，站在社会的角度全方位地考虑企业的业绩，以便维护社会资源环境，利于国家宏观调控。充分披露原则要求环境会计在公布报表、提供会计信息时，必须全面、公正地反映企业对生态环境的作用、保护或者污染、损耗等情况，不得有意忽略或隐瞒重要的数据资料，使信息使用者发生误解。

5. 环境会计的确认

由于环境因素的存在，使得环境会计必须对会计要素进行重新界定（如前所述），从而超越了传统会计所确认的范围。环境会计的确认是将涉及环境的经济业务作为会计要素予以记录，并在会计报表中加以确定。

6. 环境会计的计量

传统会计的计量建立在以历史成本作为计价原则、经济事项都能用货币计量的基础之上。而环境会计的计量主要集中在自然资源的计量上，这之中存在着许多无法用货币计量的经济事项，例如臭氧层等；也有无法用历史成本计量的，例如企业生产给环境造成污染所发生的延时治理费，再用历史成本去计量治理费就不适用。因此，传统财务会计计量方法难以对环境会计诸要素进行计量。这就需要对环境会计的计量方法特殊处理，大胆创新，实行以货币计量为主的多种计量单位并用原则，并借助于价格替代、支付意愿和数学模型等。另外，对环境状况评价也应建立起相应的方法体系，比如可采用指数评价法、分级聚类法以及模型评价法等方法。

企业在实务操作中应尽量克服传统会计的局限性与环境会计之间的矛盾，根据自身经营管理的特点和环境会计核算要求，建立科学的计量方法，寻找切实可行的、适合自身发展的绿色指标体系和评价方法。

7. 环境会计的信息披露

鉴于传统会计财务报表的局限性，它只披露能用货币计量的会计事项，反映的是以历史成本为计量标准的信息，且格式、项目排列以及填列方法都较固定等。由此可见，财务报表的现状约束了环境会计信息的充分揭示，显然不能满足环境会计的需要。在传统财务报表的基础上，进一步调整与完善环境会计报表就显得十分必要。

可行的办法是在传统会计财务报表的基础上，增添有关环境会计的核算资料，再辅之以报表附注、文字说明等，揭示企业基本的环境会计信息。例如，在资产负债表中资产方最后应增列自然资产、自然资产损耗科目，负债方应增列应付环保费科目，所有者权益下面增列自然资本科目，等等；在损益表中应增列环境收入、环境治理费、环境损害费以及环境利润科目。

此外，在报表附注中还应客观揭示企业生产活动所消耗的资源、对环境污染的程度及所造成的社会责任成本或罚款等情况。同时，还应反映企业采取环保措施所发生的支出和收益情况及其对未来环境的影响、企业治理环境的长远目标及行动等。这样，企业的会计报表不仅能反映企业的财务信息，而且能更充分地反映环境会计信息，以此满足社会各方面的需要，最终实现会计的绿色革命。

本章要点

- 构筑完善的会计伦理体系。
- 从伦理和制度两方面确保会计信息真实性。
- 环境会计的内涵及其意义。
- 从财务会计方面确保企业可持续发展。

复习思考题

1. 会计伦理是财会人员的必修课吗？它能够产生什么样的作用？
2. 确保会计信息真实性涉及哪些方面？
3. 企业环境会计对企业可持续发展有哪些作用？
4. 如何有效提升企业财会人员的素质？

应用案例　　美证监会罚安永：爱不能越轨

这可能是成本最高的一场恋爱。

北京时间9月19日晚，美国证监会（SEC）宣布，对四大会计师事务所之一的安永（Ernst & Young）处以930万美元（约合6 200万元人民币）罚款。因为该公司审计合伙人与两家上市公司重要客户的关系过于密切，违反了旨在确保公正审计的条规。这也是监管机构首次针对大公司员工和外部审计员之间的私人关系采取执法行动。

SEC调查发现,安永纽约审计团队前高级合伙人格雷戈里·贝德纳(Gregory Bednar)与客户公司的首席财务官(CFO)"维持着不正当的亲密友谊"。格雷戈里·贝德纳拿出逾10万美元款待一家审计客户公司的首席财务官及其儿子。

在这起案件中,安永同意支付497.5万美元罚款,格雷戈里·贝德纳必须支付4.5万美元罚款,并被暂停执业3年。

安永另一个审计团队的前合伙人帕梅拉·哈特福德(Pamela Hartford),与房地产投资信托公司Ventas的首席财务官罗伯特·布雷勒(Robert Brehl)保持恋爱关系,后者在2014年离开了这家公司。哈特福德的上司——安永合伙人迈克尔·卡缅斯基知晓两人关系,但未能展开合理调查,或在内部提出警告。

安永同意为此案支付436.6万美元,哈特福德和布雷勒同意各自支付2.5万美元罚金。哈特福德和卡缅斯基都被暂停执业3年,布雷勒被暂停执业1年。

SEC指出,安永意识到了这两段不恰当关系,但未采取任何行动。"安永没有采取足够举措来察觉或者阻止这些合伙人与客户建立过于亲密的关系,违背了他们作为独立审计人员的角色。安永的合伙人与客户所建立的过于亲密的关系使得他们丧失了作为一个审计人员所应当具有的独立性,而审计独立是一个注会应当恪守的独立、客观、公正的基本原则,唯有此,才能有效地发挥注册会计师的会计、审计及其他社会服务功能,否则维护社会公共利益、保护投资者和其他利害关系人的合法权益就成了一句空话。"美国证监会执法部主任安德鲁·塞雷斯尼表示。

安永在和解协议中既未承认也未否认SEC的指控。安永发言人表示,此案件牵涉的个人"违反了多项安永的政策,隐瞒了他们的行为,而这种行为有违安永的行为、文化、价值、政策和培训全球守则"。

根据监管规则,审计人员被禁止与客户关系过密,否则,则违反审计机构的独立性原则。

审计独立性,是指注册会计师不受那些削弱或纵是有合理的估计仍会削弱注册会计师做出无偏审计决策能力的压力,以及其他因素的影响。这对审计工作来讲至关重要。

独立性要求注册会计师与被审查企业或个人没有任何特殊的利益关系,如不得拥有被审查企业股权或承担其高级职务,不能是企业的主要贷款人、资产受托人或与管理当局有亲属关系,等等。否则,就会影响注册会计师公正地执行业务。

此外,实质上的独立性也称精神上的独立或事实上的独立,是指注册会计师在执行审计或其他鉴证业务时,应当不受个人或外界因素的约束、影响和干扰,保持客观且无私的精神态度。

"独立性的丧失",从合规的角度来看还可以用另外一个词来表达,那就是"利益冲突"(Conflict of Interest)。"利益冲突"是指专业服务领域(比如会计师、律师职业领域)中经常会出现的一种现象,即委托人(比如上市公司)的利益(比如公证及客观地审计一个上市公司的需求)与提供专业服务的业者本人或者与其所代表的其他利益(比如一个审计人员的恋爱需求)之间存在某种形式的对抗

（审计人员在审计的过程中应当具有的审慎因为爱而被蒙蔽），进而有可能导致委托人的利益受损（审计结果不再客观和公正），或者有可能带来专业服务品质的实质性下降（审计结果都不客观公正了，审计服务的品质就无从谈起了）。因此，专业服务过程当中存在利益冲突必将伤及专业服务的职业精神和特定职业的社会公信力。因此，无论是立法还是职业道德规范均要求专业服务业者或机构有义务采取有效措施避免出现利益冲突。

一位安永中国内部审计师对早报记者表示，通常情况下，公司会向审计师发邮件确认其是否有关联人士在客户公司，以判断独立性是否有问题。"如果是上市公司CFO这个级别的话，这个合伙人理应回避这个项目。"

上述人士称，不排除合伙人在接受项目后与对方公司高管建立起亲密关系的可能。

资料来源：本案例由本书作者根据2016年9月21日《东方早报》（财新网）报道编写。

讨论题

1. 你认为美国证监会（SEC）是否小题大做？
2. 你认为中外社会对会计师、审计师等职业的独立性看法有差异吗？
3. 如何才能避免中介机构人员在职务行为中发生"利益冲突"？

第8章 企业人力资源管理中的伦理

仁莫大于爱人,知莫大于知人。

——《淮南子》

当我有100名员工时,我要站在他们前面,身先士卒,指挥他们工作;当有1 000名员工时,我必须站在他们中间,恳求员工鼎力相助;当员工增加到10 000人时,我只要站在员工后面,顶礼膜拜,心存感激即可。

——松下幸之助

> **学习目标**
> - ☑ 了解选才、用才、育才、留才中的伦理标准。
> - ☑ 了解从管理伦理角度,如何做到"上下同心"。
> - ☑ 了解21世纪人力资源管理趋势带来的伦理变化。
> - ☑ 了解"竞业禁止"并掌握操作中的伦理原则。

引例　谷歌"死亡福利"一石激起千层浪

好雇主的标准是什么

作为一家世界最著名的公司之一,谷歌公司提供的一项福利待遇延伸到了员工去世之后。如果员工在合同期内不幸去世,其配偶或者同居者可在未来10年内每年获得一张金额相当于该员工年薪50%的支票。此外,他们的未成年子女每月还能领取1 000美元的生活费,直到他们19岁为止;如果子女是全职学生,那么他们可以享受这项福利直至23岁。该做法一经披露,不少职场人士直叹"羡慕嫉妒恨"。

谷歌的福利政策其实一直都是比较优渥的,曾经被热议过的"非典型福利"就包括免费美食、现场洗衣服务、户外运动中心等。所以,这次谷歌宣布的福利新举措并非偶然,而是其企业文化的一种延续。

虽然谷歌一直在福利设计方面别具匠心,但这在IT界并非个例,从整体上看,IT行业中不少公司的福利较之其他行业是比较好的。2016年9月,中国著名企业腾讯公司高层在接受采访时表示,腾讯公司也有类似福利。在腾讯,过世员工的家属同样可以领半薪10年。不一样的是,如果该员工有孩子,每多一个孩子额度会有额外增加,每个孩子增加12个月薪。在具体发放上,一部分是一次支付,因为发生不幸时,家人会需要用钱;另一部分,腾讯会通过信托公司处理。

至于上述那些"非典型福利"是否如

一些人所说的那样，与企业追求利润的天性相悖，其实未必。因为，IT行业有个共识：公司最有价值的资产就是人才。比尔·盖茨就曾经说过，"如果把我们顶尖的20个人才挖走，微软会变成一家无足轻重的公司。"正因人才是这些公司最主要的竞争力，公司才必然会千方百计想要将人才留住。而无论是福利政策，还是公司内部的一些人事改革，均出于两个目的：留人、留心。为了挽留人才，在福利政策上创新多、力度大，几乎成为IT业界的普遍现象。而这些福利制度不仅能够提高员工的忠诚度，也在一定程度上降低了员工的流失率。

谷歌公司的"非典型福利"并非第一次受到外界瞩目，但为何此番举措推出，还是引发如此大的关注呢？

这恐怕和当下人们与时俱进的人才观、薪酬观、工作价值观不无关系。当一些观念面临新的变化和调整时，很容易激荡起各种很有意义的讨论。比如，这次有个担任人力资源部经理的网友就帮谷歌算了一笔账，结果发现，"死亡福利"虽然可观，但其实耗费不了多少成本。于是她提出了一个很有意思的问题："作为一个好HR，如何弄出成本低又吸引人的福利？"又如，许多人会将谷歌的福利与中国企业的福利做比较，甚至联想到20世纪八九十年代所谓"企业办社会"的现象。

事实上，国内企业的待遇并非不如外企，只是大家没有机会关注或者说不了解一些企业具体的操作办法而已。据了解，现在有一些企业除了提供大家比较熟悉的物质福利外，对员工子女的教育也很重视，例如有的企业办起了托儿所，还有企业如果员工子女考上大学，企业会发放一笔奖学金，如果员工家庭出现困难，企业也会从物质、情感方面进行关怀。这些都调动了员工的积极性。至于"企业办社会"，虽然在一定程度上有利于解决员工的后顾之忧，使员工能全身心地投入工作，但如果企业将过多的精力投入与经营主业不甚相关的诸多社会职能，就会影响企业自身的发展，降低企业的竞争力。这已被历史证实。

如今，福利已成为求职者看中的一项重要指标。从企业人力资源管理的角度看，这是否也是一个进步？

欧美国家常有类似"最佳雇主"这样的评选，其评价核心主要集中于企业员工能否身心愉悦地工作。在评选过程中，已普遍引入了"员工满意度"这个概念。通过量化手段，了解企业员工的身心发展情况。除此之外，授权、信任、交流、激励等诸多因素都成为评价一个企业是否是好雇主的标准。毕竟，现在的员工对工作环境有了更高、更全面的认知和要求，他们不仅仅满足于金钱带来的快乐，还有对于如何更好地实现个人价值的渴望。能否提升员工满意度，已成为企业在人力资源管理方面绕不开的问题。

那么，好雇主的标准到底是什么呢？

不同时期的就业群体在选择雇主时考虑的问题有很大不同。就现在这批年轻的就业群体来看，他们的最大特点是不再过分拘泥于工资待遇。当几份待遇相近的工作摆在他们面前时，这份工作能提供怎样的锻炼和学习机会、发展前景如何、能否让自己在最大程度上实现价值，显得更加重要。此外，他们也很看重自己的兴趣。不少大学毕业生反映，如果能做自己喜欢的工作，哪怕累一点儿、薪水少一点儿也是开心的。但如果是面对一份乏味的工作，即使薪水再高，心情也不见得愉快。

现在的年轻人都很聪明且个性鲜明。在良好的教育背景下，他们很容易形成自己的想法。他们的加入，会给企业带来更多活力和新气象。当然，"90后"也有自己的问题。比如，在待人接物上还有所欠缺；对于一些工作细节可能有些忽略；职业化意识不够，偶尔还会把工作环境和家庭环境混为一谈。他们需要更多磨炼，进一步提高自己的职业精神。

资料来源：本文由苏勇根据他与解放日报记者发表在2012年8月23日《解放日报》"观点"版的"对话"，于2016年10月6日改写。

8.1 知识经济时代的人力资源管理与权力调整

早在2 000多年以前,中国古代先贤孟子就曾经阐述过这样的深刻哲理:"天时不如地利,地利不如人和。"纵观那些成功企业,导致其成功的因素自然很多,或是战略得当,或是产品新颖,或是文化优秀,或是服务到位。而这些原因,都和"人"有着密切的关系。在企业所拥有的各项资源中,人力资源是最重要的资源,企业之间的竞争,尽管表现形式多种多样,但归根结底是人才的竞争。只有有效地开发人力资源和科学合理地管理人力资源,企业才能获得迅速发展。

在激烈的市场竞争中,不少企业开始重视人力资源所起的作用,在人力资源开发方面投入了很大的力量,围绕着企业中的人力资源开发做了大量工作,并最终收到了一定的成效。

随着信息技术的飞速发展以及全球竞争的不断激烈,我们进入了一个知识经济的时代,知识逐渐成为一个企业最重要的竞争优势,而企业的员工是知识的重要载体。以前我们可以简单地将员工分成白领、蓝领,而现在许多一线的员工同样拥有高学历,而且从事着具有很高知识含量和技术含量的工作,成为知识型员工。知识经济时代下如何有效管理个人的知识,进而提升组织的知识与价值,是当今企业制胜的关键。所以企业必须通过有效的人力资源管理来促进组织的知识管理,建立知识管理的环境,人力资源管理的规划与安排也应相应发生变化,这主要表现在选才、用才、育才、留才及晋才五个方面。

8.1.1 选才

选才主要包括三个方面的内容。首先,应积极评估应聘人员目前的能力,这需要在面试过程中通过科学合理的方法加以考察,企业还可根据具体的需求,有针对性地吸引人员加盟企业。其次,企业在选才过程中应重视员工的发展潜力,从企业组织学习的角度出发,着眼于员工未来的潜力而进行选择。最后,企业应重视选择拥有不同背景的人员,从而使企业的员工背景多元化,发挥人才和知识的"杂交"优势,使企业的知识来源多元化,从而促进新知识的产生。

从企业伦理的角度来考量,除了以上三点之外,还有一个非常重要的关键之处:员工价值观与企业所推崇的价值观是否一致。如果该员工的价值观和企业所崇尚的价值观不一致的话,那么即使他才能很高,其所做出的行为和达成的结果也必然不符合企业的要求,尤其是在行为的伦理指向方面势必会和企业所要求的不一致,更严重的话会背道而驰。英国巴林银行的尼克·里森案例和法国兴业银行的"流氓交易员"案例便充分地证明了这一点,这必须引起企业管理者的高度重视,不能因一时之需而录用价值观不符的员工,否则将带来后患。

8.1.2 用才

1. 合理的权力调整

著名学者野中郁次郎(Nonaka)在《知识创造企业》一书中提出,自主权可以增加成员自动创造新知识的动机。因此，为了让企业能更多地创造出新知识，在一定条件下，企业的所有成员均应被赋予自主行动的权利。让员工及产品开发团队享有自主权，这将增加员工创造新知识的动机，促使富有创造性的观点从具有自主性的个人身上释放出来，扩散到小组之间，甚至成为产品创新概念的来源。

2. 采用跨职能团队

当企业经常使用项目小组、团队合作等方式来完成工作时，透过团队的互动，会比较容易将个体知识逐渐扩散到参与的成员身上，进而扩散到整个组织中。野中郁次郎认为，组织内部跨职能团队、层级项目小组以及与外界的互动，将有助于组织内隐知识库的创造及蓄积，同时更加有利于员工在工作中学到新知识、增长新能力。这对于员工提升自我成就感有很重要的影响。

8.1.3 育才

1. 注重在职训练

迈克尔·波兰尼（Polanyi）最早提出将知识分为内隐知识和外显知识，其中内隐知识指无法用文字表达的主观且实质的知识，所谓"只可意会，不可言传"。在人力资源管理理论中曾提到，企业可通过师徒制的建立来使企业内有经验的人对新员工提供教导，管理者也更应该充当"教练"角色，使内隐知识透过成员间彼此的教导而被使用及传递。另外，人力资源管理也可透过培育人才的做法，以职内训练和职外训练来协助组织的知识管理，职内训练如通过团队及会议参与方式的改变来促使成员的知识分享；而在职外训练上，则让员工有机会学习优秀人物成功与失败的经验，并深入了解其他企业的经营策略，以促使内隐知识的移转。在这一点上，学习型组织的创建为我们提供了很好的理念和方式。

2. 积极通过网络进行学习与交流

近年来，网络学习已是人力资源发展的重要趋势，因为网络学习可以充分发挥组织知识分享与传承的效果。在教室中接受讲师上课的训练方法具有较大的局限性，而通过网络学习，员工可以不受时间、地点限制而直接寻找他们所需要的知识；通过网络上的讨论（如BBS、微博等），可以彼此分享与交流信息。这将有助于知识的分享、交流、获取、整合及新知识的创造。

3. 加强职务轮调

企业可通过使员工适度地转换工作岗位，增加学习与工作相关的新知识与技能的机会和可能。这样一方面可以提升员工对工作的兴趣，有助于提升员工满意度，另一方面也能更多地培养技能多样性的人才，而技能多样性的人才将有助于组织知识的管理，也有助于企业柔性化生产和发展需要。

4. 将训练转化为学习

人力资源开发与管理就是将训练转化成学习。因此，人力资源管理者就必须关注组织内的员工是如何学习的，而非只是一味给予员工教育训练的课程。企业要使员工在接受教育训练后，能将所学转化为主动学习与应用，以求将组织中人力资本的运用最大化。

5. 定期审核员工能力，并提供所需的训练

由于对知识工作者而言，并非所有的激励都与物质报酬相关，例如工作环境能吸引他们，提供给他们工作上必要的支持，所从事工作给他们成就感等也是很重要的因素。因此，公司必须定期审核这些团队和人员是否具备所需要的能力，他们需要什么训练与工具来提升整体工作绩效。一个整合的知识管理环境必须能够支持协力合作、有效沟通以及知识的累积，从而为整个组织创造更多有用的知识。

8.1.4 留才

当今时代，员工到一个企业工作，除了要考虑薪酬福利外，还会在很大程度上考虑组织所给予的发展空间和组织的工作环境。这也给企业人力资源管理提出了新的课题。"待遇留人""感情留人""事业留人"如何落到实处，如何个性化，是企业留才的关键所在。

1. 设立适当的激励制度

人力资源管理者可以在企业管理中扮演一个创造诱因及奖励的角色，针对员工的主要需求，结合不同层次员工的想法，设计合适的报酬及奖励体系，使员工愿意留在既有着良好氛围，又具有吸引力的企业中努力工作。

2. 通过薪资制度的设计来吸引、留住及激励人才

乔治·米尔科维奇及杰里·纽曼（Milkovich & Newman）曾指出，人力资源管理中的薪酬系统具有三大功能[⊖]。

（1）吸引人才。薪酬系统要能吸引优秀人才为企业服务，薪酬系统的设计要具有外部竞争性，其薪资水平必须高于市场水平或提供比同业低的底薪但较高的奖金，才能吸引优秀人才加入企业。

（2）留住人才。薪酬系统的设计要能挽留适用的人才，薪酬系统的设计要具有外部竞争性和内部公平性。前者如上所述，后者指的是员工的薪酬是否能反映其工作或技能对公司的贡献。当员工在外部竞争性或内部公平性产生不协调时，便会产生离职倾向。

（3）激励人才。薪酬系统的设计要能激励员工发挥潜能，达到企业所预期的绩效标准，强调对绩效或年资的重视。因此，在薪酬设计上会比较偏向以发放奖金、红利等方式作为人才激励的方法。

3. 通过增加员工对组织的物质及社会资本的依赖来降低核心知识工作者的变动性

就员工个人而言，薪资水平对其工作品质的影响至关重要，若觉得付出的成本与

⊖ T G Milkovich, M J Newman. *Compensation* [M]. N.Y.: McGraw-Hill, 1999.

所得不相称，知识工作者将会离开公司。因此组织可通过增加员工的利益，如增加薪资、可用资源、课程、休假等，也可以利用合伙关系或通过变动薪资制度的设计，使其减少成本增加，从而激励员工继续留在公司。另外，由于有时人员加入组织的原因之一就是组织可以分享的资源，例如，当组织将专业人员集合起来时，使人员可以相互学习。因此，公司可通过提供给员工信息与知识，使员工的工作品质依赖于这些信息与知识而拥有较好的收入来留住优秀的人才。

8.1.5 晋才

在知识经济时代，人力资源部门需重新设计公司的绩效评量方法和薪资制度。改变以个人为评估和奖惩对象的传统做法，鼓励团队的知识创造和分享，不鼓励员工规避冒险，而鼓励员工从尝试中学习，也就是说组织必须将知识分享作为绩效测量的一部分，让员工觉得知识分享对于他们而言是有利可图的，而且也必须让成员们感受到组织对其工作方式的态度是比较宽松的。因为自由的环境才能产生最具创意的员工。另外，可通过将绩效考评与职业生涯规划相联系，使得员工认为若在组织重视的绩效方面努力，便可得到较好的升迁。

8.2 职责明确与上下同心

8.2.1 管理层次与部门划分

《周易》告诉我们："二人同心，其利断金。"中国民间有句俗话，叫作"人心齐，泰山移"。任何事情，只要大家同心协力，就没有克服不了的困难。

但是，管理学又明确告诉我们："组织结构的设计应该明确谁去做什么，谁要对什么结果负责，并且消除由于分工含混不清造成的执行中的障碍，还要提供能反映和支持企业目标的决策和沟通网络。"⊖ 与此同时，管理学还告诉我们："因为一个主管人员能有效地加以管理起来的人数是有限的，所以在管理过程中需要区分不同的层次。"⊖

正是根据管理学的这一基本原理，在企业以及各类组织中，往往设置了从高层到低层的不同职位，为每一个人区分出他所拥有的权力和他的职责范围。这一管理跨度和层次的划分与历史上出现组织的形式一样古老。它出自《圣经》关于摩西组织以色列人逃出埃及的这段故事。摩西遇到了困难，应用划分部门的方法解决了困难。在《出埃及记》第 18 章中描写了这个故事，摩西的岳父注意到摩西费了这么多的时间去管理这么多的人，于是劝告他："你这样做不好。你和这些百姓必都疲惫，因为这事情太重，你独自一人办理不了。现在你要听我的话，我为你出个主意，要从百姓中挑选有才能的人……派他们当千夫长、百夫长、五十夫长、十夫长来管理百姓，叫他们随时审判百姓，大事都要呈到你这里，小事他们可以自己去审判。这样，你就轻省些，他们也

⊖ ⊖ 哈罗德·孔茨，海因茨·韦里克．管理学 [M]．9 版．北京：经济科学出版社，1993：189，191．

可以同当此任。你若这样做，上帝也这样吩咐你，你就能受得住，这百姓也都平平安安归回他们的住处。"于是摩西听从了他岳父的话。他从以色列人中挑选了有才能的人，立他们为百姓的首领，做千夫长、百夫长、五十夫长、十夫长。他们随时审判百姓，有难断的案件就呈到摩西那里，但各种小事他们自己审判。

设立各种职务，划分一定的管理层次，自然是十分必要的，这对于加强管理的有效性可以发挥重要的作用。但是企业中还存在着这种倾向，即把组织和划分部门本身看成是目的，并且以部门与部门层次的明确性和完整性来衡量组织的效率，把业务活动的流程隔断，分成在各个部门之间完成，这样也导致出现了一些问题。

首先，层次多费用就多。层次越多，用于管理的精力、资金就越多。因为管理人员和协助管理人员的工作人员增加了，协调各部门活动的需要增加了，再加上为这些人员配备的设施费用也增加了。这种通常被称为"管理费用"或"一般行政开支"的费用，对于一个企业或者组织来说，自然是越少越好。

其次，层次过多使企业和组织的内部联络复杂化。一个有很多层次的企业通过组织结构向下传达目标、计划和政策，要比一个最高管理人直接与雇员联系的企业困难得多。当信息按直线向下传达时便会发生遗漏和曲解现象。曾经有人做过调查和统计，董事会发出的信息，经过总经理、副总经理、部门经理、主管等，到达最下级人员时，只剩下原有的45%的信息了。这种过于复杂的管理层次也使从第一线基层向上级指挥人员的信息沟通复杂化。自下而上的沟通与自上而下的沟通是同等重要的。有学者指出，就像过滤器过滤水一样，层次是信息的"过滤器"。

最后，过多的部门和层次会使计划工作与控制复杂化，在高层可能是明确完整的计划，经过向下一级一级布置下去，就失去协调一致性和明确性了。增加层次和管理人员会使控制更加困难。

8.2.2　上下同心，充分开发人力资源

尽管部门的划分和职务的设立存在着上述一些弊病，但是现代各级企业和组织依然在推行这一做法。在管理学的一般原理中，分工明确、责权清晰确实是一项重要原则，它相对于那种不讲分工、混乱一团的无序作业，显然是一个进步。然而，在管理伦理学上，随之产生的一个问题便是：在企业经营管理中，怎样才能使企业中担任上下高低各种不同职务的人员都能够为企业整体着想，把企业的事情当作自己的事情一样尽心尽力，怎样才能够凝聚企业员工的人心。

有人认为，要想企业中的普通员工也具有高度的责任感，真正全心全意去干好企业中的每一件工作，是一件近乎不可能的事。打工的永远是打工的，他拿的是打工的钱，干的是打工的活，出的是打工的力，他永远不可能把企业的事情当作自己的事情一样去努力干好。对他们提出这一要求是一种奢望，不切合实际。在企业管理中，比较切合实际的是明确每一个人的职责分工，尽量做到职责明确，让他们明白自己应该干什么，然后每一个人把自己分内的工作干好，这就可以了。

上述看法似乎不能算错，不少企业领导人在日常管理工作中所追求的也是这样一

种状态。但是从进一步发掘人的潜力来看，从人力资源开发的角度来看，这又显然是不够的。有研究认为，人在目前的工作和社会状态下，只发挥了自己 30% 的能力，尚有巨大的潜能有待开发，而发挥每一个人的最大能力，无论是从企业的人力资源开发来看，还是从提高企业经济效益的角度来看，无疑都是十分重要的。分工明确、责权清晰固然非常重要，但是问题在于，过分强调分工，结果往往会造成"各人自扫门前雪，莫管他人瓦上霜"的伦理表现。而且，如果把每个人的职责范围划分得过于清楚，那么许多在企业运作中随机发生的事情往往没有人来处理，因而导致企业的损失。另外，过分强调分工和层级会造成企业对外部反应的灵敏度降低，不能进行有效的应变改革，从而错失商机，严重的会得"大企业病"。近年来发生的柯达公司破产和诺基亚的衰落，就是"大企业病"两个明显的例证。

按照管理学家麦格雷戈所归纳的"Y 理论"，员工本质是好的，只要企业领导人给予他们必要的尊重，在管理中采用妥善的方法加以引导，他们就愿意与企业管理当局合作，为企业发展尽心尽力。按照管理心理学家马斯洛的"需求层次理论"，每个人除了生理等基本需求以外，都还有获得尊重乃至自我实现等高层次需求，他们除了干好本职工作之外，总希望有机会能够展示一下自己的才能，体现出自己的责任心。因此，在企业管理中，分清职责固然是十分必要的，号召每个员工保质保量地做好本职工作也是完全正确的，但这只是员工职业伦理最起码的标准。作为一个企业领导者，如果仅仅满足于此，不重视引导员工尽可能地发挥能力，不给员工创造这样的机会，那不仅是不称职的，而且在管理伦理上是不够的。从员工发展角度来看，这对他们的成长不利；从企业发展角度来看，同样没有充分发挥人力资源的作用。只要企业家首先以身作则，然后注重在管理中加以积极引导，不是用单纯的职责范围去框住员工的手脚，而是注重培养他们的责任心和荣誉感，在这方面做出努力，是可以做到上下同心的。

现代管理学强调管理者要从全局性上动员企业内全部可以利用的人力资源，倡导"大家同心协力共赴目标"的精神。国外管理界有三句格言：人的知识不如人的智力；人的智力不如人的素质；人的素质不如人的觉悟。我们的企业家不应满足于职责分清、权限分明等管理技术层面的做法，认为自己只要把这一套运用熟练就够了，而是要时时思考怎样激活和开掘好企业的人力资源。在管理手段和方法的运用中经常思考这一问题，加强自身的管理伦理修养，经常考虑怎样从哲学的高度，从全局层面去调动全体员工的积极性，把人力资源尽可能利用起来和发掘出来。如果真正做到这样的话，一方面自然能给企业发展创造极大的优势，另一方面也使企业家自身能上升到一个更高的层次，把管理提高到一个新水平。

8.3 选才、用才中的伦理准则

8.3.1 人才标准的确立必须符合管理伦理

人才选用作为一门专门知识，它有一系列的原则和方法。对人才的选用作为企业管理者一项重要工作，在企业经营和管理中占据着重要的地位。

要正确地用好人才，首先有一个关于人才标准的确立问题。用才首先要识才，什么样的人能算作人才，什么样的人能被提拔使用，这里面蕴含着一个伦理标准问题。

从管理伦理学的角度来分析，选拔人才应遵循下列几个原则。

1. 德才兼备原则

德才兼备，以德为先，是我们识别、选拔人才的基本标准。有句话说得好：有德有才，破格重用；有德无才，培养使用；有才无德，限制录用；无德无才，坚决不用。"德"与"才"不能偏废，缺德，才就失去了正确方向，才能也因此而不能很好地展现；无才，德的存在也就失去了意义，也不会有所作为。我们今天的企业，需要的是德与才的统一，而且我们更应强调的是以德为先。一个人才，必须有良好的道德准则，才能在工作中发挥出良好的作用，否则的话，其才能越高，能力越强，所起到的相反作用越大。著名的哈佛大学商学院在学生进校之后的第一课，就要给他们教授《管理决策与伦理原则》，就是这个道理。这虽然不能完全从根本上解决学生的伦理困惑，但至少能让他们明白对与错、善与恶、好与坏，让这些今后的商界领袖们明白在从事商业行为之时，所应秉承的是非界限和正确伦理标准。

坚持德才兼备原则，需要划清一些最基本的原则和界限：

- 分清"思想活跃、敢想敢做，有理想、有抱负"与"骄傲自大、好出风头"的界限；
- 分清"坚持原则、尊重领导"与"投人所好、阿谀奉承"的界限；
- 分清"说干就干、雷厉风行、坚持效率观念"与"急躁、蛮干、空想、脱离实际、头脑发热"的界限；
- 分清"处事稳重、考虑问题谨慎"与"胆小怕事、回避矛盾"的界限；
- 分清"作风民主、善于团结他人"与"好人主义"的界限。

2. 能级原则

按能级使用人才，根据人的才能，把人才放在相应的岗位和职位上去量才录用，这是人才使用和管理的基本原则，也是符合人力资源领域管理伦理的。如果对平庸者委以重任，不仅会造成企业的巨大损失，而且对其本人来说，也未必见得愉快，实在是勉为其难。而如果对高能级者不加重用，没有做到"人尽其才"，则不仅不利于企业的发展，而且对被使用者也缺乏一种道德心，而从全社会角度来讲，更是一种人才浪费。现代人力资源管理的任务是建立一个合理的人才使用能级，使管理的内容动态地处于相应的能级之中，充分发挥人才的能动作用。能级原则在今天的具体运用，就要体现在对谋略者委以重任，使怀才者用当其所，并使平庸者各得其宜上。

按能级使用人才，应体现不同的能级有不同的职权，精神荣誉和物质利益，做到各尽所能、按劳取酬。职权、精神荣誉和物质利益是能量的一种外在体现，它们只有与能级相对应，才能使管理工作得以顺利进行，过高或者过低，都是与管理伦理原则相违背的。古人云："不在其位，不谋其政。"在其位才能谋其政，而谋其政必须有其权，尽其责。当然，发挥各个人才能级的能量作用，不能一味地只讲物质利益，精神荣誉和物质利益都是人才尽责的应得报酬。有效的、符合管理伦理的管理方式不是拉平和取消职权、精神荣誉和物质利益，而是对应合理的能级给予适当的职权、精神荣誉和物质利益。如果不分能级，一律对待，势必造成绝对平均主义，其结果必然是人才能量的极大浪费，人才的积极性、主动性和创造性得不到发挥。

3. 动态原则

人是具有主观能动性的，人的能级以及其他各方面的情况都在不断地变化。对管理者来说，如果只凭人们一时的表现或者自己个人的一时印象，就将被管理者固定在某个岗位上，这是绝对不符合管理伦理原则的，也是极不利于人才发展的。人才使用，必须科学合理地流动，在动态中使用和管理好人才，充分发挥每个人才的积极性、主动性和创造性。动态原则主要体现在下列几个方面。

（1）人才能级与岗位的能级必须动态地对应。要使各类管理能级相对应，必须保证人才在各个能级中不断地运动，通过运动检验人们的才能，然后达到各得其位的目的。岗位的能级和人才的能量在不断变化，例如通过学习和实践，才能得到提高，而年老、体弱、智衰，能级自然下降。因此，必须动态地实行能级反应，才能发挥最佳的管理效能。现代人才管理的岗位能级必须合理，而人才的使用允许适当的运动才是既合乎道理又合乎伦理的管理。

（2）让人才到广泛的范围内进行活动。把人才老是局限在一个单位、一个地方，就会像"近亲繁殖"一样，没有免疫力，容易遗传"病态基因"，出现人才的优势衰退效应。而实施动态管理，让人才到广泛的范围内合理流动，就像"远缘杂交"一样，能够摄取诸家所长，出现人才的优势增长效应。

8.3.2 人才使用中的伦理问题

人才的选拔不是目的，只是手段，人才的选拔是为了更好地对其进行使用。因此，在使用中，更要注意遵守管理原理和管理伦理的原则。

1. 赏与罚

赏与罚，或称为奖与惩。这一原则曾被一些政治家和领导者称为"为治之要""治理要机"。在人才的使用过程中，对于这一问题要把握的一个伦理要点，就是要"赏罚分明"。

作为一个管理者，在人才使用中随时都会碰到赏与罚的问题。而不论实行奖赏或惩罚，最要紧的是公正、得当。诸葛亮曾经说过："赏不可不平"，"罚不可不均"，"赏不可虚施，罚不可妄加"。唐代著名政治家魏徵也说过："赏不遗疏远，罚不阿亲贵。"这都说明一个道理：赏罚对任何人都应一视同仁。

要做到赏罚一视同仁，首先管理者尤其是领导者要杜绝私心，不可任人唯亲，而要任人唯贤、唯才是用、唯才是举。社会上曾经流传一副对联"说你行你就行不行也行；说不行就不行行也不行"，横批是"不服不行"。如果真是像这副对联所说的情况，那这样的领导者是不可能做到赏罚分明、一视同仁的，这样的一种对人才的使用态度，自然是违背伦理准则的。领导者如果不能做到赏罚分明，就分不清功过好坏。有功之人不予奖励，就不能鼓励先进；有过失者不予惩罚，则不能惩戒落后。这实际上就造成压制先进，鼓励落后，无论从个人应具备的道德水准而言，还是从社会公德而言，都是与之相违背的。如果奖赏徒然给予无功的人，有功的人就会无用；如果惩罚乱加在无过者身上，正直的人就会怨恨。这样的话，任何组织的工作都难以做好。

2. 用与信

这是人才使用中经常会遇到的一个问题。古人云："用人不疑，疑人不用。"一个干部，你既然在使用他，那么就应大胆放手，不能轻易地毫无根据地怀疑他；如果你对他有怀疑，或暂时缺乏一种信任，那么，在未解除怀疑、恢复信任之前，可以暂时不加使用。一个干部，或者一个企业管理人员，如果一方面努力工作，在第一线承担着重要的责任，另一方面又受到领导的怀疑，对他缺乏一种基本的信任或不能给予明确的支持，那么，这个管理者他本人的心境如何、干劲怎样是可想而知的。

"用人不疑，疑人不用"不仅是一种管理和领导的艺术，而且是一个领导者或管理者在人力资源开发与使用方面所应具有的基本伦理准则。如果对人才既使用又怀疑，既要下属尽心尽责，又不给予充分信任和支持，不仅不能很好发挥人力资源的作用，而且从管理伦理的角度来衡量是有所欠缺的。

对人才"信而不疑，大胆使用"，关键之处表现在有人进谗言之际。凡流言蜚语、无稽之谈，没有经过公开途径而传来的，作为领导者一定要慎重对待，切不可偏听偏信。领导者要采取极其认真负责的态度，一切以事实为依据，在没有查证落实之前，不能轻易地怀疑和处置人才。同时，可以采取以下措施：

- 教育进谗言者；
- 对造成重大后果的进谗言者罚以诬告之罪；
- 让被谗者讲清事实真相和自己的看法，解除其思想负担。

当然，在强调"用人不疑"的同时，还要注意"疑人不用"。世界上绝没有如此"大度"的领导者，可以不分良莠，一概予以"不疑"。对于缺点突出而又没有什么突出优点与才能的人，对于经常失败或使企业连年亏损的人，对于品质恶劣乃至形迹可疑、野心勃勃的人，当然不能相信和重用。尽管这种人可能当面对你竭尽阿谀奉承之能事，但也绝不可重用，否则的话，会给组织带来重大损失。

3. 能人与完人

在人才使用中，要大胆使用那些有才能的人，用人所长，避其所短。同时，要正确区分能人与完人的界限。在一个组织中，可能会有一个或几个能人，但在世界上，你可能找不出一个完人。如果因为某一个人才有这样或那样的毛病就不加以使用，不仅会贻误那个人才展示自己才能，而且会贻误事业的发展。

"求全责备"是人才选用中常犯的毛病。"求全责备"者的一个认识前提是：人要是完人。而实际上又"人无完人",因此,他就要加以否定,或提出种种疑问,结果往往是"等一等""放一放",影响人才的使用和事业的发展。用人不能"求全责备"的道理古人早就认识得很清楚。《论语》中就有这样的论述,"赦小过,举贤才"。《后汉书·陈宠传》上也说:"有大略者不问其短,有厚德者不非小疵。"如果一个领导者喜欢"求全责备",那么,他周围的人,可以说肯定都是一些平庸之辈。

要区分能人和完人的不同之处,还要在实践中善于区分失误和错误。如果不加区别,把工作中的失误看成严重的错误,那是不符合管理伦理的;反之,把严重的错误加以淡化,认为只是工作中难以避免的失误,那同样是不辨是非,不符合管理伦理的。失误和错误这两个概念是交叉的、相互包含的。一种人犯错误可能是因为工作作风问题,比如作风不民主,过于专断;作风不踏实,不深入实际;作风不谨慎,玩忽职守。也可能是因为思想意识问题,或者只是想表现自己,或者嫉贤妒能,或者想谋取私利。由于这些原因犯错误,是不能谅解的,必须采取必要手段进行教育,甚至采取组织措施调动岗位;由于同样原因出现了失误,失误也应属错误的性质,只是两者的深度、广度存在着差别罢了。另一种人犯错误则不同,或者是由于经验不足,或者是由于思想观念跟不上形势,对新的事物缺乏认识。这一类错误,就其本质上属于失误的性质,是吸取教训、总结经验的问题。领导者应采取支持、鼓励的态度,而不能挫其锐气,更不能杀鸡儆猴,使人不敢越雷池一步。美国花旗银行一位副总裁里德因建立公司信用卡分部有所失误而损失了1.71亿美元,引起公司和社会的关注,他也由此大出其名。一些人以为里德从此会背运,但他的上级却不认为是如此,而是充分肯定里德的敢作敢为——及时承担责任,并提出弥补措施,在弄清事情真相后并未处分他。里德也由此总结经验教训,使信用卡分部转亏为赢,最后竟当了银行董事长。这个例子告诉我们,扼杀一个有才能的人很容易,而区分他们的错误和失误却并非易事。

8.4 人力资源管理趋势的伦理透视

由于人力资源的重要性已为越来越多的领导者和管理者所重视。因此,在人力资源管理方面,正在出现许多符合管理伦理方向的发展趋势,这些趋势值得我们高度重视。

8.4.1 管理模式的变化

21世纪人力资源管理的最大变化,莫过于管理理念和模式的变化。随着知识经济时代的到来,企业运作方式和人力资源管理模式都有了极大的变化,互联网的应用和科学技术手段的进步,使得虚拟经营、人力资源外包、虚拟团队运营都成为现实。这也促使人力资源管理模式从事务型转向决策型。现在的企业人力资源管理部门,已从单一的职能部门转变为决策与职能相结合的部门,表现出战略性人力资源管理的趋势:

- 企业人力资源管理部门的主管更多地参与制定企业的发展战略;
- 一般事务(如招聘、培训、人员安排、提职晋级等)主要由业务部门经理人员负责,人力资源管理部门只提供各项专业服务;
- 人力资源管理部门为业务部门经理提供有关人力资源方面的咨询服务,同时为员工提供咨询和服务;
- 人力资源管理模式因国家、地区和企业或组织之间的差异而产生很大不同。

模式的选择需依据企业的具体情况而定。今后,人力资源管理模式大致有以下几种。

1. 人本主义型

这种模式以人本主义为指导思想,强调个人的发展,注意发挥员工的潜能,并为员工提供满意的、富于挑战性的工作。

2. 决策型

这种模式强调人力资源管理与企业发展战略的结合,强调人力资源管理部门应积极参与企业战略目标、方针政策的制定,为企业战略性发展积极开发和储备人力资源,有效提高人力资源管理的战略地位。

人本主义型和决策型两种模式将是今后人力资源管理模式发展的主流。

3. 事务型

这种传统的模式在今后的若干年中,在小型企业管理模式中将占主导地位。在这种模式下,人力资源管理部门的作用仍限于处理日常人事事务,不注重个人在组织中的发展,不参与企业发展战略的制定,甚至连一些人力资源管理的政策也由公司高层领导制定。但这种模式由于不符合现代企业中员工的个人发展需求和企业组织发展的需求,已被证明是落后于时代发展的,因此将会被淘汰。

8.4.2 管理操作层面的变化

现在,企业的人力资源计划越来越注重同本组织自身的发展战略、经营战略相结合,注重同业务部门的规划相协调。日常人事管理事务功能,如公文处理、人事记录、章程贯彻、员工招聘等将进一步淡化,或委托第三方来进行。人力资源管理的工作重点将逐渐转向以人为中心的管理,即如何进一步调动员工的积极性,如何进一步参与制订企业的发展计划,如何增加人力资源管理的效能等方向。

在人力资源管理的具体操作上,将出现以下变化。

1. 政策将集中制定,分散执行

由于政策具有法律和经济的双重特性,所以它必须由人力资源管理专家在公司层面上制定,但由于人力资源管理的某些事务逐渐由业务经理负责完成,因此这些政策又要分散执行。今后的趋势是:人力资源计划将逐渐转向由业务经理、自我管理小组和人力资源管理部门三方共同研究制订。在这类计划中,个人意愿将会获得更大尊重,人力资源管理部门将为个人发展提供更多的机会,创造更好的条件。

2. 劳动报酬管理将发生变化

现在的劳动报酬管理已从公平、公正型朝着如何使员工进一步发挥其潜能和积极性的激励型方向发展。业绩考核是劳动报酬管理的核心。现在业绩考核的主要目的是通过公正、客观地评价员工的工作绩效，帮助员工找出工作差距和缩短差距的方法，从而保持和调动员工的积极性。另外，除了将现在的员工工资与个人业绩直接相联系外，劳动报酬管理的另一大重要任务是，确保本企业员工的工资不低于劳动力市场上同类员工的工资，保持企业对员工的吸引力。此外，奖励已从单一的物质奖励变为物质奖励和精神奖励相结合的方式，更注重员工在精神上的满足。

3. 重视信息的沟通

员工信息的沟通是人力资源管理新增加的内容和任务。现代人力资源管理理论认为，增加信息沟通可以改善企业与员工间关系，清除因信息不通而造成的员工紧张与不满，增进上下级之间的了解和共识，形成良好的人际关系。这对于企业的发展是至关重要的。研究表明，信息阻塞是影响员工发挥积极性的一个重要因素，现代员工更加注重知情权和信息沟通。因此，从充分发挥人力资源作用和重视员工个人呼声的角度来看，信息畅通是十分重要的。

8.4.3 员工培训日显重要

当代管理是以人为中心的，人的作用日益被突出，人力资源管理更加注重个人事业的发展。人们普遍认为，个人的发展会给企业带来益处。个人发展均与企业培训与继续教育相结合，尤其是伴随着"学习型企业"的兴起，当代的企业正在经历着从"命令式管理"到"学习型管理"的变迁，企业内的教育培训正在成为一项对企业发展极为有利的工作。

从管理伦理的角度来分析，"学习型企业"更加适合员工个人的发展需要，同时对企业的组织文化和战略发展也有极大的好处。20世纪90年代，美国麻省理工学院斯隆管理学院积极倡导"学习型企业"，向陈腐的管理观念与组织结构均发起了挑战。

西方学者对"学习型企业"的本质内涵有过种种界定，归纳起来可以概括出如下本质的定义：

- 在学习型企业中，员工有一个共享的愿景；
- 在学习型企业中，员工抛弃了解决问题和工作中的陈规陋习；
- 在学习型企业中，员工把组织过程、活动、功能以及与环境的相互作用作为一个相互关系的系统中的一部分；
- 在学习型企业中，员工可以跨越组织内部水平与垂直边界，彼此之间相互坦诚交流，而不用担心因此受到批评与惩罚；
- 员工抛弃个人和部门利益，为实现组织成员共享的愿景而通力合作。[⊖]

⊖ 苏勇，何智美. 现代组织行为学 [M]. 2版. 北京：清华大学出版社，2011：277.

现代企业在培训方面所采取的基本理念就是：使企业一切领域的人才超越"蓝领""白领"而得以"金领"化，致力于每一个雇员都能从事具有知识和科技含量的脑力劳动。例如，日本的企业奉行"人创造工作，工作又创造人"的精神，注重客观地看待每个雇员的职业能力，严格地把握和评价职能的适应状况，大力倡导职能开发，提高组织的活力。

诺贝尔经济学奖得主西奥多·舒尔茨有一句名言："投在人脑中的钱比投在机器上的钱能赚更多的钱。"由此可见，投资教育与培训是绝对明智的选择。

现代企业认识到，要重视员工不断增长的学习需求，同时要正视企业间激烈竞争中的人才因素。不少企业认识到："企业间最大差距是人才的差距。"一个企业要在竞争对手面前立于不败之地或在变化的社会环境中生存下去，就得持续地做出确保优质人才的努力，并使这些人才成为现实的经营力。这才符合企业经营的伦理道德。而且，在现代企业人才的培训中，沟通能力、合作能力正成为人才的必备能力和重要的检验指标。现代管理学中被高度关注的"情商"（EQ），便是指个人在企业、团队中的心理平衡和情绪调整的能力。有这样一种能力的人被认为在激烈的竞争中能够更好地与人合作，更良好地把握道德准则，从而导致个人事业和组织的成功。一个人单打独斗的能力靠"智商"（IQ），但彼此合作的空间往往更强调"情商"，更需"学会关心""学会合作"。美国著名"成人教育之父"戴尔·卡耐基确信："一个人事业上的成功，15%是靠专业知识，85%是靠人际关系与处世技巧。"因此，现代企业的培训方式认为，具有一流创意的员工不仅需要高智商，更需要高"情商"，而具有高"情商"的员工才能更好地遵守集体和组织的伦理原则。

企业的人力资源开发与管理，由于直接面对企业的员工，涉及人的问题，其中所蕴含的伦理内容更为丰富和复杂。对于企业领导人来说，只有具有良好的企业伦理意识，制定明确的企业伦理准则，才能在人力资源的开发、培训、管理和使用上采取正确的、合乎伦理的方法，最终有力地促进企业的发展。

8.4.4　重视竞争中的人力资源管理

随着企业之间竞争程度的加剧，人力资源以及附着于人力资源上的技术和经营中的某些资源，越来越受到企业的重视。随之而来的，在我国建设市场经济体制的企业实践中，也产生了一些新的情况，"竞业禁止"就是竞争中的人力资源管理方面的新课题。

"竞业禁止"原是市场竞争激烈的经济发达国家企业雇主约束其雇员行为经常采取的一种措施。它要求雇员在职期间和流动之后，不得有与雇主直接竞争的行为。在这些国家，雇主在雇用员工时，会和雇员签订一定的书面条款，对雇员的行为进行约束。条款内容往往包括：雇员在职期间不得在竞争对手企业兼职或任职；不得自行组织公司与企业和雇主竞争；离职后不得在特定的时间和特定的区域内开展同原雇主竞争的业务或受雇于有直接竞争关系的对手公司，当然也包括不得泄露或使用原雇主的商业秘密同原雇主进行竞争。"竞业禁止"条款可以签订在雇用关系开始时，也可以签订在雇用关系结束时，还可以存在于保密协议中。目前，随着企业竞争意识和知识产权意识的加强，我国许多企业在与掌握企业商业秘密的经营人员和科技人员签订的劳动合同中，规定了"竞业禁止"条款。

目前，《中华人民共和国反不正当竞争法》中有关"商业秘密保护"的规定，对"竞业禁止"的问题从商业秘密保护的角度加以约束。另外，各地政府有关人才流动的一些条例中，也有"竞业禁止"的相关规定。

对于这一问题，从人力资源管理伦理的角度来看，应该从两个方面来加以考虑。

一方面，要判断企业所做出的竞业禁止的规定是否限制了雇员的合法竞争，或是不合理地限制了雇员再就业的自由，甚至由此而损害了社会利益，限制了科技人员的合理流动。

另一方面，如果"竞业禁止"的义务并不是泛泛不公正地限制经营人员和科技人员，而是为了保护企业的商业秘密，仅仅对掌握企业商业秘密的科技人员和主要经营人员加以合理的限制，这种"竞业禁止"的约定应当是有效的。因为我国《反不正当竞争法》保护商业秘密的规定是强制性法律规定，企业与职工对有关商业秘密做出权利义务的约定，是合情、合理、合法的。这种合同要真正起到保护商业秘密的作用，就必须对掌握相关商业秘密的经营人员和科技人员加以合理的限制。这种限制虽然在实际上约束了经营人员和科技人员某些竞争行为的自由，但这种限制的出发点是为了保护企业的商业秘密。

总之，企业在市场竞争中，出于保护商业机密的需要，在员工自愿的基础上，和他们签订相关的协议，以此形成自我保护机制。从企业人力资源管理的伦理方面和法律方面来看，这都无可非议，但是由于这一规定实质上多少限制了雇员的流动自由，使其遭受了一定的损失，因此企业也应该相应做出适当的经济补偿，这样才更加符合企业伦理。

本章要点

- 管理中选才、用才的伦理观念和行为。
- 更好地做到职责明确、上下同心。
- "竞业禁止"等人力资源管理中的伦理原则与实施。
- 知识经济时代员工管理中的伦理新趋势。

复习思考题

1. 在企业管理中，怎样识别真正的人才？
2. 如何让员工真正与企业同心同德？
3. 留人如何才能"留心"？

应用案例　　苏州固锝：构建幸福企业典范

"企业的利润来自员工的幸福和客户的感动。"这是苏州固锝电子股份有限公司 2015 年 3 月 15 日发布的年报卷首语，也是董事长吴念博的肺腑之言。年报如此开篇，在上市公司中实属罕见。不仅如此，固锝公司还有一个特殊的部门——幸福企业工作部。这一部门的设立，可谓创中国企业之先河。

进入苏州固锝，随处可见各种爱心条幅，"敦伦尽分""弟子规""百善孝为先""不学礼，无以立"等。在这种浓厚的文化氛围中，人们自然时时受到熏陶教化，而每个人的一点点进步和改变，聚在一起就是不可限量的超越。

吴念博为什么如此重视"员工的幸福"，以致要特别成立一个部门来经营"员工的幸福"呢？吴念博说："这是我经营企业20多年来，经过深入调研思考和长期实践沉淀的结果。"

用"家文化"打造"幸福企业"

苏州固锝创立于1990年11月，前身是一家校办工厂，经过多年的发展，它已成为目前世界最大的二极管生产商之一，产量占世界产量的8%~9%。2006年11月，苏州固锝于深交所上市，成为中国二极管制造行业的首只A股。

当生存不再是问题时，固锝和大多数中国制造企业一样，遇上了全球经济衰退、竞争日趋激烈、利润持续下滑的严峻挑战。如何挖掘企业发展的新动力？如何培养"80后""90后"年轻员工的价值观？如何激发新生代的创造力？这一系列问题终日盘旋在吴念博的脑际。他开始了长期的探索研究。"人要有大爱情怀，企业也要有大爱文化。"一次次的探索实践，一次次的思索顿悟，吴念博认识到，企业是个"家"，要把公司当作"家"来经营，把员工当作"家人"来爱护。

然而，美好的愿望终归有点儿一厢情愿。固锝62%的员工来自外地，怎样才能消除他们"独在异乡为异客"的漂泊感，让他们把公司当成自己的家？

"关怀。"吴念博说，"要想让他们接受你的理念，你必须首先关怀他。"在固锝，员工亲切地称吴念博为"大家长"，许多不愿告诉别人的心事烦恼，都会通过短信、微信等方式向"大家长"倾诉，而"大家长"则不厌其烦，不管白天深夜，总会认真回复每一个短信，给"孩子们"以心理疏解，并及时给予正面引导，输送正能量。

固锝对员工的关怀体现在每一个细微之处。

把信任交给每一位基层员工，曾经的打卡机光荣退休，不用打卡，员工倍感幸福。

创办爱心园，提供学习场地，让职工子女放学后在公司得到专人照顾，解决了双职工的后顾之忧。

设立"孝亲电话吧"，每周免费开放，话费由公司承担，只为方便员工问候远方的父母家人。

离职的员工依然是兄弟姐妹，一线员工蒋勤珍离职5年了，固锝员工得知她罹患重病，便自发捐款探望，蒋勤珍和她的妈妈感动得热泪盈眶。

公司绿化自给自足，经理、员工自发种植、认养花木，确保每一棵花草树木都有自己的"爸爸妈妈"……

身教胜于言教，吴念博以身作则，亲力亲为，他曾亲率全体高管，用最恭敬的鞠躬，在清晨迎接上班的员工和车辆；亲自擦洗卫生间；甚至发现地面上有根头发，都蹲下去用手指拈起来。有一年中秋节，固锝的员工和其父母都收到了一份特别的礼物。吴念博自掏腰包，作为感恩员工的慰问金，亲自为2 000多名员工90°鞠躬双手奉上。他给全体员工的父母写了一封言辞恳切的信,并希望"孩子们"也都写一封家书。在他的感召下,有的员工十多年来第一次给父母写了一封信。

"员工的父母就是我的父母。"吴念博说,"有的老板收到过子弹、炸药包,而我收到的是一封封来自千里之外的最朴实、最真挚的感谢信。"

用员工的内生动力驱动企业成长

班组是公司的最基础单位,为了促进班组成员之间相互关心,激励领班关怀本组员工,固锝每月都评选"幸福班组"和"幸福领班"。吴念博说:"领班是最关键的环节,他们深深渗透在第一线,他们在员工中的影响力不可估量,所以我们提出一个口号——领班就是总经理,鼓励每一个领班都把自己放在总经理的高度去思考问题、解决问题、培养员工。你的建议和处理问题的方式是本位的还是从大局出发的,都代表着你的高度。"

在"领班就是总经理"的号召之下,领班们的积极能动性被极大地激发出来。有一位名叫吴鹏的领班,他来自贵州,在固锝已经十年有余,他深切感受到固锝家一般的温暖,先后介绍100多位老乡加入固锝。老乡们初到苏州,人生地不熟,吃住都在吴鹏家里,吴鹏从不嫌弃,他一直默默地如兄长般照顾着同乡和同事。吴念博得知此事非常感动,称赞吴鹏是领班中的典范。唯有把员工视为兄弟姐妹,幸福才会弥漫在每个人的心里。

吴念博倡导的"幸福企业"包括"人文关怀、人文教育、绿色企业、人文真善美、志工拓展、慈善公益、健康促进"

七大模块,大力推进"大爱人文"思想,传递一种上下齐心的文化和价值观,使员工懂得感恩,传播大爱,关爱众生。

企业的幸福感大大降低了员工的流失率。"固锝的流失率,算上进来不到一个月,还没开始接受固锝文化的非正式员工,大概在5%。"吴念博说,"中国电子行业的平均人才流失率为24.5%,固锝远低于这个数字。"虽然如此,吴念博还是觉得固锝的人才流失率"有点高",他要推出更多的举措吸引并挽留新老员工。据调查,固锝公司20年以上的老员工比比皆是,"我们那个部门'二进宫'的占10%。"生产部经理郑永勇自豪地调侃道,"为什么离开了还回来?就是感觉别的地方没这里好呗!"

在固锝,每个人只有职能分工不同,在人格上是完全平等的,这种平等的文化和思维方式让最基层的员工有了被尊重和被关怀的感动。员工们从教育中体会到:我们的产品是有精神和生命的,我们的工作不只是上班赚钱,而是要赋予工作更有价值的生命和意义。固锝有个口号:销售最大化,经费最小化。为了节约成本、提高效率,员工自发贡献"金点子",改善每一个可以改进的细节。比如QFN部门,技术人员对10年前的旧设备进行改造,他们夜以继日地"头拱地"研究实践,终于把即将报废的机器改造一新。一分忠诚胜过十分管理。当员工的身份变为"家人"以后,他们焕发出的热情和主人翁精神超出了管理者的想象。比如,工程部通过自主设计产品取代原来的大功率超薄封装产品,在产品品质提升的前提下,铜材消耗降低45%,人工效率提升90%。

所谓精实管理,其核心是"消除浪

费,持续改善"。这一理念,固锝通过"金点子"活动得到真正的贯彻落实:发挥一线员工的智慧,做到"精",那些隐藏在细节中的浪费被彻底消除;激发基层员工的主人翁精神和创造力,做到"实",持续改善得以在工厂的各个角落推行。苏州固锝把中国传统的"家文化"与国际先进的"精实管理"理念有机地无缝对接,并巧妙融会贯通,从而实现了人文关怀和商业逻辑的双轮驱动。

吴念博说:"一切用钱解决的问题,都不是真正的解决。制度永远有缺憾,而企业文化,关键在一个'化'字,它不同于物质激励,它激发的是人的内生动力,这是无止境的动力。"

用社会责任增加幸福感

吴念博始终认为,"企业最终是为了员工的幸福及社会和谐而存在的",他提出了苏州固锝的企业愿景:构建幸福企业典范。吴念博认为,绿色、和谐是企业的社会使命,在企业发展的同时,更要注重社会责任的承担,将追求单一功利的企业组织改造成追求幸福的企业组织,使传统企业向社会企业靠拢。

为了让固锝的"幸福企业"和"绿色理念"得以发扬光大,同时肩负起更多的社会使命,固锝组建了一支实力过硬的志愿工作者队伍,目前通过培训,持有"护照"的志愿者已达426位。他们积极投身社会公益事业,走进社区、街道、风景区开展资源分类回收、爱心义卖活动,常年开展废弃电池以旧换新活动,坚持每月走进当地敬老院、智障学校为老人和孩子送祝福、送温暖,每年组织员工义务献血……

韩国著名政治家、企业界领袖文国现表示:"我40多年来一直和西方管理打交道,研究探索了各种先进的管理学,但是听了苏州固锝的分享后,我认为这是亚洲人的人文价值的体现,固锝经验足以影响全球的企业。"

中韩建交的经济理论奠基人金泳镐教授说:"固锝这种让员工、企业、小区、客户、供货商幸福的家文化应该发扬光大,幸福企业的建设不仅解决了现实问题,更可以解决未来的危机。"

竞"善",不逐"利"。吴念博率领苏州固锝"以爱对人,以慈对人",勇敢地承担起企业责任和社会责任。他深有体会地说:"我既做企业家,也做实业家。企业家需要干好自己所处社会的本职,创造财富,依法纳税,关爱员工;而投身实业,则需走出自我事业的小圈子,释怀大爱,造福世间……"

资料来源:本案例由苏勇根据相关资料改编。

讨论题

1. 你是否认同固锝公司的理念?
2. 固锝公司有哪些特别的管理方法?
3. 你认为固锝公司的管理理念和方法可复制吗?你会采用吗?
4. 在当代社会,你认为固锝公司的管理方式或许会存在哪些问题?

第9章 企业营销中的伦理

天下熙熙，皆为利来，天下攘攘，皆为利往。

——《史记·货殖列传》

公司需要用最后一种工具来评价它们究竟是否真正实行道德与社会责任营销。我们相信，企业的成功和不断地满足顾客与其他利益相关者，是与采用和执行高标准的企业营销紧密结合在一起的。世界上最令人羡慕的公司都遵守为人民利益服务的准则，而不仅仅是为了它们自己。

——菲利普·科特勒

> **学习目标**
> - ☑ 了解"亨特—维特尔营销道德理论模型"。
> - ☑ 了解"绿色营销"含义。
> - ☑ 掌握在营销实践中须把握的伦理原则。
> - ☑ 了解企业做广告时须把握的伦理原则。

引例 别克汽车某4S店的营销策略

2013年3月4日早晨7点20左右，长春西环城路与隆化路交会处，一辆银灰色的丰田RAV4被盗，车内有一名约两个月大的男婴。

发现车辆被盗后，车主许先生立即向当地媒体求助并报警。当地多家电视台、电台、各大新闻网站也在不间断地滚动播出，并派出多路记者追踪采访。长春市出动近万名警力全城布控寻找。数百辆出租车放弃了运营，很多私家车主也放弃了工作，自发地在全城开始搜寻被盗车辆和襁褓婴儿。

3月5日晚，记者从吉林警方了解到，经昼夜连续工作，通过多种侦查手段，公安机关将周喜军列为"304"案件重点嫌疑人。迫于公安机关强大压力，周喜军于3月5日17时许到公安机关投案自首。而被人广泛关注的两个月大孩子已被其掐死埋于雪中。

悲剧的发生引起市民对事件的高度关注，他们对孩子的离去深感悲痛，对肇事人的恶劣罪行灌以痛恨。而就在民痛民怨一片之时，实名认证加V的"辽宁天合别克"账号发出微博："继长春丢车小孩事件随想：买车完全可以选择更高科技一点的品牌，天合别克全系车携带的安吉星自动定位系统随时锁定被盗车辆位置，并自动报警。放心、省心，同样买车为什么不选择安全的别克呢!!!!!!"微博最后是该4S店的销售电话。

该言论一出，马上引发网民的强烈不满。该微博随后被删除。

9.1 亨特—维特尔营销道德理论模型

随着国民经济的迅猛发展和中国经济的日益国际化,中国企业已经越来越多主动或被动地进入了一个竞争相当激烈的国际市场之中。面对这一现状,国内学术界和企业界都在积极探索和寻求适合我国企业实际情况的营销观念和运作方法,通过用正确的营销伦理观来指导企业营销活动,维护消费者权益,同时维护企业的自身利益,巩固企业信誉,从而在竞争中立于不败之地。

"市场营销学"(Marketing)是20世纪初发源于美国的专门研究市场和营销行为的新兴学科。它所涉及的原理、方法、技巧等内容都关系到企业经营的成败,因此引起了企业经营者和学术界的普遍重视。而营销伦理,就是作为营销主体的企业在从事营销活动中应具有的基本伦理道德准则。企业与消费者和社会的关系,最主要的是经济关系,直接表现为某种利益关系。这种关系的正确处理,除依靠法律外,还需要正确的伦理观念指导。因此,营销伦理执行的本质是管理伦理的一个重要组成部分。

当代企业对营销工作都高度重视。在互联网时代,企业能够借助互联网低成本全方位整合各方面资源,因此,产品做出来相对容易,能否卖得掉才是问题。但不少管理者对于如何做好营销工作,却还存在一些模糊认识。有的观点认为,营销就是"忽悠",只要凭借"三寸不烂之舌"将商品推销给顾客,就是营销成功。而从对营销的硬资源诸如营销设备、财务等,发展到对营销中的软资源如营销理念、营销技巧、品牌建设、营销道德等问题的重视,则是企业经营管理水平的一大飞跃。在企业营销这一经济性和实战性很强的工作中,充满着各层次、各方面的伦理道德问题,这已经引起了学术界、企业界的广泛关注。

在营销伦理研究中,必须提到亨特—维特尔的营销道德理论及其模型,这一理论由夏尔比·亨特(Shelby Hunt)和斯科特·维特尔(Scott Vitell)在1986年提出。与以前研究不同的是,亨特和维特尔的模型是描述性的,而不是规范性的。换句话说,他们的模型主要是用来探究现实生活中的营销人员在面临各类营销问题时,是如何根据"道义论"和"功利论"所确立的两大不同评判标准来做出道德判断,并进而有可能从事的行为,而不是具体分析营销人员应恪守哪些道德义务,应当怎样提高营销道德水平之类的问题。

该理论模型如图9-1所示。

模型的起点是营销人员觉察到或意识到某一道德问题的存在,此时,他正面临道德上的判断与取舍。接下来,营销人员要确定有哪些可选的行动方案。由于受个人知识、经验及其他因素的制约,营销人员所意识到的行动方案往往只是所有可能方案中的一部分。随后,营销人员将根据个人价值观及有关道德规范,如诚实、信用、公正等,逐个对备选方案做道义评价,以决定哪些方案在道义上更可取。与此同时,营销人员还要对各种方案预计产生的后果从"道义论"或"功利论"角度做出权衡。这种权衡要考虑四个方面的因素。

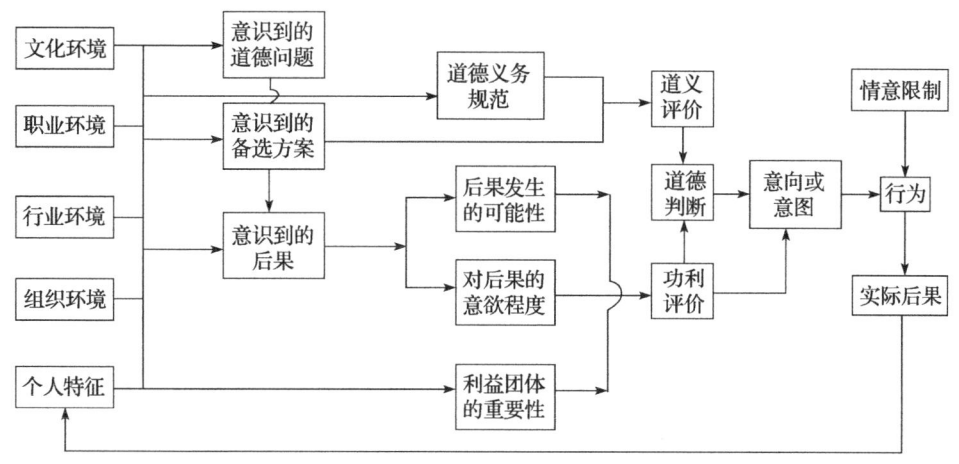

图 9-1　亨特—维特尔营销道德理论模型

- 方案对不同利益团体产生的后果或影响。所谓利益团体，可能是股东、本企业员工，也可能是消费者或其他受此行动影响的个人或集体。
- 后果发生在每一具体利益团体身上的可能性。
- 各利益团体对每种后果的意欲程度或排斥程度。
- 各利益团体的重要性。对利益团体重要性的判断会因时、因地、因人而异。比如，对一般营销人员而言，顾客、同事、上司可能是很重要的利益团体，而对营销经理而言，股东、企业员工、供应商等均是重要的利益团体。

综合道义和功利判断，营销人员最后将对各种行动方案做出总体的道德评价。在这里，该理论模型实际上假定营销人员的道德判断，是其对某一行为所做的道义评价与功利评价的函数。亨特和维特尔认为，在有些情况下，某些营销人员在决定行为取舍时可能很少考虑行为后果，表现得像一个完全的道义论者；在另外的情况下，则可能较少顾及道德义务规范，像一个十足的功利主义者。但在总体上，就大多数营销人员而言，他们既要受到有关道德规范的约束，又要考虑行为产生的后果。

在做出总体伦理判断后，营销人员将形成行动意图或意向。这种意图或意向被认为是影响行为的非常重要的因素，尤其是当道德问题成为决策的中心问题时，更是如此。然而，应当指出的是，行动意图并不完全由总体道德判断所决定，它可以不依赖于总体道德判断，单纯由功利评判结果所支配。典型的例子是，营销人员已清楚地意识到行为的不道德性，但出于功利目的仍固执地我行我素，从事不道德的行为。

意图或意向一经形成，营销人员是否就一定会按意图行动呢？该理论认为并非必然如此。因为还有另外一个重要变量，即情境约束因素影响营销人员的行动取舍。所谓情境约束，主要是指某一具体行动方案的可能的机会或机遇。譬如，营销人员想通过行贿的办法获取政府的采购订单，但公司领导坚决反对；或者，政府正在大力肃贪，营销人员行贿无门。从客观情况来看，营销人员最后所采取的营销行为绝大多数是一个道义和功利的平衡结果。

行为发生后，营销人员还将对行为的实际后果进行评价。这一评价或实际后果的反馈，将构成营销人员个人道德体验或经验的一部分。不道德的行为如果遭受强烈的谴责，则可能促使行为人反省，在往后的类似情形下避免采取类似的行动；反之，如果有问题的行为未曾遇到丝毫的非议，则有可能产生负面的强化作用。

该理论模型还提出，营销人员无论是在道德冲突是否存在的意识上，对各种备选方案在道德和功利后果的评价上，还是对行为产生的影响及影响程度的判断上，均受个人因素和外部环境因素的影响。个人因素包括宗教信仰、价值取向、生活态度、道德素养等。例如，有的人集体观念很强，对集体的发展和集体的福利非常关心，这固然是好的一面，但是否也意味着在这一增进集体福利的行为过程中，更倾向于容忍或采取较低的道德标准呢？模型虽然没有提供对这类问题的答案，但至少已经提出了这样的问题。外部环境包括文化、组织、行业和职业等因素。具体地讲，文化因素包括宗教、政治制度、法律制度、民情习俗等；组织、行业与职业因素则包括成文和不成文的道德规范，以及这些规范的监督、落实情况，组织领导对道德建设的态度，等等。

亨特—维特尔的营销道德理论为企业营销的道德判断提供了一种基本思路，并提出了一个理论框架。作为一种意识形态的道德伦理，会受到多方面的制约，即使是同一经营行为，站在不同的立场，基于不同的文化背景也会对其做出不同的判断。而且，这一理论明确告诉我们，企业营销行为的道德与否，与营销人员个人的主体行为有着极为密切的关系。所以，任何理论不可能对企业营销伦理给出一个标准答案，也不可能成为解决营销道德冲突的万能钥匙。企业营销道德的冲突，归根结底源于利益的冲突。有社会责任心的企业经营人员，在追求利益的同时，会充分考虑到企业的社会责任，考虑到营销行为所造成的社会影响，树立正确的经营理念，以此来指导具体的经营行为和营销方法。只有这样，才会使企业的经营道德上升到一个比较高的境界。英国古典经济学的代表人物亚当·斯密的著作《国富论》，作为经济学的经典著作广为人知，但在《国富论》问世之前，亚当·斯密的另一本著作《道德情操论》，较之而言可能就没那么著名，其实这本书的价值可以说相比《国富论》也毫不逊色。亚当·斯密在《道德情操论》中对于如何判断自己行为的道德与否有一段精妙论述："在所有的场合，良心的影响和权威都是非常大的；只有在请教内心这个法官后，我们才能真正看清楚与自己有关的事情，才能对自己的利益和他人的利益做出合宜的比较。"⊖

9.2 "绿色营销"及其伦理含义

9.2.1 何谓"绿色营销"

人类自进入工业化社会以来，物质文明大为进步。人类在改造自然、征服自然的

⊖ 亚当·斯密.道德情操论[M].北京：中央编译出版社，2009：163.

过程中，创造了前所未有的物质财富，生活水平也有了极大提高。但与此同时，地球上的自然资源却在迅速减少，"三废"等有害物质的排放大量增加，全球范围内出现了土壤过分流失和沙漠化、森林资源减少、生物物种加速灭绝、淡水不足、臭氧层破坏和全球气候变暖等一系列严峻的环境问题。这些问题的存在大大降低了人们的生活质量，并威胁到今后人类的长久生存。因此，从 20 世纪 70 年代开始，世界各国的一些有识之士便开始呼吁和倡导一场旨在保护"人类的摇篮——地球"的绿色运动，这场运动如今已发展成声势浩大的世界绿色潮流。越来越多的人开始追求崇尚自然、有益健康和环境的绿色消费。一些人成立了"绿色和平组织"，对世界上一些破坏地球生态环境的企业和国家施加种种压力。在这一全球性的大趋势下，各国政府先后设立权威性的环保机构，制定环境保护的法律、政策和措施来谋求环境的改善。联合国等一些国际组织频频召开世界性的"绿色大会"，共商改善全球生态环境的大计，制定国际环保公约和协定，协调各国的环保政策。尤其是在 1992 年 6 月，联合国在巴西召开有 100 多位各国政府首脑出席的环境与发展大会，通过了具有划时代意义的重要文件——《21 世纪议程》。该议程面向 21 世纪，提出人类社会既要考虑当前的需要，又要考虑未来发展的需要，走可持续发展的道路。这一世界各国领导人所达成的共识和做出的战略决策，标志着世界将逐步进入既重视社会经济的发展，又重视生态环境保护的"绿色时代"。在全球环保意识日益深入人心、世界绿色浪潮迅猛发展的趋势下，一些西方经济发达国家的企业首先行动起来，将环保观念纳入自己的经营理念和发展战略，各种以"绿色"命名的活动开始出现在企业的经营管理运作过程中。绿色产品、绿色技术、绿色设计、绿色会计和绿色审计等许多与此有关的新事物和新概念不断涌现，世界出现了一个新的市场领域——绿色产品市场。与此相适应的是，包括绿色产品开发、营销和绿色服务等在内的新的市场营销方式——"绿色营销"便应运而生。

所谓"绿色营销"，就是企业通过营销实践（即市场交换过程）来满足人们不断提高的绿色消费需求，履行自己环境保护等方面的责任和义务，并为实现自身的盈利所进行的市场调查、产品设计和开发、产品定价和分销以及售后服务等一系列营销活动。"绿色营销"从环保和对社会负责的角度来关注和操作营销全过程，如在产品设计、材料选择、生产技术运用、包装材料及方式选择、营销策略运用、废弃物堆放与处置等整个环节中，采用对资源、环境、生态平衡有利的产品、技术、方式，担负起对全社会以及对整个人类的责任。

9.2.2 "绿色营销"的特点

虽然营销作为一门学科已经存在相当一段时间，但"绿色营销"这一观点和理论，提出的时间并不长，而且一提出便获得社会各界的巨大反响。"绿色营销"与传统的营销观念和方式相比，具有以下特点。

1. 具有鲜明的"绿色"标记

"绿色营销"与其他营销方式的不同之处，就是在整个营销过程中，从市场前期调查开始，到分析市场机会、选择目标市场、开发产品、制订营销计划、规划营销方案、实施营销策略、实行售后服务等整个活动过程中，都和维护生态平衡、节能减排、重视环境保护、提高人们生活质量和情趣等"绿色"观念紧紧相扣，并将其贯穿营销活动的始终，从而使整个企业的营销活动过程带上了鲜明的"绿色"标记。

2. 可持续发展新思想的产物

可持续发展是当今社会发展理论中一种新观念，它倡导人类必须用长远的观点来关注社会的变化，从"竭泽而渔"式的经济发展模式中解脱出来，树立社会可持续发展的观念。目前，环境的污染、资源的减少，已威胁到人类的生存。这促使人们重新审视过去社会经济的发展方式，决心由粗放型经营转向集约型经营，追求"人与自然的和谐"，走可持续发展的道路。而"绿色营销"正是"人与自然和谐"和可持续发展的绿色文明价值观念在企业营销活动中的具体体现。

3. 实现经济效益、社会效益、环境效益的统一

评价一个企业经营优劣的主要标准之一，就是看其最终的营销业绩，例如销售额、市场占有率、利润额和利润率等。而从管理伦理学角度来看，企业作为一个社会组织，无疑还应该履行一份社会责任。"绿色营销"强调其目的不仅是满足全社会日益高涨的绿色消费需求，而且在营销全过程中尽可能少污染或不污染环境，营销活动所必需的包装、宣传等都不给社会留下不良后果。与此同时，企业也将获得持续的利润，使经营可持续发展下去，从而将经济效益、社会效益和环境效益有机地结合在一起。

9.2.3 "绿色营销"的内容

"绿色营销"活动，由于要将"绿色意识"贯穿整个营销活动的全过程，因此所包含的内容相当广泛。就目前企业界已经在做的工作来看，主要有以下几方面内容。

1. 搜集"绿色"信息

市场营销工作的起始点就是搜集信息。而"绿色营销"作为一种特别的营销工作，第一步是搜集有关的绿色信息，为下一步开拓绿色市场做好前期准备工作。这些绿色信息包括：消费者对绿色产品的需求信息；绿色文化信息；绿色政策法规信息；绿色科学技术信息；绿色经济信息；绿色竞争信息；等等。只有掌握了这些有关绿色营销的各方面信息，企业才能心中有数，做到知己知彼，也才能有的放矢地开发绿色产品。例如华南某家电企业，在全国率先得知国家为了保护森林资源，在全国100个县推广以电代柴的工作，鼓励农民多用电来煮饭烧水。该家电企业搜集到这一信息后，率先在市场上推出适合农民家庭使用的电饭锅，并在这些地区积极开展营销，利用绿色信息有力地促进了企业销售工作。而在当今为了减少资源消耗，新能源开发和利用日益受到全社会重视的情况下，关注太阳能、页岩气开发等新能源最新信息，无疑将给企业带来新的商机。

2. 开发"绿色"产品

了解了绿色信息后，就可以有针对性地开发绿色产品。绿色产品是指从生产、使用到回收处理的整个过程都能节约资源、对环境和人体健康无害或危害极小，既符合特定的环保要求，又有利于资源回收再生的产品。使用化肥、农药等化学物质生产的农产品，含有害或有毒物质难以分解和回收利用的包装物的产品，以及生产过程中会产生"三废"或有毒物质的工艺的产品，均不能被认为是绿色产品。

"绿色"产品的开发是"绿色营销"的基本前提和关键，也是大营销所包含的基本内容。开发"绿色"产品重点要抓好两个方面的工作。

（1）"绿色"设计。它指以环境和资源保护为核心观念的设计。这种设计要求产品材质和生产过程中尽量少用资源和能源，并尽量不污染环境，同时在产品使用中也能保证安全和不造成污染。

（2）"绿色"制造。它包括选择"干净"的原料和能源，选择无污染的添加剂，提高生产过程中能源与原料的综合利用率，减少生产过程中废物的排放。对必不可少的排放物进行有效处理，以防止其对环境和人类造成危害。目前世界上包括中国在内的许多国家都已经制定或正在制定自己的"绿色标志"制度，获得绿色标志才算真正的绿色产品。目前，我国在绿色食品方面发展较快，已制定了《绿色食品标志管理办法》。

值得一提的是，2014年年初在中国大热的"特斯拉电动汽车"。汽车作为一种现代交通工具，无疑给人们生活带来极大方便，但与此同时也造成了空气污染。当今肆虐中国的PM2.5，在很大程度上就是由日益增多的汽车行驶中的废气排放所造成的。为此，美国、日本等很多发达国家近年来都投入重金开放新能源和洁净能源汽车，中国也为此投入巨资，但都未能取得实质性突破。而2003年成立于美国硅谷的特斯拉公司所制造的纯电动Tesla汽车集独特的造型、高效的加速、良好的操控性能、长达480千米的续航里程与先进的技术为一身，从而使其成为公路上最为节省燃料的汽车。由此，它成为一款深受广大消费者欢迎的绿色产品。

3. 设计"绿色"包装

"绿色"包装即消耗能源、资源较少而又能保证产品的洁净、安全的包装。包装材料应无毒，可以回收重复利用或可自然降解，不至于造成环境的污染。目前中国在这方面问题较大的是"白色污染"，即相当多的产品使用泡沫塑料作为包装物，尤以白色的快餐盒为甚，在铁路沿线，白色的快餐盒随处可见，几成一道"白色风景线"。1998年夏天，武汉长江大水，河面漂流着大量被抛弃的一次性饭盒，这样的"白色污染"现象引起了国务院领导的高度重视，很快国家环保局等五部委联合颁布了《关于加强重点交通干线、流域及旅游景区塑料包装废物管理的若干意见》的通知，为全国"白色污染"的治理拉开了序幕，紧接着1999年1月22日国家经贸委6号令颁布，要求从2001年起在全国各地区全面禁止发泡塑料餐具的生产、销售和使用。随着这个法规的颁布，全国各地发泡塑料餐具的生产和使用受到很大遏制，"白色污染"情况也有所好转。但近几年这一"白色污染"又有所回潮。此外，廉价塑料包装袋等产品也并未完全绝迹。月饼、茶叶等过度包装的问题，近年来虽然引起了政府和社会各界重视，"过度包装""奢侈包装"现象虽然受到一定遏制，但问题也并未彻底解决，在有的地区还死灰复燃，例如2014年5月有媒体报道，曾经被明确禁用的一次性发泡塑料餐具在某些地区又开始使用，且这种势头有蔓延趋势，这必须引起高度重视。

4. 制定"绿色"价格

绿色产品在其开发过程中，增加了企业在原料、使用技术、"三废"处理等方面的成本。为此，即便是价格略高于一般非绿色产品，人们基于安全、卫生等方面的考虑，也是可以接受的。现在许多城市居民愿以高于一般价格购买"绿色"蔬菜、"无公害蔬菜"甚至"有机蔬菜"，便是一例证。当然，生产绿色产品的企业也应努力做到降低成本和薄利多销，不能借绿色产品之名乱涨价。同时，企业也应通过产品的绿色包装和促销等，使消费者产生"物有所值"的感觉。在星巴克咖啡店，凡是顾客自带杯子去买咖啡的话，可以在所购买品种原价上减去2元，这就是企业以自身实际行动来支持环境保护。

5. 开展"绿色"促销

开展绿色促销有两层含义。一是企业要利用广告宣传、营业推广、人员推销等多种形式，宣传、普及绿色产品知识，让消费者了解绿色产品的优点和对社会的贡献。同时，企业也可借此树立自己的良好形象。二是企业在整个促销活动中仍要坚持绿色意识。如澳大利亚的悉尼市为迎接2000年奥运会，特意设计了世界第一家"绿色"体育馆。该体育馆不是由烧煤或烧油的火力发电厂供电，而是由1 000组设在馆顶上的太阳能电池供电，由此就减少了火力发电过程中大气遭到的污染。建造体育馆的原料90%来自废木料、废金属、废塑料等废弃物，这使得宝贵的木料可以节约，由此至少使约10万平方米的森林免遭砍伐。不仅如此，体育馆在所有的宣传与推销过程中张贴或使用的所有海报、入场券、说明书和资料全部用再生纸印刷，用过之后还可以回炉重新造纸。这种做法使得整个营销过程都充满绿色意识。此外，有不少企业在印制管理人员名片时，注明"用再生纸印制"，无疑会给收受名片的人对该公司环保意识留下深刻印象，给公司形象做良好推广。

9.2.4 "绿色营销"的伦理含义

随着我国人民小康生活水平的逐步实现，人们越来越注重生活质量，青睐绿色产品。例如早在1993年，据在北京和上海两个大城市调查，79%~84%的消费者希望消费绿色食品。而随着我国各大城市空气污染日益严重，"十面霾伏"肆虐，人们健康意识和环境意识日益加强，对优质环境和优质食品的需求达到空前程度。这表明绿色市场已在我国形成。

而从企业开展绿色营销来看，其伦理含义主要有以下几点。

1. 满足人们日益增长的消费需求

作为主要为社会提供物质产品的企业，如果不能提供优质产品去满足消费者的需求，显然是没有尽到自己的责任。而如今，随着人们消费观念的日益进步，对"优质"的认识有了进一步深化，广大消费者要求产品不仅坚固耐用、款式新颖，而且要安全、卫生、可靠。在这种需求下，企业及时开发绿色产品、实施绿色营销，以符合消费者的理性需求和社会伦理观念的进步，这也代表着社会文明发展的方向。

2. 节约了宝贵的能源和资源

有学者曾经论定："21世纪是争夺资源的世纪。"如今人们都日益认识到资源的可贵和不可再生，因而节约资源的呼声日渐高涨。而绿色营销正是适应了这样一种要求，不仅为社会提供了优质产品，而且能有效地节约资源和能源，在社会发展观的道德层面有了一个飞跃。

3. 有效地减少了对环境的污染

这是人们对绿色产品和绿色营销最直接的认识，也可以说是绿色产品和绿色营销最大也最容易为人们所了解和体会的伦理含义所在。当今世界，人们对污染都深恶痛绝，但人们为了追求物质享受，又不得不制造和产生污染。如冰箱制冷剂中的氟利昂、方便生活的塑料包装袋、一次性塑料杯以及众多的一次性用品等，这些给当代人们生活带来无穷方便和乐趣的产品，又正在给当代或后代人们带来祸害。而绿色产品和绿色营销正好解决了这一两难命题，它使人们在追求物质享受便利、高效的同时，又不至于受到良心上的道德谴责，例如开发出无氟冰箱、环保洗衣粉、可降解材料等，为整个社会的进步和可持续发展做出了贡献。

作为营销管理的一个趋势，绿色营销这一符合管理伦理的经营手段还有许许多多内容有待于开发，有待于具有远见卓识的企业家和卓越的企业在这块新的土壤上去耕耘，为子孙后代创造一个更美好的绿色未来。

9.3 营销手段中的伦理

在企业营销中，虽涉及诸多环节，但最为直接和重要的则是产品策略、促销策略及这些策略的实施。在这些具体策略的实施中，企业领导和经营者用什么样的观念来指导营销行为，在具体的实施中坚持什么样的伦理准则，这直接关系到这些行为实施后所产生的社会效果，也关系到从事这些行为的企业的形象，更进一步会影响到企业的经济效益。

9.3.1 产品策略中的伦理问题

产品是市场营销诸因素中最重要的因素。因为产品是营销活动的载体，通过它才能使生产者和消费者双方实现交换的目的。消费者的需要必须通过对各种产品或各项服务的消费来满足；企业只有提供满足顾客需要的产品和服务并令消费者满意，才能实现获取利润的目标。

1. 产品策略中的不道德性

为广大消费者提供货真价实的优质产品和优质服务，是企业最基本的社会责任，如果违背这一原则，便会产生道德问题。然而在现实生活中，不少企业的产品策略往往同道德标准背道而驰。产品策略表现出来的不道德性，是有诸多原因的，或是经营者或生产者未向消费者披露与产品相关的价值、功能、用途或安全性；或是竞争对手已威胁到企业的生存和发展，生产者便采用低级材料或配件冒充优质材料和配件；或是企业使用廉价代用品而未告知消费者产品质量已改变，在产品品质方面欺瞒消费者；或是产品包装与标签注明的内容同包装内的内容不相符；等等。这诸多方面，均严重地影响了企业通过正确的产品策略对广大消费者履行社会责任，从而产生产品策略的道德性问题，而上述这些做法同当今社会的企业伦理完全背道而驰。

在产品策略中，上述这些道德性问题，诸如假冒伪劣、以次充好等，在现实生活中数量不少，为广大消费者所深恶痛绝。这些行为的不道德性是显而易见的，做这些事的生产者或是经营者，不敢在光天化日之下公开自己的做法，而只敢用欺骗、隐瞒的手段来做这些违背道德的事情。而一旦这些不道德的做法被公之于众，这些生产者和经营者的信誉便会一落千丈，他们的企业形象和经营效益便会陷入一个极为狼狈的境地。

还有一种比较隐蔽的或者说不容易为人们所辨别的非道德的产品策略，即产品的实质层本身可能并非假冒伪劣，也未以次充好，但在产品的附加层（诸如商品的名称、包装等方面）采用了一些违背社会伦理道德的做法。这种做法蒙上了"新创意""促进销售"等外衣，不易为一般消费者所识别，但实质上起到很坏的社会影响。例如某省有家饭店，公然冠以"南霸天"的称号，不知是想要来此消费的顾客从这一名称中体会些什么，留下什么样的印象；还有一家企业，将自己生产的供儿童和青少年食用的休闲食品，起名为"泡妞"；更曾经有一家企业，将生产的雪糕起名叫做"小蜜傍大款"。我们可想而知，这将对年幼的孩子起到怎样坏的作用，产生一种什么样的不良影响。

2. 产品策略的伦理分析

在市场经济体制下，企业固然有权按照自己的意志和需要进行自主经营，上述列举的这些做法，从法律角度来加以判别，也许并不违背现行法律。但是，即使是在市场经济体制下，企业同样是一个社会单位，企业的发展离不开社会，企业的每一项行为在客观上产生着社会影响。我们即便可以体谅那些企业在经营方面的良苦用心，体谅它们在激烈竞争中的"别出心裁"，却不能赞同它们这种违背经营伦理和社会伦理的做法。至于推出"泡妞"食品和"黄金宴""人乳宴"的那些企业，其行为所产生的伦理指向也是十分错误的，前者将会对正处于身心成长期的青少年产生误导，容易诱发他们的不良行为；后者则助长了社会的奢靡风气，完全违背了中国企业应有的管理伦理和当今社会注重可持续发展的主流趋势。

9.3.2 促销回扣中的伦理问题

促销或促进销售是通过人员推销或非人员推销的方式,传递商品(或劳务)及企业本身的信息给广大顾客,引起他们对商品的兴趣及购买行为。企业的责任在于将商品或服务或企业本身的真实信息传递给客户和消费者,如果违背这一原则,将会误导用户的购买决策,因而是不道德的。不仅如此,如果在促销的过程中使用了回扣等不道德的手段,同样会恶化整个社会的道德风气,因而也是不道德的。

1. 促销回扣的不道德性

中国开始进入市场经济体制之后,大部分企业开始重视销售问题,使出各种手段大力进行销售。对于企业来说,这是重视经营的一种好现象。但是,由此也产生出一系列的伦理问题。

例如,目前许多企业普遍采用给回扣的方式来提高销售量,这种回扣一般都是直接以现金的方式付给买方的经办人员。对卖方单位来说,为了达到提高销售量的目的,这种付给现金回扣的方式在公平竞争上存在伦理问题;对于买方单位的经办人员来说,也涉及伦理道德问题:第一是这种回扣能不能收?第二是收了以后如何处理?第三是会不会因为收了回扣而购进质次价高的商品?这一系列的伦理问题直接关系到企业的经济效益,也关系到企业的风气。

回扣,或者说是佣金,在中国一直是一个极为敏感的问题。因为长期以来,在中国国民经济中占主要比重的是国有企业,国有企业中的员工,一直被认为等同于国家工作人员,那么,如果他们收受回扣的话,则被视为收受贿赂,这是违法的行为,性质是极其严重的。现在虽然在国民经济结构中国有经济比重下降,外资和民企比重上升,但企业员工私自收受回扣依然是很严重的问题。所以,中国的企业,对于回扣问题一般有三种办法。第一种是规定一律不准收,哪怕是销售单位主动给的也一律不准收,否则就将受到处分。第二种是规定可以收,但是个人收了以后要上缴企业,不准私自藏匿,这就是所谓的"收在明处",企业也会酌情奖励一部分给上缴的员工。第三种是企业"睁一只眼闭一只眼",明知员工可能收回扣,但只要不"东窗事发",只要不威胁到企业根本利益,就不去查究。

一方面是销售方为了提高销售量使出各种手段的频频进攻,用现金或购物卡来支付回扣,以提高买方单位经办人员的购买积极性;另一方面是买方单位对此问题的防不胜防,因为在收受回扣的过程中,往往根本不用给收据,因此有时很难查清。

回扣问题可以说是一个世界性问题,并不仅仅发生在中国。例如在日本,也曾发生过美国洛克希德飞机公司给日本政府有关人员巨额回扣的事件,世界著名的医药企业葛兰素史克中国子公司也被揭露出巨额贿赂事件。但是,在资本主义国家,企业员工为了保住自己的职位,除非是铤而走险,一般不会为了一笔回扣而冒丢掉职位的风险。因为他们知道,个人收受回扣,终究会直接或间接地损害企业利益,明显违反企业的伦理准则,并可能押上个人一生的职业声誉。

支付或收受回扣经常导致不公平竞争,而且极易导致收受了回扣的一方出现"肥了个人、亏了企业"的现象。因此，据有关报道，主要工业国家已同意，禁止企业向外国官员行贿的做法。到目前为止，美国是西方国家中认定公司如收取回扣是属犯法行为的国家，美国同时力图说服其他工业国家采取同样的做法。美国认为，与美国竞争的出口国往往通过回扣的方式争取到大笔的合同。而主要工业国家组织常年部长会议曾经通过了一个协议，根据这个协议，该组织的29个成员国必须保证，不可以通过贿赂来争取合同，特别是通过这种手段来争取与发展中国家签订合同。

2. 促销回扣的伦理分析

在中国，伴随着改革开放的步伐，市场竞争还未完全规范，法制也不太健全，回扣风依然存在。据曾经开展的一项调查表明，在对北京、天津、上海共300家企业负责人就"对于为做成生意，向客户有关人员赠礼、奉送回扣"这一做法征求他们的看法时，有42.3%的人认为，这是一种不道德行为，但风气就是这样，不然就做不成生意；还有29%的人认为，生意场上，这种做法很正常；而仅仅只有22.3%的企业负责人认为，不能助长这种风气，宁愿做不成生意也不采用这种做法；㊀更有一些企业家则公开表示："我绝不允许本公司员工收受回扣，谁拿回扣我就炒他的"鱿鱼"，但我鼓励本公司员工为促销给别人送回扣，否则公司的销售额就上不去。"

从上述数据和事例可见，对贿赂客户等做法的高容忍度与企业经营者强调在经营活动中企业伦理道德的重要性，构成了一对尖锐的矛盾。这个矛盾实质在于：对在企业经营行为中遵循道德规则的重要性的认同多在理念方面，而在实际利益驱动下，许多企业经营者更倾向于接受非道德行为。对非道德经营行为的批评，多着眼于指责他人，是一种他律规则，而在自律方面则宽以待己，将非道德行为归因于大环境，拒绝对个人的不道德行为承担道德责任，将道德目标作为一种可供讨论但感觉遥远而空洞的理想，与现实的行为取向割裂开来，表现为典型的道德人格分裂与两面化。

回扣问题是一个十分现实也十分棘手的问题。"理想很丰满，现实很骨感"。当理想信念和现实发生冲突时，对于广大企业家而言，如何把握基本原则，在正视现实、不违背伦理原则的前提下采取折中的办法也不失为一种过渡。在当前中国市场经济体制不断完善过程中，要一下子全面禁止回扣的支付，是不够现实的，事实上也很难做到。如果任其泛滥，必将导致社会风气的败坏，损害国家和集体的利益，同时造成企业间的无序和恶性竞争。根据对日本一些企业做法的了解，比较现实的办法是：卖方企业不直接向具体采购人员支付回扣，而在价格上给予优惠，向买方单位让利。但这样可能不利于调动采购人员的积极性。因此另外一个办法就是，每一个企业对此问题做出相应的明确规定，明确规定采购人员在收受回扣之后必须上缴，否则视为贪污处理。而企业在收到员工上缴的回扣之后，可考虑提取一部分以适当方式作为奖励。

㊀ 参见新加坡昂记科技有限公司委托中国零点市场调查与分析公司编制的《中国企业中的商业伦理现状与选择》。

9.3.3 现场促销中的伦理问题

2009 年 5 月，某市曝出一条新闻，某市闹市区一家餐饮企业于 5 月 28 日晚推出疑似"人体盛"招徕食客。这家餐馆以时薪 5 000 元聘来的一位俄罗斯名模，身穿比基尼泳装躺在餐厅沙发上，身体上放置生鱼片、寿司、水果等各种食物，供食客观赏。当地记者了解到，该市市民对"人体盛"褒贬不一，而对于这家首推如此"出位"做法的餐馆，卫生、工商等部门初步认为是商家的一种营销方式，是不是该"叫停"还要视情况进一步发展才能确定。

企业从以前的不重视销售，到现在想方设法地进行促销，这应该说是一个好现象，这是竞争意识增强的一个重要表征，这说明中国企业的市场竞争意识在增强。但是，在企业运用各种手段进行促销的同时，有否考虑到其中存在商业伦理问题呢？有否考虑到每一个行为可能会产生的社会影响和作用呢？

企业重视销售，运用多种手段来进行促销，也是中国在推行市场经济之后的一个新现象。但是这种经营行为应该受到一定的约束，它除了受到法律约束之外，还应该受到伦理道德的约束。法律是显露的道德，而道德是隐藏的法律。企业经营不能发展到不择手段的地步。正如日本学者森本三男教授所指出的那样，企业的行动必须同时考虑到合法性和伦理性。企业不能为了达到自己的商业目的，而不考虑该项行为是否会违背社会的伦理准则和人们心目中的道德标准。上述经营行为显然是不符合中国的经营伦理的，类似这样的行为，不仅不会促进企业的销售，而且很可能引起消费者的反感，结果是起到相反的作用。就像当时有记者去采访的一位顾客所言："这家餐厅采用这样的手法促销，让我们怎么带着孩子进去？不仅是孩子，连我自己都不会再进去了。"

9.4 广告宣传中的伦理

9.4.1 广告及其在中国的发展

广告是市场经济的产物。在激烈的市场竞争中，企业为了促进产品的销售，或是为了提升自己的企业形象，就必须借助于广告宣传。

英国《大不列颠百科全书》中把广告定义为：广告是传播信息的一种方式，其目的在于推销商品、劳务，影响舆论，博得政治支持，推进一项事业的发展。广告信息通过各种宣传工具，其中包括杂志、报纸、电视、广播、招贴及直接邮递等，传递给它所想要吸引的观众或听众。广告不同于其他传递信息的形式，它必须由登广告者付给传播信息的媒介以一定的报酬。

30 年以前，绝大部分中国人对于广告，或者只是一种遥远的记忆，或者是一无所知。而今天，我们犹如置身于一个充满广告的社会环境中，所看、所听、所到之处都充满着广告。几乎一切可以用来传播大众信息的媒介都可以成为广告的载体；几乎一切艺术形式都可以用来为广告服务；几乎有人群聚集的地方和空间都毫无例外地存在着广告。不论喜欢或是拒绝,广告总是以其独特的方式,成为影响和决定人们经济生活、社会生活和精神风貌的重要因素。

从企业广告的发展史来看,现代广告经历了下面一些阶段:开始广告完全是围绕产品来做,然后是围绕销售、围绕市场来做,最后是围绕社会形象、社会公益来做。不管广告围绕什么来做,企业的广告行为归根结底是为了获取利润,这也是无可非议的。而事实上,一个企业的广告行为,绝不可能按上述泾渭分明的模式来进行,企业的广告常常同时围绕产品、围绕销售渠道、围绕消费者的需求以及围绕社会公益来做,并且强调组合,根据不同情况推出不同类型的广告,最后从总体上使企业获益。

9.4.2 广告中的伦理规范

作为企业的一种经营行为,广告活动是以社会大众作为传播对象的,广告内容或形式会对社会公众产生作用。因此,在广告活动中也充满着伦理的问题。如果企业中从事广告工作的人员,或是社会上的各类广告公司,缺乏一种伦理意识或是对于企业经营管理中的伦理准则不能正确掌握,就会在广告中违背企业的经营伦理,有时甚至会违反法律。

例如,曾经有一家生产保健品的企业,就在报刊和电视等各种媒介上宣称,喝了它们生产的保健品后,可以"让一亿人先聪明起来"。这一广告诉求的基点是建立在把所有中国人都贬于"民智未开"的混沌愚昧状态上,而只有喝了这种保健品后才会变得聪明。这种广告不仅夸大其词,而且明显违背事实真相,违反了企业经营中应有的伦理原则。还有的企业,在宣传本企业的产品时,有意无意地贬低其他企业的同类产品,例如用其他的洗发水洗头发后,依然有头皮屑(虽然并未点明其他产品的品牌),而用了某某洗发水后,头皮屑全没了。这种有意打击他人、抬高自己的做法同样是违反企业经营伦理道德的。

纵观世界各知名企业,它们的成功往往是与其区域性和民族性的优秀文化紧密联系在一起的。美国的可口可乐,它在世界各地的成功之道,是因为它推销一种美国生活方式;而IBM公司所标榜的,是一种美国精神,这家公司甚至将自己商标上的横条数目设计成与美国星条旗上的条数一致。

在今天的中国社会中,广告可谓铺天盖地,其发展速度很快,但是放眼看去,真正有创意、有品位的广告却不多见。而且,由于不少广告人缺乏伦理意识、道德观念淡薄,所以在广告作品中屡屡出现"犯规"动作。这一点,与绝大多数企业经营者的广告意识还停留在"初级阶段""原始状态"有很大关系,也与企业经营者缺乏必要的伦理培养有很大关系。

企业的目标是占领市场、获得利润,但市场的占领,并不单单取决于消费者是否熟悉、认可你的产品。在竞争残酷、激烈的商战中,有眼光的企业家在推销自己产品的同时,更注重在公众面前塑造自己的整体形象,向公众宣传自己的企业文化。虽然公益广告看似一时没有直接效益,但它在公众心目中产生的长期影响,以及公众对企业整体形象的认同，则是任何产品广告所无法获得的。至于公益广告对整个社会产生的正面、健康影响，则更是企业取之于社会后，对社会的回报。

在市场经济体制下，企业以追求经济利益为自己的主要目标，以获取正当利润为动力，并以能否获利作为生存和发展的根据，这是一个事实"铁则"。企业是独立自主的经济实体和利益主体，有自己的正当权益和利益追求。但是，企业同时是一个社会组织。从这一意义上来说，即使是在高度激烈竞争的市场经济体制下，企业经营也不是私事，而是公事。日本松下公司的创始人松下幸之助就说过："企业是社会的公有物，……就其工作和事业的内容来说，都是带有社会性的。"企业的营销工作作为经营管理的重要内容之一，必然带有很强的经济性，但营销工作直接面向社会、面向公众、面向消费者，所以营销工作的每一个环节又带有很强的伦理性，会产生很强的社会作用。每一个企业领导人和经营管理人员唯有提高自身素质，才能真正搞好企业的营销工作，最终为提高企业的经济效益和社会效益做出有益的贡献。

本章要点

- 分析市场营销伦理的几种理论工具。
- "绿色营销"的伦理含义。
- 产品和营销手段中的伦理问题。
- 广告宣传中的伦理。

复习思考题

1. 营销中想要创造利润，就必须牺牲伦理吗？
2. 如何认识"绿色营销"的概念及实践？
3. 广告活动中如何才能不违反管理伦理原则？
4. 如何将营销伦理的理论和实践更好地结合在一起？

应用案例　　百度"卖吧"事件

缘起：血友病吧被卖掉，骗子横行遭举报

2016年1月9日，有网友在网上发帖称，百度贴吧的血友病吧被卖，原吧务成员遭撤换。

1月10日，知乎网友"蚂蚁菜"在知乎发帖，称自己是百度贴吧原血友病吧第二大吧主，但是包括"蚂蚁菜"自己在内的吧务组成员却遭到百度单方面撤换，空降了一个官方吧主。"蚂蚁菜"发现百度贴吧已经将血友病吧经营权卖出，自己的原账号已经无法正常发帖。1月11日新吧主ID"血友病专家"在上任之后在吧内发帖，表示自己已经和"多名与血友病相关的专家组成顾问团队，对患者咨询的问题进行准确解答"。他解释了自己之前的删帖行为，并声称自己是受百度公司委托管理贴吧。新吧组成员中"血友病专家"所依靠的顾问团队中的大部分医务人员来自西安某医疗机构，其中有一位来自陕西医大血友病研究院院长的刘陕西教授，曾在2014年4月多次被血友病吧网友举报。原血友病吧吧主"蚂蚁菜"说："刘陕西是个声名狼藉的骗子。""蚂蚁菜"还表示，之前记者采访刘陕西的帖子还在，只是暂时不能确定是不是刘陕西个人买了贴吧，但可以肯定的是，血友病吧是被卖了。

发酵：知乎网友再举报，百度卖吧很平常

知乎网友"ytytytyt"继血友病吧被卖曝光之后，称实际上"百度40%的热门疾病吧已经被卖，而大多数用户都会通过百度搜索医疗信息甚至完全信任这些信息"。他表示被卖的贴吧可以被分为野鸡医院承包型（甲亢吧），"砖家"承包型（帕金森吧），广告平台承包型（脑瘫吧），组团承包型（灰指甲吧），网站承包型（牙齿吧）。他整理了一份各个贴吧运营权的目前情况，发现目录TOP50吧中被承包的还有：不孕不育医院吧（被野鸡医院承包），股骨头坏死吧（被野鸡医院承包），癫痫吧（被野鸡医院承包），帕金森吧（被组团承包），血友病吧（被"砖家"承包），湿疹吧（被个人承包），牛皮癣吧（被个人承包），恐艾吧（被个人承包），增肥吧（被个人承包），肝病吧（被组团承包），怀孕吧（被个人承包），白癜风吧（被个人承包），糖尿病吧（被组团承包），高血压吧（被野鸡医院承包），漏斗胸吧（被野鸡医院承包），脉管炎吧（被野鸡医院承包），等等。

福建莆田市委书记梁建勇曾公开指出，莆田系医院的客户来源主要就是百度："百度2013年的广告费是260亿元，莆田的民营医院在百度上就做了120亿元的广告。"此外，根据百度2015年第三季度财报，该季度总营收为人民币183.83亿元，其中有176.80亿元来自网络营销的营收，占总营收的96%，莆田系医院是百度收入的主要来源。

结果：百度发表正式声明 全面停止商业合作

百度在1月12日上午正式发出声明，"病种类贴吧全面停止商业合作，只对权威公益组织开放"。百度还表示会在2016年针对一些垂直领域和专业领域，开始尝试引入专业机构。并且在知乎上已经有发帖人"蚂蚁菜"的感谢贴，其还表示会代表血友病吧常驻知乎。而在血友病吧上可看到，发表声讨贴的吧主的职位已经被归还。

反思：商业驱使贴吧被卖 社会媒体纷纷发声

尽管百度已经发表正式声明，病种类贴吧全面停止商业合作，但是这样一场轩然大波已经引起社会广泛关注。而各家媒体也纷纷对此事进行了报道，虽然百度在数天之内就将这一事件了结，但因此事造成的恶劣影响短期内恐难抚平。

2016年1月12日，百度公司正式对外宣布，百度贴吧所有病种类贴吧全面停止商业合作，只对权威公益组织开放。凭借权威公益组织在相关病种领域的专业积累，百度贴吧将为广大吧友提供更优质的内容服务。此前一天，专注血友病防治的NGO组织"血友之家"已经接受百度贴吧的邀请，成为血友病吧的新吧主，其将与7 000多名血友病吧吧友共同运营管理。"血友之家"也成为首家参与病种类贴吧运营的公益机构。

作为广大网友就共同的兴趣话题交流讨论的第一平台，百度贴吧病种类贴吧中每天都聚集着大量病患进行诊疗相关分享和探讨。而此类贴吧由于关系到用户的生命健康，对其中内容和运营行为的监管就显得尤为重要。日前，针对血友病吧机构吧主运营问题的投诉，百度贴吧就立即开展调查，并快速做出决策，撤换了原吧主，而由非营利机构"血友之家"作为机构吧主与吧友共同运营管理"血友病吧"。

百度贴吧目前注册用户超过 10 亿个，月活跃用户突破 3 亿个，共拥有 1 900 万个主题吧。由于贴吧聚合了大量精准、细分的用户群，使得很多高人气贴吧天然具有营销价值。特别是病种类等具有很强商业属性的垂直类目贴吧，存在着个别吧主和吧务人员利用职务之便发布商业信息，谋取个人利益的情况。这些违规行为不仅损害了吧友的体验和利益，也扰乱了贴吧内部的正常管理。

为了规范具有明显商业属性贴吧的运营管理，并提升贴吧的内容质量和用户体验，百度贴吧在 2015 年针对一些垂直领域和专业领域，开始尝试引入专业机构，创新尝试以"专业机构+吧友"的模式，与吧友共同管理相关垂直类目贴吧。官方数据显示，经过一段时间的试运营，由专业机构联合管理的贴吧运营效率和用户活跃数据都有大幅提升，用户活跃度及发帖量均达到之前的 2 倍。

而由于病种类贴吧的特殊性，百度贴吧针对此类贴吧选择只与相关疾病领域的专业 NGO 组织进行合作，从官方层面保障了广大吧友的利益。作为首家参与病种类贴吧运营的公益机构负责人，北京血友之家罕见病关爱中心理事长关涛对于联合运营血友病吧表示出积极态度："中国的血友病患者近 10 万人，但是由于血友病的特殊性，加之每个人的病情各异，治疗建议需要通过正规医院途径，在这种情况下，若吧主或者主要主持的人来自权威机构或公益组织，那就能更好帮助吧友寻找救助途径。所以，贴吧引入权威公益机构来合作是值得推荐的方式，血友之家也愿意一起加入进来，帮助更多病患网友，如果能有更多权威性机构加入进来，对医疗环境的改善也是很有帮助的。"

据悉，目前，百度已经与中华少年儿童慈善救助基金会、天使妈妈慈善基金会、罕见病发展中心、北京血友之家罕见病关爱中心、爱佑慈善基金会、中国红十字基金会等公益组织达成合作意向。这预示着，贴吧将以更加积极开放的态度，寻求与更多病种类公益组织机构合作，对相关贴吧进行更加专业和高效的运营管理，而广大病种类吧友无疑是最大获益者，他们将获得更多实际的帮助与支持。

资料来源：引自《腾讯财经》，2016 年 1 月 12 日。

讨论题

1. 案例所述事件说明了什么样的营销伦理问题？
2. 请运用营销伦理等相关理论来分析这一问题。
3. 企业在营销中，如何更好地把握利益和伦理的平衡，秉持良好的管理伦理？

第 10 章　网络时代的管理伦理

修之于身，其德乃真；修之于家，其德乃余；修之于乡，其德乃长；修之于邦，其德乃丰；修之于天下，其德乃普。

——老子

没有成功的企业，只有时代的企业。

——张瑞敏

学习目标

- ☑ 了解网络伦理学的基本内容。
- ☑ 了解网络经济会带来哪些新的问题。
- ☑ 了解在电子商务活动中应该掌握哪些伦理原则。

引例　　打车软件的商业伦理之惑

2014年年初，几乎全上海的男女老少都被一件事情搅得六神不安。那就是忽然间有两家软件开发公司发起"烧钱"活动，豪掷10亿元人民币，给凡使用自家软件叫车的乘客和用软件应招的司机现金补贴，使得曾经不温不火的出租车打车软件大行其道。而且这两家公司还捉对厮杀，竞相提升补贴数额。于是在金钱刺激下，只见不少出租车司机一面扶着方向盘开车，另一面频频地去瞄手机上的软件叫车信息，甚至有司机早上还未出门，就通过软件把好几单生意都预约安排妥当。很多乘客，尤其是年轻的"低头一族"，快乐地享受着打车软件所带来的现金红利；与此同时，那些在马路上扬招的乘客看着一辆辆亮着空车灯的出租车飞驰而去却无可奈何；那些不会用手机软件的乘客更是一筹莫展。

作为一种互联网时代的新生事物和新商业模式，打车软件的出现无疑为出租车服务增加了新的亮点，使乘客多了一条召唤出租车的途径，而且使得那些离开手机须臾不能生活的年轻一族如鱼得水，充分享受着科技进步所带来的便利，同时使出租车司机多了接单的渠道，能更好地提升经济效益。在这场以打车软件为载体的商业活动中，粗一看似乎各方都是赢家：出租车司机不仅多做了生意，而且获得了额外的补贴；乘客通过软件叫车享受了便利，而且获得了车费折扣的实惠；甚至马路上还可能因此减少出租车空驶率。

打车软件的出现，完全是市场经济的产物，是企业自主的商业行为。软件开发企业为了提升竞争力，不惜牺牲短期经济利益来培养顾客的使用习惯，以获得更大的市场占有率。但是，在市场经济运作环境下的商业伦理中，一直有一对矛盾造成人们的困惑，那就是：公平与效率。

公平与效率这一对矛盾几乎可以在所有的商业活动中得到反映,在打车软件所引起的活动中也不例外。从效率角度考虑,打车软件的出现弥补了以往扬招和电调的不足,为市民叫车提供了新渠道,提升了出租车使用效率;而从公平的角度来看,打车软件并没有提供给所有的叫车者以同等机会,因为打车软件的使用有较高技术门槛,很多老年人根本不会使用,无网络信号环境下也无法使用软件叫车。而且因为使用打车软件有额外经济补贴,所以无论是驾驶员还是会使用软件叫车的乘客都趋之若鹜,这就使得老弱病残叫车更为困难。

资料来源:本案例由本书作者根据其刊载于《复旦商业知识》上的文章改编。

10.1 网络伦理学的出现

随着电脑、多媒体、互联网的发展和"大数据时代"的到来,人类社会正逐渐从工业化社会向信息化社会迈入。互联网已经深入当今人们生活的每一个领域,互联网无论是对人们的生活、工作还是其他方面,所带来的深远影响都是无可估量的。目前,网络应用已渗透到社会生活的各个领域,深刻地影响着整个社会,其影响在广度上和深度上都将超过以往的任何一次技术革命。网络的发展、虚拟生活的产生及其与现实生活的结合已成为当今世界人们生活的新环境。网络对人们的思维模式、行为方式、价值取向等诸多方面赋予了新的内涵,为社会结构注入了新的内容和形式,给人们的生产和生活都带来极大的冲击。美国南加州大学传播学院教授曼纽尔·卡斯特尔指出:"网络的形式,将成为贯穿一切事物的形式,正如工业组织的形式,是工业社会内贯穿一切的形式一样。网络形式是一种社会形式,而非技术形式。"⊖

网络经济的迅速增长表明:一方面,控制和操作信息的能力,对全球经济增长的动力发生日益显著的变革作用;另一方面,在控制和操作信息的活动中,也呈现出一系列的伦理难题。在这种情况下,社会问题和伦理问题将不断浮现。随着"大数据时代"的到来,一个大规模生产、分享和应用数据的时代正在开启。互联网时代,社交网络、电子商务与移动通信尤其给整个社会结构和社会生活带来前所未有的变化。这种以互联网为依托的社会状态,对企业与企业以及企业与消费者的关系也产生了深远的影响,B2B、B2C、C2C 甚至 O2O(Online to Offline)等多种电子商务模式的出现,使得传统实体经济下企业伦理的基本原则受到了新的挑战,面临许多新的冲击。

10.1.1 网络伦理学的定义和研究范围

在人人都谈互联网的时代,网络伦理学却还是一门较新的学科。网络伦理学以网络中人们的行为道德为研究对象,涉及组织对组织、组织对个人、个人对个人等不同层面。当今时代,人们如何使用网络?用网络进行沟通、从事商务和其他活动时,是否有一定的伦理道德标准,应该遵守什么样的伦理道德标准?这是网络伦理学的主要研究对象。在网络社会中,网络道德主要依靠一般的善恶观念和个人的价值观、内心

⊖ 中央电视台大型纪录片《互联网时代》主创团队.互联网时代[M].北京:北京联合出版公司,2015:1.

信念为行为标准，以此来确定其内涵和外延。网络伦理学所探讨的对象和范围，涉及虚拟社区及生活在其中的虚拟人。基于互联网所形成的虚拟空间，虽然有所谓"虚拟"成分的存在，但其实这个虚拟空间不能脱离现实社会，其很多现象是现实社会的反映和现实生活在互联网上的实现。而且，这个空间又是实实在在地存在于现代社会之中，它不仅给人们提供了免费的信息资源、沟通手段以及商务活动的方式，大大缩小了人与人之间的物理空间距离，提供了极大的商业活动便利，也对传统文化和传统道德产生了巨大的冲击。因此，凡是在网络这个虚拟空间中所发生的道德现象和冲突，都属于网络伦理学研究的范围。

10.1.2 网络伦理学出现的背景

网络伦理学的提出有其深刻的现实根源，它是由网络行为引发的道德关注。网络行为是网络社会所特有的交往行为。同现实社会中的交往行为相比较，网络行为具有特殊的含义，其特殊性表现在以下几方面。

第一，所处的环境特殊，即处在一种虚拟的现实（Virtual Reality）中。这种虚拟的现实是由计算机、远程通信技术等构成的网络空间实现的。在这个虚拟空间里，存在着虚拟的一切：不仅有虚拟人（Virtual Human）、虚拟社会（Virtual Society）、虚拟社区（Virtual Community），而且有虚拟全球文化（Virtual Global Culture），甚至有"比特币"等虚拟货币。虚拟环境产生了虚拟的情感，有了虚拟环境下各主体之间的交往和经济活动，进而便产生了虚拟世界的伦理道德。当然，虚拟并非虚无，只是另外一种社会存在方式，因此虚拟的规范也不是凭空设想，而是实实在在的约束。这种"二元性"的特殊环境和行为，决定了由此所引发的伦理问题必然具有同传统伦理学不同的特征。

第二，交往的方式特殊，即交往具有"虚拟性"和"数字化"的特点。互联网上曾经流传一句话："网络上没人知道你是一个人还是一条狗。"网络社会中的交往以符号为媒介，使得人与人之间在现实中的直接接触减少，简化为人机交流、人网交流。此时人的存在以虚拟的"网络人"的面目出现。这种"匿名性"使得人们之间的交往范围无限扩大，人际交往更具随机性和不确定性，进而交往中所产生的伦理道德冲突也更加明显。同以前相比，网络交往方式所受到的道德和法律约束更少，而且由于行为人的"虚拟化"，导致其行为常会更加随意。基于人与人之间实际交往的传统伦理学在这里遇到了前所未有的困难，它无法直接判定网络交往方式是否合乎传统的道德规范，对于网络上所发生的种种事件，传统伦理学经常不能给出明确的价值判断。这表明传统伦理学已落后于现代网络社会的交往实际。因而，建立一门适合现代网络化生存的伦理学不仅十分必要，而且非常迫切。

第三，交往所遵循的道德规范亟待解决。网络的"匿名性"同时导致了"随意性"和"隐蔽性"，尤其是对知识产权、版权、隐私权等权利的侵犯。在网络上人们甚至根本不考虑授权就发布、登载信息，随意下载别人的作品，等等，这方面事例屡见不鲜。在互联网缺乏监督力量和监督手段的情况下，人们只有依靠法律、伦理的宣传，依靠个人内心的道德法则来制约这种现象的发生。但实际情况是，这些手段收效甚微。我们可以看到，在技术手段走到法律、道德意识之前时，往往是要么更改规范，要么限制技术的进一步发展。很显然，互联网技术的发展势不可挡，互联网时代已经真真切切地到来，限制互联网技术的发展无疑是不现实的，也不可能为社会大众所接受。所以，进行网络道德规范的建设比限制互联网技术的应用更具有积极意义。因而，在现阶段提出网络伦理学就不是空穴来风。不可否认，在网络社会、虚拟社会中的交往行为必将对传统的伦理学产生新的影响。不解决这个问题就会产生巨大的道德反差，引发许多道德问题和社会问题。也只有正视这些问题，才能真正理解网络行为的道德含义，从而推动这门学科的成长。这一切表明，建立一门以研究网络行为为主要内容的网络伦理学已经被提上日程。

10.1.3 "网络经济"的伦理难题

网络经济进入人们的经济领域与社会生活领域之后，尤其是进入人们的日常商务活动和消费活动之中，也会带来不能忽视并日益突出的伦理道德问题。

1. 对个人隐私的挑战

在传统经济活动中，人们比较注重对个人隐私的保护，而且由于彼此之间的交往具有一定的空间和时间距离，信息传播受到一定制约，这就使得个人隐私权的保护相对比较容易。而网上交易和网上交往由于是瞬间、即时和"虚拟"的，因此往往会造成人们不经意之间把个人隐私暴露出去，从而造成对自己的伤害。例如，在电子商务和交易中，将个人的信用卡号码或是住址、姓名、家庭电话号码等告诉对方，就很有可能造成个人隐私权的被侵犯，甚至带来严重的后果。同时，由于网络技术的发展和搜索引擎工具的使用，可以很轻易地在网络上去"扒"他人的各种信息，因此很容易侵害个人隐私。

2. 知识产权的保护

世界绝大多数国家的法律都保障知识首创者和所有者的权利，并对知识产权的重视程度越来越高，这对于创新活动的产生有着极为重要的意义。但在网络上，人们往往非法复制、使用有知识产权的知识成果，例如在网站上擅自发表文学作品而不支付作者报酬、随便下载音频和视频，或者非法复制、使用有知识产权的软件。知识产权的所有者因为网络的虚拟性和无限性，对此防不胜防，一旦发生问题也往往追索无门。

3. 发达国家的信息垄断

在网络经济时代，发达国家无疑占据着信息优势地位，这种优势地位为其带来巨大的垄断利润。它们可以凭借信息优势在实质上造成对发展中国家的经济侵犯。信息垄断不仅仅是一种经济行为，同时是一个涉及人类社会基本伦理的问题，尤其是那些社会性、公开性的知识，因被少数组织和国家垄断而妨碍社会进步，这同样是一种不公平、不道德的行为。

4. 信息污染

如果说现代工业文明同时带来了全球范围内环境污染问题，那么网络虽然给我们带来了信息使用上的很大方便，但同时在产生着无数的信息垃圾，而且正日益演变成信息污染。且不说我们几乎每天都会收到的垃圾邮件，就是在互联网上，目前也已有几十万个色情网站，名人的毛发、艳星的指甲等东西也搬上了网络。网络正成为一个无所不包的仓库，在网络所提供的信息资源中，精华与垃圾并存，使我们面临信息污染的挑战。

5. 信息欺诈

在繁杂的信息网络中，存在无数的虚假信息，造成了很大危害。且不说诸如网上满天飞的各种骗子信息，就是在微信中，也充斥着各种真假难辨的消息。而在企业交易层面，一些供应商利用网络来坑害消费者，一些不法之徒利用网络来蒙骗供应商。更有一些人利用电脑制作各种假证件，甚至制作假信用卡等。还有在网上各种制假、售假的情况，每天都在挑战当代社会的公众信任。

6. 公共信息安全

网络时代的信息高速公路，同样存在着安全问题。"病毒""黑客"等已成为网络的可怕敌人。每天都会产生的各种各样的病毒一旦爆发，几乎在瞬间就能在网络上给数以万计的计算机以沉重打击，有的甚至对网络起到毁灭性作用。这些都给我们的经济生活和企业的正常运营带来极大的不利影响。如何保障社会公众的信息安全，如何保障网络经济环境下交易平台的安全，其中既有网络技术领域的问题，也同样有伦理学甚至心理学和社会学的问题。

10.1.4 "网络经济"下伦理建设的基本原则

面对"网络经济"所带来的伦理难题，我们既要看到这是"网络经济"发展到一定阶段必然会出现的一种现象，是社会发展中所带来的问题，但是又不能听之任之，任其不良影响扩大，而应通过建设"网络经济"下的伦理道德来协调网络中的人际关系，规范网络经济中人的行为，促进"网络经济"发展。

"网络经济"是一种特殊的经济，正是它在技术、行为、交易规范等各方面的特殊性，决定了网络经济活动中的伦理道德具有自身的特点和发展趋势。

1. 多样性

"网络经济"中道德的发展正呈现出一种多元化、多层次的特点与趋势。现代市场经济为人们的道德选择和道德判断提供了多种可能与标准。同样，在以现代市场经济为现实基础的网络经济中，既有属于网络经济共同性的主导型道德规范，如不应该制造和传送不健康的信息，不应该未经同意擅自利用电子邮件来做商业广告，禁止非法闯入加密系统，等等，同时存在着各种网络经济自身所特有的多元化道德规范，如各个国家、民族、地区的独特道德风俗习惯等。随着彼此交往的增多，这些处于经常性冲突和碰撞之中的多元化道德规范，一方面，使相互之间增进理解和同情，从而在经历冲突和碰撞之后达到融合；另一方面，即使彼此无法融合，冲突和碰撞依然如故，它们在网络这一"虚拟社会"中也可能因选择性的增强和彼此并无实质性利害关系，而能够求同存异、并行不悖。

2. 开放性

"网络经济"中的道德呈现出一种不同的道德意识、道德观念和道德行为之间经常性冲突、碰撞和融合的特点与趋势。时间与空间，历来是限制人们之间交往的主要障碍。而信息革命和网络技术带来的最基本变化，是使人们在很大程度上消除了时空的障碍，在网络上具有了共时性和同域性，消除"这里"和"那里"的界限，甚至连那些深处穷乡僻壤的人也能与世界上最发达国家、地区的人们方便地交往、合作和进行交易。这样，"网络经济"便形成了不受时空限制的交往方式和交易方式，网络经济人之间不同的道德观念和道德行为的冲突、碰撞和融合也就成为可能。

互联网的全球化，尤其有利于"网络经济"的发展，它既可以使不同的宗教信仰、价值观念、风俗习惯和生活方式渗透于网络经济之中，又可以使各种独特的行为和各种西方艺术都能通过网络上的经济交往，接受人们价值评判和价值选择的洗礼，同时为网络经济人提供了交往的有效方式和手段。因此，互联网的全球化，将使网络经济中伦理道德的开放性有可能转化为现实。

3. 自主性

网络经济的道德呈现出一种较少依赖性、更多自主性的趋势。信息网络是人们自主、自愿建立起来的，也是个人可以自觉选择参与或者不参与的。因此网络经济的道德规范只能是网络经济人自觉行为的结果。正因为网络经济的道德规范是人们根据自己利益与需要制定的，网络经济人才应具有遵守这些道德规范的自觉性。如果说传统社会的道德是一种较多依赖性和较少自主性的道德，那么随着网络经济的日益繁荣，人们建立起来的应该是一种较少依赖性和更多自主性的新道德，它是在个人选择的基础上达成一种共识从而建立起相应的伦理准则。

由于网络经济中的伦理道德具有上述特点，因此在网络伦理规范的建设中，必须遵守一些共同的原则。

（1）资源共享原则。网络上的资源共享源于信息共享。包括软件、程序源代码等。凡是使用过网络搜索引擎的人都知道，搜索的过程就是资源共享的过程，搜索结果就是大量免费的资源。而在一般的网络浏览过程中，资源共享也体现得淋漓尽致。只要上网，就可以得到大量资源，这也许是网络社会中最大的特点。你只要确定一个主题，上谷歌或百度一搜索，相关信息便会蜂拥而至，疑难问题也往往迎刃而解。所以不少年轻网民将百度称为"度娘"，意为就像小孩有不懂之处问父母一样。从另一个角度看，资源共享遵循的是"免费原则"。当然，这种免费具有约定性，它使用的是网络提供的默认值。如果超出约定的范围，这一原则就会受到挑战和限制。但是，无论如何，网络社会中的免费搜索、免费服务、免费信息等所体现的原则，毕竟不同于商品社会中的资源配置原则。后者体现的是利益最优原则,而前者却是以信息的最大化为出发点的。因而,作为网络社会所特有的资源共享,理应成为网络伦理学的首要原则。

(2) 一致同意性原则。一致同意性原则强调网络行为都应遵循一般的道义性,它必须是诚实、公正和真实的。尤其在那些通过网络交往的人之间,双方一般都被理想化为具有上述优点的人,因而值得信赖。很显然,一致同意性被当作网络行为的前提和默认值而先入为主地存在于网络人头脑当中。虽然这种认识不具有客观性,但是并不妨碍它成为网络伦理学的原则,只不过它同时是网络伦理学追求的目标罢了。虚拟的网络经济与现实经济在本质上是一致的,网络经济人的自由在本质上应是理性的,网络经济人必须具有道德意识,不能以为匿名、数字式地交往就可随意制造信息垃圾、进行信息欺诈。网络经济为开展各种经济活动提供了前所未有的活动空间与自由度,在这个崭新的经济世界中,还缺乏成熟和有效的法律和道德规范,网络经济人只是按照自己在信息网络中的需要来活动,这就与现实社会中的主导道德规范形成巨大冲突,并使其约束力明显下降。然而,网络经济行为和其他的社会行为一样,都需要一定的道德规范和原则。目前,世界各国纷纷研究制定了一系列相应的道德规范,这些规范涉及网络经济行为的各方面,从电子邮件使用的语言格式、通信网络协议到电子邮件签名等细节,都有详细的规范。美国华盛顿有一个名为"计算机伦理研究所"的组织推出了"电脑伦理十戒",美国南加州大学的网络伦理声明中指出了六种网络不道德行为类型,所有这些规范都是对现实经济活动领域中的道德规范的补充和发展。

互联网技术所带来的大数据,成为当今网络时代的巨大财富。如今,一个大规模生产、分享和应用数据的时代正在开启。

(3) 自律性原则。自律性是伦理学的目的。在网络社会中,由于个人具有充分的自由,并缺少约束,要达成一致同意或完全享有整个资源,显然是不现实的。这就要求每个网络人都遵循自律性,遵守一般道义原则,才能够达到自己的目的。所以,自律性原则可以被视为一种最终的道德诉求,而和其他原则共同构成网络经济伦理的基本原则。如果说,普通伦理学中也强调这一原则的话,那么,网络伦理学则因为网络所具有的特性,更加突出了这一特点。自律性的另一个意义是,遵循最小授权原则,即只在网络中获取应当获取的资源,而不越权去访问或者试图获取那些不应该获得的资源,否则就会被取消授权。因此,自律性成为网络伦理学的终极目标和终极关注。

10.2 电子商务与互联网经济

在中国,近年来,11月11日被称为"光棍节"。2015年的11月11日这一天,天猫和淘宝的销售额就达到了空前的912亿元!这一数字比不少大型百货零售企业集团一年的销售额还要高出许多。电子商务已经成为当今社会一种最主要的销售方式之一。据统计,2014年第四季度我国网购用户数量已经超过3.1亿个,2015年我国移动购物的用户数量超过5.2亿个。所以说,作为21世纪重要经济增长点的电子商务及在此基础上发展而来的互联网经济,其作用不亚于200年前的"工业革命"。

基于网络（尤其是互联网）所进行的经济活动，是在当下信息网络化时代所产生的一种新经济现象，表现为经济活动中的生产、交换、分配、消费等一系列环节，以及相应的金融、政府对经济的监管等各类活动和功能，都高度地依赖互联网进行。人们不仅从网络上获取大量信息，依靠网络进行预测、分析和决策，而且许多交易行为直接在网络上进行，类似上述"光棍节"的交易，就是互联网经济的集中体现。当马云在 1999 年创办阿里巴巴时，他大概也没有想到依托于互联网的电子商务会如此火爆！

按照世界贸易组织电子商务专题报告的定义，电子商务就是通过网络进行的生产、经营、销售和流通等活动，它不仅指基于互联网的交易，而且指所有利用电子信息技术来解决问题、降低成本、增加价值和创造商机的商务活动，包括通过网络实现从原材料查询、采购、产品展示、订购到出品、储运以及电子支付等一系列的贸易活动。按照 IBM 公司的定义，电子商务等于 Web 加企业业务，它所强调的是在网络环境下的商业化应用，是把买方、卖方、厂商及其合作伙伴在互联网（Internet）、企业内部网（Intranet）和企业外部网（Extranet）结合起来的应用。1997 年 10 月 1～3 日，欧洲经济委员会在比利时首都布鲁塞尔举办了全球信息化标准大会。大会中明确提出了一个关于电子商务的比较严密完整的定义："电子商务是各参与方之间，以电子方式而不是以物理交换或直接物理接触方式完成任何形式的业务交易。"这里的电子商务包括电子数据交换（EDI）、电子支付手段、电子订货系统、电子邮件、传真、网络营销、电子公告系统、条形码、图像处理、智能卡等。世界范围内的政府部门、公众服务机构、电信企业、银行等多种服务机构以及各类企业和数以亿计的个人用户，都开始广泛地参与电子商务活动。

10.2.1 全球电子商务及互联网经济的发展

1. 全球电子商务的发展现状

从电子商务交易额来看，目前世界范围内的电子商务保持高速增长态势。1998 年全球电子商务总交易额为 1 020 亿美元，其中美国的交易额仅为 200 亿美元。但近年来，在全球经济保持平稳增长和互联网宽带技术迅速普及的背景下，世界主要国家和地区的电子商务市场都高速发展，2013 年全球电子商务交易额达到 9 630 亿美元。以美国为首的发达国家，成为世界电子商务的主力军；而中国等发展中国家电子商务异军突起，也正成为国际电子商务市场的重要力量。阿里巴巴公司董事局主席马云就断言："未来要么是电子商务，要么无商可务。"

2. 我国互联网经济与电子商务发展

随着网络技术的日趋成熟，不仅是电子商务正以蓬勃发展的势头高歌猛进，而且依托于互联网的各种经济形态和业态同样有了长足发展。互联网是一股变革的力量，它几乎改变了当今社会每个人的生活，在这个时代中，我们会由一种个体变为一种集体，网络的形式将成为贯穿一切事物的形式。在互联网时代，人人都能与几乎数不清的人或者组织进行几乎零成本的交流和来往。这种网络交往、互通互联的形式，不仅体现在人们的社交活动和信息沟通方面，而且极强地渗透到经济活动中。借助于网络，各种资源得到了合理配置和高效利用，网络经济以其直接快捷、开放共享、持续高效、灵活应变以及全球一体化等优势，成为世界经济增长的新动力。

中国互联网络信息中心（CNNIC）发布的第 35 次《中国互联网络发展状况统计报告》表明，截止到 2014 年 12 月，中国网站数量为 335 万个，年增长 4.6%；网民数量为 6.49 亿人，全年共计新增网民 3 117 万人；互联网普及率为 47.9%，较 2013 年年底提升了 2.3%。2014 年，中国网民手机商务应用发展大爆发，手机网购、手机支付、手机银行等手机商务应用用户年增长分别为 63.5%、73.2% 和 69.2%；网络购物用户达到 3.61 亿个，我国网民使用网络购物的比例从 48.9% 上升至 55.7%。而企业依托互联网所开展的 B2B 等电子商务，以及依托互联网所开展的各项经营管理活动更是不胜枚举，从中获得巨大的经济效益。㊀

10.2.2　目前我国发展电子商务仍然存在的问题

应当清醒地看到，迄今为止，尽管已经有很多不同行业、不同层次和不同水平的电子商务应用实例，但电子商务的优越性和经济效益在我国还没有得到充分的体现，众多企业也没有真正认识到电子商务的运作规律和掌握线上线下结合的运作技巧。在当前的互联网大潮下，企业随波逐流者有之，用网站虚充门面者也有之，不少企业还没有真正张开双臂拥抱互联网。应用电子商务较好的企业多为外贸企业和外资企业，或是少数几家知名企业。据统计，作为我国企业主体的国有企业，大约只有 17% 对电子商务有一定的了解。多数从事电子商务的企业还面临着许多困难，"烧钱"不止，举步维艰。

与此同时，真正全面融合商流、物流、资金流和信息流的完整的电子商务应用几乎还没有。电子商务应用的主体和真正的推动者——广大企业和消费者还没有被真正带动起来，大量的工商企业也没有被带动起来，电子商务市场还远没有形成。一些先期投入电子商务领域的企业，由于对中国电子商务的应用与发展道路研究不够，对中国国情认识不足且照搬居多，造成了市场判断失误、业务方式不对路、服务手段有限、投资回报无门等后果。这些企业对于尚处于初级阶段的中国电子商务可能遇到的困难缺乏足够的思想准备和资金准备，因此大多处境不好，有的甚至被迫停业。

所以，在商业领域，尽管许多商家包括一些上市公司，都已认识到电子商务的重要性，并且不少企业已经"触网"，但我国电子商务出现的"热炒冷卖"现象，在商业界仍引起很大的困惑，甚至有人担心中国电子商务和互联网产业是否会像半导体产业一样"起个大早，赶个晚集"，从而错过历史性的发展机遇。但是，电子商务作为一种建立在信息技术平台上的先进的商务活动方式，无疑有着良好的发展前景。因此，企业在资金力量允许和发展战略需要的情况下，涉足电子商务，开拓新的领域，不失为一种选择。可以说在当今互联网时代，企业必须以不同方式拥抱互联网，在自己的企业运营中加入互联网元素，才能如虎添翼，取得更好的成绩。

㊀ 引自 CNNIC 第 35 次《中国互联网发展状况统计报告》，2015 年。

10.3 电子商务运作中的伦理障碍及其对策

发展电子商务面临的主要问题并不能简单归结为技术或硬件方面，有形的技术问题解决起来相对比较容易，往往只是一个资金投入的问题，而无形的障碍则会产生更大的不利影响。要大规模地开展电子商务，使其确实成为一种能够产生经济效益的商业模式，一个最大的制约因素在伦理方面。这种无形的伦理因素影响到电子商务运作的各个方面，它不仅影响着人们对电子商务这一新模式的信任和信心，而且直接影响电子商务企业本身的经济效益和经营规模的扩大。

10.3.1 B2B 电子商务中的伦理问题

B2B 电子商务模式由于其极大地提高效率的潜力因而在互联网上曾取得了巨大的成功。通过互联网，公司可以面对大量的商家，根据其价格和供给状况进行选择。由于这些商家意识到他们的报价很容易被采购者同其他商家进行即时的比较，从而促使他们不得不报出具有相当竞争力的价格。B2B 所具有的信息和速度优势使交易的成本大大降低，因为多层次的中间商已不再被需要，同时交易的方式也更加简单，这在企业大规模生产标准化产品时表现得更加突出。B2B 一般可以分为两种形式：一种是服务于水平市场的形式，即面对多种不同的产业，如面向各种企业提供财务服务的网站；另一种则是服务于垂直市场的形式，即提供某一个特定产业如汽车业所需的全方位的服务。

不论 B2B 的具体形式如何，毫无疑问跟 B2C 一样，B2B 运作的关键是信用和诚实。例如通过拍卖机制运行的网站，风险之一就是对价格的操纵。没有完全的信用和诚实，B2B 是不可能有效运作的。除了对信用和合谋的担心之外，同时还存在其他形式的风险，例如有些涉及所属权或是敏感问题的信息（公司从何处购买了多少数量的货物）是不愿让竞争对手所知道的。由此可见，保证信息的安全是 B2B 的一个必要的组成部分。在 B2B 交易过程中，不仅仅欺骗是一个令人担心的因素，声誉也同样非常重要。

在 B2B 的电子商务中，一个非常值得探讨的伦理问题是，主要客户是零售商而非最终消费者中的电子商务问题。这一问题的提出，主要是因为此类 B2B 电子商务与实体的传统业务存在着直接的竞争，即所谓线上和线下的竞争。现实世界中很多商品是由生产商生产并销售给中间商而非直接面向最终用户的，杂货店和百货商店是其中最好的例子，这些商店一般来讲并不直接生产自己所销售的商品，它们会销售由不同生产商生产的不同品牌或种类的商品，或者专门出售单一品牌的商品。无论在哪种情况下，生产商的直接顾客就是这些零售商。但是，现在借助互联网，生产商通过开展电子商务而直接进行网上直销，那么那些零售商的竞争力又在哪里呢？制造商直接将产品销售给最终消费者对零售商是否公平呢？事实上这样就是使生产商与其首要顾客（即零售商）面对着直接的竞争，进一步说，既然通过开展网上业务而摆脱了中间商，那么自然而然可以制定低于往常有中间商存在情况下的价格，而这一差价就曾是中间商原来的利润。因此最终消费者会从中受益，但这是建立在牺牲中间商基础之上的，而且最终消费者可以通过在零售商处亲身查看、体验产品而后在网上进行购买。这对零售商是否公平呢？

　　从表面上看，制造商与其直接顾客（即零售商）进行竞争是不公平的，然而每一家大型制造商企业都期望拥有网站。因为网上销售很可能是今后销售的主要方式之一，从而消费者的购买方式也相应从传统情况下通过第三方购买而转为网上直接购买。因此在网上销售市场中较早稳固地占据有利地位，对制造商适应今后的发展是很有帮助的。如果制造商在网上制定了比零售商更为便宜的价格，那么这将有利于消费者，并且零售商也不得不通过提供特定的服务而使其较高的价格变得合理。同时还有人指出，选择从制造商处直接进行网上采购的消费者群体，与传统的从零售商处购买的消费者群体并不相同，这在一定程度上可能如此，但肯定不完全是这样。所以"公平"问题依然存在。在这种情况下，究竟什么才是真正的"公平"？抑或根本就没有"公平"可言？

　　这一问题的答案肯定是一个对于各方（最终消费者、制造商和零售商）来说都是公平和可接受的方案。一种极端的选择就是像DELL电脑，它完全摆脱中间商而进行彻底、全面的网上销售，而除此之外，如果网上销售与传统形式（由中间商进行销售）并存的话，那么一定应该避免既依赖于传统的中间商又同时在网上以极低的价格销售同样的产品。一种解决方法就是保持在网上产品展示，但并不直接销售产品，而是将所有销售公司产品中间商的地址列在网站上；另一种方法是如果通过网站直接进行销售的话，则应尽量避免采取较低的价格而与自己的中间商构成直接竞争的关系。

　　如果传统的中间商也同时在网上开展销售，那么将使伦理问题变得更加复杂。在这种情况下，制造商的网站应该提供相应的信息来促进而非阻碍中间商的网上销售，制造商应让中间商充分了解所有相关信息和背景，以使信息充分对称而避免单方面做出任何不利于中间商的改动。

　　随着B2B电子商务的发展，也带来了一些反托拉斯垄断的问题。B2B电子商务在许多产业中发展迅猛，它提供了一个公司间买卖商品或物品的交易平台。实际上，它变成了一个全国范围内的网上交易市场，它使需求方或供应方不再需要对大量的交易对象进行高成本的搜寻和选择，因此B2B电子商务就成了卖者和买者之间的中间层次。在这种情况下，如果一个竞争者拥有了所在产业中的B2B电子商务平台，问题就不可避免地产生了，合谋、人为操纵价格等类似的行为变得容易和有可能，这将严重损害市场的公正性并且对消费者十分不利，反托拉斯法应严格禁止公司间的合谋或控制价格。例如Covisint就是第一家引起美国联邦贸易委员会（Federal Trade Commission）警觉的B2B电子商务网站，这家网站称自己是"一家全球性的、独立的电子商务网站，为汽车产业提供领先的合作产品开发、采购、供应链管理从而使客户能够在它们业务运作中降低成本、增高效率"。但潜在的问题是，这家网站是由戴姆勒－克莱斯勒、福特、通用、日产、雷诺联手创建的，而这些公司之间应是相互竞争的关系，通过这一电子商务网站，它们便非常有可能进行价格串通和操纵，这是不符合管理伦理甚至是违法的。如果这些公司都是用同样的信息，它们甚至不用通过会议和协商便可以相互之间协调价格，而这些公司控制了全球汽车生产的半壁江山，因此这一网站引起联邦贸易委员会的关注就不足为奇了。另外，联邦贸易委员会指出，由于这家网站正处于形成的初期阶段而暂时停止调查，但"在保证公共利益的前提下保留采取进一步措施的权力"。

10.3.2　B2C 电子商务中的伦理问题

1. 虚假信息泛滥

在网络这一新兴媒体中，发布信息不像在传统媒体上那样会受到那么多的制约。而且由于网络的虚拟特点，一般消费者即使在觉察到信息的错误以后，也很难向发布信息的企业进行追究，甚至根本就不知道网络企业的地址。因此一些网络企业便表现得肆无忌惮，在网上发表各种各样的信息，或者制造出各种各样的新闻来吸引消费者或者创造所谓的点击率，以扩大自己的商业影响，谋求经济效益。笔者曾经询问一位在一家商业网站任 CEO 的朋友：该网站的点击率是多少？这位朋友坦然问道："你是想听真的还是假的？"据说真的不足假的一半！而且这已经成为网络界公开的秘密。这种状况的存在，使得广大消费者对于网上发布的诸多信息都心存疑虑，丧失了起码的信任。

2. 商品品质的问题

我国目前还处于市场经济建设初期，这种从计划经济向市场经济的转型，不仅是经济体制的变化，更是一种文化的转型。由于法制法规的不健全，与市场经济相配套的法律还很不完善。不少企业不讲信誉，制造假冒伪劣产品以牟取暴利，许多消费者直接去商店买物品，也往往会买到假货，造成很多纠纷。这使消费者在进行购买时对商店和商品产生不信任。而电子商务由于其虚拟特点，这一问题就更为严重。虽然，人们可以"宅"在家中足不出户，轻点鼠标便可进行网购，但由于交易过程的虚拟化，消费者事前无法看到商品实样和不能够当面交易，其中暴露出来的问题日益严重，有人称之为"网络广告满天飞，货送上门面目非"。据媒体报道，有一位家住上海的消费者，通过浏览网页，从一家网站设计得相当美观的电子商店选购了一台喷墨打印机。两天后这家电子商店派人将 1 台包装得十分精美的打印机送上，该消费者收到打印机后，即拆箱检查，见型号、色泽正是自己早先选定的那种就欣然付款，而对方则给他一张计算机打印的价格单。开始几天，打印机工作正常，但半个月后就出了毛病，除了卡纸外，喷出的字迹也是深浅不匀。该消费者按照说明书上的号码打电话与这家公司联系，却被告之为空号。他找到消费者协会投诉，但因为没有正式发票，消费者协会表示爱莫能助。而在外卖等行业所发生的问题就更多。

3. 信用与支付手段的问题

利用电子商务进行交易必然会涉及信用与支付问题。由于电子商务的"无纸化"和"无址化"，对参加交易的各方提出了更高的信用要求。处于转型期的中国社会，传统的"义理社会"价值体系的约束作用正在日趋削弱，而基于法制基础之上的"契约社会"还远未形成。信用的概念在不少人眼中甚是淡薄，因此也给与电子商务密切配套的支付手段带来了很大的不利影响。"支付宝"之类第三方支付平台的出现，为电子商务解决了支付的关键问题,可谓功不可没,但互联网交易中的支付问题依然没有得到彻底解决,甚至还存在很多诈骗现象。

4. 物流配送的问题

物流配送是电子商务的一个重要环节,如果没有相应的物流配送,电子商务就不能够进行有效的运作,也不能够产生规模效应,不能够为消费者提供满意的服务,会使消费者对电子商务这样一种先进的商业运作方式产生怀疑和失去信任,最终对它丧失信心。

在物流配送这一环节中,技术因素是一个重要的因素。而具有良好的商业伦理,对消费者实行一种真正负责的态度,也是物流配送当中一个非常重要的因素,它在某种程度上保证了物流配送的及时和准确。毫无疑问,近年来快递业的迅速发展,为电子商务提供了极为有利的支撑,但是快递业由于发展过于迅速,其中鱼龙混杂,调包、延误、物品损坏等现象屡屡发生,也对网络购买和服务产生了不小的负面作用。

方兴未艾的网络经济,为千千万万消费者提供了极大便利,而且,电子商务作为一种新的商业交易方式,可以有效节约交易费用,提高交易频度和结算效率,可以无限放大市场和放大商业机会,从而放大资源配置范围。因此,电子商务和范围更广的网络经济有其广阔的前景。然而,鉴于目前电子商务运作中所存在的伦理障碍,有关部门谆谆告诫各位消费者:上网消费仅防欺诈,要增强自我保护意识,做到"三要三不要",即一要事先了解网上商店的信誉度,可向亲朋好友和同事做些调查,不要轻信网上商店和网上商品广告溢美之词。二要仔细查阅电子商店出示的有关资料,如营业执照,或先用电话核实商店的确切地址,做到心中有数,不要随便输入自己的个人资料,以免产生不必要的麻烦。三要索取正规发票,付款前对商品质量要验明正身后再付款,不要贪图便宜而放弃了自己的权益。如此战战兢兢、步步为营的消费,且不说已全然没有半点购物和网上冲浪的乐趣,更严重影响了电子商务的规模发展。

10.3.3 解决电子商务伦理问题的对策

尽管中国目前的网络经济活动存在种种伦理问题,但这并不意味互联网经济在中国前途黯淡。互联网时代的到来是一种不可阻挡的趋势,这样一种建立在高科技基础上的崭新的商务活动方式,在中国已经有很大发展,而且未来前景不可限量。为了更好、更健康地发展互联网经济,解决目前在这类经济活动中所面临的伦理问题,当务之急是采取以下对策。

1. 迅速加强法律法规和政策的建设

针对目前日新月异的网络经济发展势头,政府有关部门要积极面对,认真研究网络经济的特点和规律,迅速制定有针对性的法律法规和政策,以规范各种电子商务活动,切实增强企业和广大消费者对网络经济活动的信任感。目前,上海市有关部门已经采取了初步措施,推出了工商企业营业执照网络版的格式和发布规定,使企业和消费者需要时可在网上查看企业的营业执照,以增加对从事电子商务企业的了解和信任。

当然这只是第一步，这方面的工作还有待大力加强。诚如新浪董事长兼首席执行官曹国伟所言："我们很多的言行都受现实生活中法律的约束，所以在网络上我们的言行是需要有底线的。这里面包括了法律法规的底线、社会制度的底线、国家利益的底线，包括公民合法权益的底线、道德的底线、社会风尚的底线，还有我们所说的事实真实性的底线"。㊀

2. 加强对企业家的管理伦理道德教育

管理伦理建设是一项十分紧迫的工作，它对于目前中国市场经济的规范化运作起着至关重要的作用。在中国由计划经济向市场经济的转型过程中，伦理价值的失范现象十分严重，一些企业家片面认为市场经济就只讲钱，为了赚钱可以不择手段。因此，加强商业伦理的教育和新的伦理道德的建设非常迫切。在这方面，大学的商学院、行业协会和政府有关部门都需要做大量基础性的工作，建设符合市场经济的、积极向上的新经济状态下的商业伦理。

3. 加强信用体系的建设

在长期以来的市场经济体制下，我国的信用体系很不完善，企业的信用评估、个人的资信状况都不甚了了。这种情况反映在网络经济活动中，使得鱼龙混杂，良莠不分，严重制约了互联网经济活动的有效开展。"人无信不立"，网络经济时代同样如此，因此当前亟须建立和完善个人和企业的信用体系和信用查询制度，以实现在具体化、可靠性基础上所进行的"虚拟化"交易。而一旦发现商业信用严重不良的企业和个人，则应依照法律，在网络上予以披露，涉嫌欺诈的由司法部门依法惩治。只有这样，才能使网络经济活动环境得到净化。

互联网大潮势不可挡，网络给传统经济活动插上了科技的翅膀，开拓出一片经济新空间，其前景光明，但任重道远。希望政府、企业家、管理学家和广大消费者携起手来，共同为之努力，使网络经济这一新型经济形态蓬勃开展，从而有力地促进中国经济的新一轮发展。

本章要点

- 网络经济中的伦理难题和伦理特点。
- 网络经济中伦理规范建设的共同原则。
- 电子商务运作中的伦理障碍及其对策。

复习思考题

1. 在电子商务活动中存在哪些特殊的伦理问题？
2. 如何在网络经济法制尚不健全的情况下，以良好的伦理来引导网络行为？
3. 网络企业在电子商务活动中应承担怎样的社会责任？

㊀ 中央电视台大型纪录片《互联网时代》主创团队. 互联网时代 [M]. 北京：北京联合出版公司，2015：185.

应用案例　　隐藏未知端口，后台传输数据：苹果"后门"风险有多大

据媒体报道，日前，美国一名网络研究人员声称，苹果手机操作系统存在的安全"后门"可直接提取用户的私人数据，消息传出后引起广泛关注和争议。手机系统能否设置安全"后门"，让开发者等技术人员获取必要信息？这一设置是否存在潜在的安全隐患，又是否该让消费者知晓？

苹果公司回应称，数据不会未经用户许可进行传输。苹果公司表示，其设计了 iOS，使其诊断功能不会侵犯用户隐私和安全，同时为企业 IT 部门、开发者及 Apple 提供解决技术问题所需的信息。苹果公司指出，用户必须先对设备解锁，并在其他电脑访问此有限的诊断数据之前同意信任该电脑。用户必须同意分享此信息，而且数据绝不会在未经用户同意的情况下被传输。同时，苹果公司强调称，苹果公司从未与任何国家的任何政府机构就任何产品或服务建立过所谓的"后门"。

专家表示，苹果手机侵犯知情权、隐私权，建议公职人员禁用。

互联网实验室创始人方兴东告诉记者，对于此次苹果公司暴露出来的"预留端口"，长期以来，消费者并不知情，因此存在一定的风险。他强调，作为技术支持方，苹果公司可以获取部分数据用于售后，但此次暴露出的数据获取问题则明显超过了技术支持的限度。

瑞星安全专家唐威认为，现在很多互联网公司、网站都在不同程度地获取用户信息，所以定义隐私问题主要看三点：一是为什么要获取用户信息；二是有没有经过用户许可；三是获取之后的用途是什么。而苹果公司对此不做说明，在一定程度上侵犯了用户的知情权和隐私权。

飞象网总裁项立刚认为，分析此次"后门"事件可能存在的影响，首先要对用户做一个区分。对普通用户来说，或许不存在较大的泄露隐私可能性。但他强调，对国家工作人员、大型企业高管以及军队、警方等工作人员来说，可能会存在泄露商业、军事机密的问题。所以，这些部门的人员，应该被禁止使用苹果手机。

专家指出，尽管目前没有证据显示苹果手机操作系统的"后门"有间谍功能，但是苹果公司搜集的信息显然超过了它的需要。而且只要这一功能存在，就有可能被情报机构利用，苹果公司应尽快做出修补和改进。

资料来源：引自 2014 年 7 月 29 日《人民日报》。

□**延伸资料**

苹果"后门"为谁而开

近日，苹果手机"后门"事件引起中国广大消费者深深的不安。现代社会，每个人都有隐私，尊重和保护个人隐私是尊重个人权利、保障个人权益的一项最基本要求，如今却被始终标榜站在个人权益高地的美国公司如此践踏，真可谓一大讽刺。尽管苹果公司对此发表了自我撇清的声明，却无法自圆其说，消除人们的怀疑。

苹果公司此举明显违背了商业伦理。对于一个社会组织包括企业而言，法律只是衡量其行为的底线，企业如果突破了法律底线，那就是犯法，就要受到法

律的惩处。企业要守法，并不是说企业仅仅遵守法律就够了。企业作为一个社会组织，其经营活动不仅要遵守法律，而且要遵守当代社会公众普遍认同的道德准则，企业的商业行为不能有违背伦理道德的情况出现。对此，以提倡市场经济著称的经济学家亚当·斯密认为，对于商业行为是否违背伦理道德，有一个虽不成文却随时可用的标准，那就是问问良心是否过得去，或者用当今流行的话来说就是"换位思考"。

苹果公司这一做法明显侵犯了消费者利益。苹果公司自辩说，iOS的诊断功能不会对用户隐私和安全带来影响，在获取这些受限制的诊断数据之前，需要用户解锁设备。但知名黑客扎德尔斯基就爆料，利用这些"后门"，美国执法机构或恶意组织完全能在用户不知情的情况下，通过无线网络监测他们的信息，包括通讯录、备忘录、邮件等个人隐私信息。《大数据时代》一书的作者就告诉我们："数据收集者必须告知个人，他们收集了哪些数据、作何用途，也必须在收集工作开始之前征得个人的同意。虽然这不是进行合法数据收集的唯一方式，'告知与许可'已经是世界各地执行隐私政策的共识性基础。"这被视作大数据时代数据收集者所应该遵守的伦理原则。但苹果公司根本未实施告知义务，更谈不上获得手机使用者许可，数以亿计的苹果手机使用者对其存在的"后门"完全蒙在鼓里。

苹果公司这一做法完全是一种极端的自利行为，这也应该受到商业伦理层面的谴责。同样是《大数据时代》一书告诉我们，"进行大数据分析的人可以轻松地看到大数据的价值潜力，这极大地刺激着他们进一步采集、存储、循环利用我们个人数据的野心"。这一论断如果用在苹果公司"后门"事件上，可谓精准之极，也清楚地揭示了苹果公司之所以要留"后门"的真实意图所在。企业要盈利并没有错，利用先进科技来盈利也没有错。但是，"君子爱财，取之有道"，许多中外企业家都用他们的经营智慧和管理实践告诉我们，唯有企业和消费者双赢，企业才能获得可持续发展。如果企业只顾自身利益而对消费者权益置若罔闻，那么再"牛"的公司恐怕也难以长久，哪怕你目前是世界第一。苹果"后门"事件被曝光后，已经有不少消费者在震惊之余，纷纷表示要考虑弃用苹果手机。

苹果"后门"事件也使我们联想到最近的福喜公司过期肉事件。虽然两个事件性质可能有所不同，但带给我们的一点启示是相同的，那就是：不能被世界著名企业的光环蒙蔽，而且大公司一旦作起"恶"来，其涉及范围更广，危害性更大。所以，有关部门在企业合法、合规和遵守良好商业道德这一点上，不仅要把眼睛盯着中小企业，同样也要盯着大企业，做到规则面前人人平等。而消费者更是要把眼睛睁大，明明白白消费，必要时也要拿起自卫的法律武器，切实维护好自身权益。

资料来源：本文刊登于2014年8月6日《解放日报》"评论"版，作者是苏勇。

讨论题

1. 你如何看待苹果公司的"后门"事件？
2. 在网络经济时代，企业如何才能更好地实践商业伦理？

第11章 企业社会责任

不义而富且贵，于我如浮云。

——孔子

学习目标

☑ 了解企业社会责任概念的来源与内涵。
☑ 了解企业履行社会责任的理论依据。
☑ 了解企业如何更好地将社会责任付诸实践。

引例　　　　星巴克的社会责任

星巴克公司除了咖啡本身，还要考虑看似无关的细节，所有这些都对咖啡当前和未来的质量有帮助。对于咖啡部门的专家来说，在某个农场找到一种口味极佳的咖啡豆是不够的，他们还需要了解，在遥远的未来从该农场也能获得优质的咖啡豆，供应商的商业行为也要符合星巴克的价值。许多商业领导人可能自认为他们并不对供应商的行为负责，但是，星巴克领导者将其视为极其短视的行为。

正如星巴克公司咖啡与全球采购部的高级副总裁杜博所解释的："只了解咖啡的质量是不够的，我们还需要知道与我们打交道的人的品格，我们还要知道他们是否正直以及他们是否追求未来的卓越。所以，我们寻找健康的农场，我们关注农场主是如何对待环境的，我们要看他们是如何对待农场工人的。农场的纬度是多少？多样性如何？咖啡豆在背阴处生长吗？每千克产量多少？农场主看起来如何？在咖啡产地与溪流之间有缓冲地带吗？农场附近有没有工厂？他们是如何处理废水的？他们产生了多少需要处理的废水？有没有影响质量的问题？我还想知道农场里资金分配的情况，连采摘工人的工资也要透明，向我们公开。所有这些都要在我们购买咖啡之前考虑。因为任何人都可以购买咖啡，但是星巴克之所以与众不同，是因为我们购买咖啡的方式与众不同。"

从本质而言，星巴克的管理方法倡导的是优质的商业关系对于长期成长和生产的必要性。对你的合作者保持警觉和关心，才能保护你的公司和品牌的声誉。在考察潜在商业伙伴时，应该对他们行为举止的细节进行调查，以免建立起未来必定会失败的合作关系。如果咖啡农场主达不到星巴克长期以来对价值和质量的要求，那么星巴克咖啡采购员就会对他们说"不"。虽然合作关系中某些细节可能在短期内被忽视，但是，如果不能建立可持续的、社会性的和持久的战略伙伴关系的话，那么股东、伙伴和未来的顾客都将受到不利的影响。

资料来源：本案例由本书作者根据相关资料编写。

11.1 企业社会责任概念的缘起

一个社会中,各种不同的组织依照自身的不同性质,承担着不同的社会角色,为社会做出不同的贡献。

在社会分工中,企业的主要任务,是以自己的产品(包括服务)来满足社会的需要,以促进社会发展。与此同时,由于企业存在于社会之中,企业的每一项行为都会产生社会影响,企业的每一项发展也离不开社会的支持。因此,对企业来说,就必须正确认识自己的社会责任,处理好企业与社会的关系。

企业社会责任(Corporate Social Responsibility,CSR)一词,最早是由英国学者奥利弗·谢尔顿(Oliver Sheldon)于1924年在其所著《管理的哲学》一书中提出。他把公司社会责任与公司经营者满足产业内外人类需要的各种利益和责任联系起来,并且认为公司社会责任含有道德因素。㊀

我们现在研究企业社会责任,都会提到"Berle-Dodd论战"。早在20世纪30年代,哥伦比亚大学法学院和美国哈佛大学法学院的两位教授,曾经就"企业是否应该承担社会责任"的命题举行过一场辩论。贝利(Berle)教授代表了传统的企业理论观点,他认为企业的管理者受股东委托,是唯股东利益是从的股东权益的受托人,所以应该只考虑股东的利益,而不应考虑其他。但另外一位多德(Dodd)教授则旗帜鲜明地表示反对。他明确提出,企业是既具有营利功能又具备社会服务职能的一个经济机构。企业管理者既受托于股东,又受托于更为广泛的社会,包括对雇员、消费者、社会公众,所以应该承担这样一种社会责任。有趣的是,这场论战在经历20多年以后,当时认为企业不应该承担社会责任的贝利教授自己宣告,这场争论是以多德教授的观点获胜而告终,所以他认为企业是应该承担社会责任的。

但是争论并未就此平息,自那以后,关于企业是否应该承担社会责任的争论一直在进行。反对派以主张经济自由主义的诺贝尔经济学奖得主米尔顿·弗里德曼(Milton Friedman)为代表,他在其著作《资本主义与自由》中,坚决地反对"企业在利润最大化之外还负有其他社会责任"的思想㊁。弗里德曼认为,企业如果承担社会责任,不仅会削弱市场经济基础,而且因为要降低企业利润或增加费用,所以会损害股东、员工和消费者的利益。此外,另一位诺贝尔经济学奖得主,奥地利出生的英国经济学家哈耶克也反对企业要承担社会责任,他甚至在其著作《致命的自负》一书中,把企业的"社会责任"和"社会义务"之类的用语归入"被毒化的语言"而大加批判。哈耶克认为,对企业利润最大化目标的任何偏离都将会危及企业的生存,而且还有可能会让企业经理人因此而获得难以控制的权力。㊂

㊀ 刘俊海.公司的社会责任[M].北京:法律出版社,1999:2.
㊁ 王振中,李仁贵.诺贝尔奖经济学家学术传略[M].广州:广东经济出版社,2002:146.
㊂ 哈耶克.致命的自负[M].冯克利,等译.北京:中国社会科学出版社,2000:132.

也有一大批著名学者坚决认为，企业应该承担必要的社会责任。著名管理学家，《管理学》一书的作者哈罗德·孔茨就认为，企业应当承担的社会责任"就是要认真考虑公司的一举一动对社会的影响"。[一]世界管理学界德高望重的一代宗师，已故著名管理学家彼得·德鲁克也明确指出，"企业的目的必须在企业本身之外，因为工商企业是社会的一种器官"。[二]

著名管理学家、哈佛大学教授迈克尔·波特也认为，成功的企业离不开和谐的社会，反之亦然。企业只有找到与社会共同发展的契合点，才能踏上通往可持续发展之路。不能将企业社会责任和企业需求、利润追求对立起来看待，而应该着眼于创造企业和社会的共享价值。[三]

1999年1月，在瑞士达沃斯世界经济论坛上，时任联合国秘书长的科菲·安南提出了"全球协议"，并于2000年7月在联合国总部正式启动。该协议号召公司遵守在人权、劳工标准和环境方面的九项基本原则，其内容是：

- 企业应支持并尊重国际公认的各项人权；
- 绝不参与任何漠视和践踏人权的行为；
- 企业应支持结社自由，承认劳资双方就工资等问题谈判的权利；
- 消除各种形式的强制性劳动；
- 有效禁止雇用童工；
- 杜绝任何在用工和行业方面的歧视行为；
- 企业应对环境挑战未雨绸缪；
- 主动增加对环保所承担的责任；
- 鼓励无害环境科技的发展与推广。

分析这九项原则，从企业内部看，就是要保障员工的尊严和福利待遇；从外部看，就是要发挥企业在社会环境中的良好作用，也就是企业应该履行社会责任。

11.2 企业社会责任的基本内涵

在经济全球化过程中，资本处于明显强势，在此情况下，掌握大量资本的企业社会责任问题日益引起关注。

那么，企业社会责任基本内涵是什么？

企业社会责任就是企业在生产经营过程中对经济、社会和环境目标进行综合考虑，在对股东负责、获取经济利益的同时，主动承担起对企业利益相关者的责任，主要涉及员工权益保护、环境保护、商业道德、社区关系、社会公益等问题。这些责任是建立在自愿基础上并高于相关法律的要求，有利于保证企业的生产经营活动对社会产生

[一] 哈罗德·孔茨，海因茨·韦里克. 管理学[M]. 北京：经济科学出版社，1993：689.
[二] 彼得·德鲁克. 管理——任务、责任、实践[M]. 北京：中国社会科学出版社，1987：81.
[三] 迈克尔·波特. 创造共享价值[J]. 哈佛商业评论，2011（1）.

积极影响，为人类的可持续发展目标做出贡献。

瑞士达沃斯经济论坛对于企业社会责任曾经给出定义。

（1）好的公司治理和道德标准。主要包括遵守法律、共同规则以及国际标准，防范腐败贿赂。

（2）对人的责任。主要包括员工安全计划，就业机会均等，反对歧视、薪酬不公平等。

（3）对环境的责任。主要包括维护环境质量、使用清洁能源、共同应对气候变化和保护生物多样性等。

（4）对社会发展的广义贡献。主要指广义的对社会和经济福利的贡献。比如传播国际标准、向贫困社区提供要素产品和服务，如水、能源、医药、教育和信息技术等。这些贡献可能成为企业核心战略的一部分，成为企业社会投资、慈善或者社区服务行为的一部分。

国际标准化组织（International Organization for Standardization，ISO）从2001年开始进行社会责任国际标准的研究和论证。2004年6月，最终决定开发一个适用于包括政府在内的所有社会组织的"社会责任"国际标准化组织指南标准，由54个国家和24个国际组织共同参与制定，编号为ISO26000，是在ISO9000和ISO14000之后制定的最新标准体系。2010年11月1日，国际标准化组织在瑞士日内瓦举行了《社会责任指南》（ISO26000）标准的发布仪式，这成为社会责任实践领域的一个里程碑。ISO26000的框架分为范围、参考标准、术语和定义、组织运作的社会责任环境、社会责任的原则、社会责任的基本目标、组织履行社会责任的指导等十个部分，其核心部分覆盖了社会责任内容的九个方面，包括：组织管理、个人权益、劳工、环境、公平经营、消费者权益保护、社区参与、社会发展、利益相关方合作。ISO遵循的重要原则有五条：

- 强调遵守法律法规，强调"组织应当愿意并完全遵守该组织及其活动所应遵守的所有法律和法规，尊重国际公认的法律文件"；
- 强调对组织运作所涉及的利益相关方的关注；
- 强调对组织运作透明度的关注；
- 强调对组织和社会可持续发展的关注；
- 强调对个人权益和多样性的关注。

企业社会责任的基本内容，主要包括下列三方面关系的处理。

（1）企业与社会的关系。企业是支撑人类社会生存的基本经济单位。企业如果失去了生产和创新功能，那么企业就失去了其存在的基本价值。因此，任何企业的第一要义都是搞好生产，创造出市场效益，争取为社会多纳税，实现它对社会的经济责

○ 劳拉 P 哈特曼，约瑟夫·德斯贾丁斯，克里斯·麦克唐纳德，等. 企业伦理学 [M]. 3 版. 北京：机械工业出版社，2015：99.
○ 苏勇. 商业伦理与企业社会责任 [J]. 浙江工商，2008（8）.

任。但是，必须同时看到，企业与社会也有着千丝万缕的联系。企业的生存、发展壮大或被淘汰出局，都要由社会来承接它付出的代价。更主要的是，社会是企业的生存环境，没有一个好的环境，企业也难以生存。因此，企业与社会有一个共存共荣的关系。

（2）企业效益与社会效益的关系。企业效益不等于社会效益。企业的首要目标是增强自身的竞争力，企业追求效益是自然而然的。企业只有在拥有了市场竞争力之后，才能获得经济利润，最终才能实现服务于社会的目的。

从世界上发生的越来越多的企业案例来看，企业与社会间的关系是互动关系，是互相获益的。企业自觉承担社会责任，有助于增强企业的长远发展能力。企业在市场竞争中自觉承担相应的社会责任，有利于其在社会公众中获得更高的信任程度。这种良好的企业信誉是一笔可观的无形资产，它不仅有助于企业树立良好的企业形象，而且使其产品和服务对消费者具有更大的吸引力，从而在市场竞争中获得更有利的地位，增强企业持续的获利能力。

（3）企业与环境的关系。企业的社会责任要解决的一个主要问题是资本与公众的矛盾。要搞清洁生产、减少污染、保护环境，极有可能会增加费用、减少利润。这就要求企业要承担分内责任。无论是有意造成的还是无意造成的，企业管理层无疑要对他们的组织所造成的社会影响负责，这是企业管理层的一项责任。由于企业要对自己所造成的影响负责，因此企业就会尽量减少这些影响。

美国的道康宁化学公司近20年来解决空气和水污染的办法，是一个很好的例子。道康宁公司在第二次世界大战以后不久就确定，空气和水污染是一种不好的影响，应予以消除。早在公众激烈反对环境污染以前，该公司就在其工厂中采取了完全消除污染的措施。它在那个时候就采取系统的步骤把烟囱和水道中排出的有毒物质转化为可以出售的产品，并为这些产品创造出各种用途和市场。企业应解决好与环境的关系，因为它不只是一项社会责任，而且是一项企业责任。

由笔者领衔的复旦大学课题组，早在2008年就为上海市浦东新区人民政府实施了综合配套改革，作为该项改革内容之一，制定了《企业社会责任评估标准》。该"标准"参照目前国际上一些权威的对企业社会责任的论述和评价标准，结合中国具体情况做了规范性细化，分为四个部分，包括三个层次、两个层面共56项指标，其中四个部分为：权益责任、环境责任、诚信责任、和谐责任。每一个部分下设三级指标体系，并分为法律层面和道义层面。该"标准"推出后，上海市浦东新区人民政府向社会购买服务，委托3家评估公司在企业自愿申报基础上实施企业社会责任评估，并对通过评估的企业给予政策优惠。随后，这一评估标准被上海市质量技术监督局收编为《上海市地方标准》(DB31/T421—2008)，于2009年1月1日开始实施。

企业社会责任的内涵中，经济责任是根本，即企业首先必须在合法的基础上，为社会、消费者提供优质的产品和服务，以满足公众日益增长的需要。不少企业一提社会责任，马上就联想到捐款、捐物、做慈善，这是对企业社会责任内涵的误解。只有首先充分履行经济责任，然后才能兼顾其他。也只有这样，履行社会责任才是有积极意义的。

11.3 企业社会责任实践

11.3.1 企业履行社会责任的理论依据

企业要履行社会责任，自有其理论依据。

第一，企业作为一个经济组织，无疑要顾及股东的利益，要尽可能实现股东利益的最大化。但是企业在获得社会资源行使生产能力的同时，它也就承担了对社会各方面利益相关者的责任，要考虑到这些利益相关者的利益，而这已日益成为评价企业绩效和企业伦理的一个重要尺度。

第二，企业要关注长期资本收益率的最大化。从经济学角度来看，企业的基本目标是追求利润最大化，这当然没错。但有一个前提，要追求利润最大化，必须要实现企业的长远发展。所以任何一个好的企业经营者，他应该关心的是企业长期资本收益率的最大化。而为了使企业获得长远发展，企业经营者就必须承担社会义务以及相应的社会成本，以使企业能够获得可持续发展的良好社会环境。

第三，社会是企业利润的来源。企业作为一个社会公民，作为社会的一部分，必须融入社会群体，与各种社会组织产生一种互动。即便从功利论的角度来看，企业通过承担社会责任，可以赢得声誉和各方面的认同，同时可以更好地体现自己的价值观念，为企业赢得更好的社会氛围，从而使企业发展得更加顺利。星巴克的CEO就讲过，星巴克的最大功绩之一，就是说服顾客付3美元的高价买一杯"有社会责任的咖啡"，即星巴克是以保证种咖啡树的农民收入为前提而收购的咖啡，当然同时星巴克要求农民要确保咖啡树的种植标准，这样企业和农民就成就了双赢。

第四，从新制度经济学理论来看，企业运作必须降低交易费用，才能提高竞争力。而企业与内部利益相关者，例如员工，外部利益相关者，例如供应商、客户、社区、政府等，彼此都履行良好的责任，建立起充分信任，这样就能大大降低企业运行中的摩擦阻力，提升企业效率。同时，企业利润"取之于社会，用之于社会"，企业在从社会各方获取资源的同时，就应该承担相应的责任。

11.3.2 企业经营者对于履行社会责任的态度

企业经营者对于是否应承担必要的社会责任，最初是抱否定态度的。但随着社会的发展和观念的进步，中外企业家逐渐开始接受这一观念。

企业经营者对社会责任所持态度的转变，可分为三个阶段。

第一阶段：1800年至20世纪30年代。这一阶段所强调的信条是，企业经营者的唯一目标是为企业赚取最大利润，前述经济学家弗里德曼的观点曾获得不少企业经营者支持，因为他们认为这有助于企业减少开支，避免承担不必要的成本。

第二阶段：从 20 世纪 30 年代至 60 年代早期。此阶段强调企业经营者的责任不只是赚取最大利润，而且必须要在顾客、员工、供货商、债权人及社区之间的争议中维持一个公正的平衡点。在此阶段，企业经营者及学者对企业的社会责任观念开始转变。最先改变的是企业缩短员工的工作时间及改善工作环境。事实上早期企业对社会责任的改变，是工会兴起的结果，工会促使企业所有者和经营者开始思考有关赚取利润以外的社会责任。1935 年美国国会曾立法，允许企业机构以 5% 的盈余作捐献，可作为免税额度，以此来推动企业在履行社会责任方面有所动作。1953 年美国最高法院曾裁定 A. P. Smith 公司可捐款给普林斯顿大学，而不必受股东的约束。

第三阶段：20 世纪 60 年代至今。企业经营者大多主张企业组织应该参与解决社会问题，回馈社会（见表 11-1）。

表 11-1 企业经营者对社会责任态度的三阶段

	第一阶段 最大利润之管理 （1800 年至 20 世纪 30 年代之前）	第二阶段 受托管理人之管理 （20 世纪 30 年代至 60 年代早期）	第三阶段 生活品质之管理 （20 世纪 60 年代至今）
基本观念	纯粹自我利益	1. 自我利益 2. 股东利益	1. 开明的自我利益 2. 股东利益 3. 社会利益
经济价值观	1. 对我有利者即是对国家有利者 2. 最大利润 3. 金钱财富最重要 4. 货物出门，概不退换 5. 劳工是可买卖的货物 6. 管理者应向公司老板负责任	1. 对组织及管理有利者，即是对国家有利者 2. 合理利润 3. 金钱是重要的，但人也是重要的 4. 不欺骗顾客 5. 劳动者有一些权利 6. 管理者应对老板、顾客、员工、供货商、股东负责	1. 对社会有利者，即是对公司有利 2. 利润是必需的，但是…… 3. 人比金钱重要 4. 顾客第一 5. 管理者应对股东及社会负责
技术价值观	技术是非常重要的	技术是重要的，人也是重要的	人比技术重要
社会价值观	1. 员工个人问题必须留在家里 2. 我是一个严厉的个人主义者，我可以依个人喜好管理我的公司 3. 少数族群是下等的，必须要好好管教	1. 我们承认员工除了经济上的需要外，还有其他需要 2. 我是一个个人主义者，但我承认组织内其他成员的价值 3. 少数族群有他们的社会地位，但仍低于我的社会地位	1. 员工是完全属于公司的（We hire the whole person） 2. 组织内的成员，是我们成功的基础 3. 少数族群也是人，就和你我一样
政治价值观	管得最少的政府是最好的政府	政府管理是必要的	企业与政府必须合作解决社会问题
环境价值观	自然环境控制人的命运	人类可以控制及改变环境	为享有高品质的生活，我们必须保护环境
艺术价值观	艺术价值？那是什么	有艺术价值，但可能我们不需要	我们必须维护艺术价值，而且我们会做我们该做的

资料来源：摘录自 Robert D. Hay, Edmund R. Gray and James E. Gates, Business & Society: Cases and Text（Cincinnati: South-Western Publishing, 1976）. pp. 10-11.

11.3.3　国外企业承担社会责任的两种模式

国外企业承担社会责任一般有两种基本模式：传统的规范经济模式和社会责任模式。

1. 传统的规范经济模式

这一模式以传统的观点来看待企业的运作，它的假设前提是企业的决策过程完全是理性的，而厂商最主要的目标就是利润最大化。企业管理当局的任务就是设法以最有效率的方法来组合各项生产资源，使生产成本最低，同时将产品卖给愿意支付最高价格的顾客，为企业创造最大的利润。

这种传统的模式认为，企业是拥有该企业所有权的股东私产，因此，企业管理者只需对股东负责，不必承担除此之外的责任，包括社会责任。企业只要以"经济人"的观念努力为股东赚取利润就可以了，因为利润越大，企业对社会的贡献越大，这也意味着企业承担了其社会责任。这种观点的理论渊源是亚当·斯密的企业利润最大化理论。亚当·斯密认为，企业的社会责任就是单一地向社会提供产品和服务，从而使企业利润最大化。

传统的经济模式将企业的功能视为纯经济型的，经济价值是衡量企业成功的唯一尺度。这种纯经济企业价值观体系的主要论点如下。

（1）企业主管不能慷他人之慨，擅自将企业的资金用于社会。这种观点认为，企业的资金归股东所有，企业的经营者只是接受股东委托来加以经营而已，因此没有权力将企业的资金和利润用于社会，否则就会损害股东和员工以及消费者的利益。弗里德曼对此有一个明确的阐述："在一个自由企业和私人财产体系中，一个公司主管是企业所有者的一个员工，他对他的雇主负有直接的责任，那个责任就是依照他们的欲望去经营企业。雇主的欲望通常是尽可能去赚更多的钱，并遵守那些由法律规定和由道德习惯规定的社会基本规则……只要他的行动与他的'社会责任相一致'因而减少了股东的报酬，他就是在花股东的钱。只要他的行动提高了售价，他就是在花顾客的钱。只要他的行动降低了员工的薪金，他就是在花员工的钱。"⊖

（2）企业无法承担大量的社会责任。企业虽然拥有一定的经济资源，但必须明智地使用这些资源。虽然企业可以将少量资源花在承担社会责任上，但不能为承担社会责任而投入重要的经济资源，除非这些资源可在企业承担社会责任期间获得补充。如果企业被迫去承担社会义务，则为此而增加的成本将把各种产业中边际厂商赶出企业的行列。此外，如果某一厂商因负担社会责任而提高了该企业的成本与产品价格，但其竞争者都不如此做，那么这个企业则可能失去与同业竞争的能力，甚至将被淘汰，这是不公平的，也是不经济的，但是若把这些费用转嫁到消费者头上，那也是不妥当的。

（3）参与社会目标会冲淡企业的主要目标。企业的主要目标是赚钱，社会责任是政府部门的事。如果企业热衷于参与社会目标，就可能冲淡企业目标，转移企业主管

⊖ 王振中，李仁贵. 诺贝尔奖经济学家学术传略 [M]. 广州：广东经济出版社，2002：146.

的兴趣，降低企业在市场中的地位，其结果是使企业在经济和社会这两个角色上都不能有好的表现，到头来是两头落空。

（4）企业已拥有足够多的权力和影响，不应再加大。企业是当今社会中最有权力的组织之一，在社会各方面都可以感受到企业的影响，如果将企业活动和企业所有的经济活动结合起来，将使企业获得更大的权力，这对于社会的发展并没有太大的好处。

（5）企业的社会行动会降低企业在国际上的竞争力。因为企业的社会行动可能导致企业增加成本，这些成本通常会转移到产品价格上。这将使从事社会活动的企业在国际上处于不利地位，减少在国际市场上的销售量。

2. 社会责任模式

社会责任模式认为，企业除了要为其股东赚取合理利润外，也应为各有关利益群体履行其应负的社会责任。这种模式对于企业使命的基本认识和传统经济模式正好针锋相对，其主要论点如下。

（1）社会大众期望企业承担社会责任。支持社会责任模式论点之一是根据"社会契约"的观点。这一观点是美国的一个民间团体"经济发展委员会"在1971年提出的。其基本看法是：企业的运营须由社会大众同意，企业的基本目的就是要满足社会大众的需要，使社会满意。在以前，企业只要是以有效方法生产出产品和劳务就算履行了其"社会契约"，而现在社会大众的期望扩大了。美国经济发展委员会用三个同心圆的模型来说明企业的社会责任：内圆包括有效地执行企业的经济功能——产品、工作和经济增长，这是最基本的责任也是企业的传统角色；中圆包括企业在履行其经济功能责任时应顾及改变中的社会价值和优先秩序；而外圆则代表新兴的尚未定型的责任，企业应勇于承担这些责任，以积极改善社会环境。

（2）企业承担社会责任是一种长期的自利。企业承担一定的社会责任，从长期看，实质上是一种自利行为。较好的社会可以产生较好的企业环境，将会有一个较好的社区可供它在其中运营，并可提供较优秀的员工。企业的社会行动可使大众对企业产生良好的印象，提高企业的商誉，等等。

（3）企业拥有解决社会问题的资源与能力，因此应该履行其社会责任。企业拥有可使用于解决社会问题的宝贵资源，拥有大量的管理人才，也拥有大量的资金，将可以比其他组织更有效率地执行社会行动。

（4）企业应对社会问题负责。社会问题的造成有多种原因，有些是企业的运行造成的，有些是社会运行本身自发性的问题。对于企业所造成的问题，不论是有意还是无意的，企业自然应负起责任，而至于社会本身自发性的问题，对企业而言，是一种挑战，也是一种机会，是对企业的一种测试。对于企业来说，应该动员自身所拥有的力量，协助解决各种社会问题。

现代企业经营管理理论认为，企业既是一个经济组织，以追求经济利益作为自己的主要目标，又是一个社会组织，有责任来履行自己的社会责任。无论是从企业追求经营的良好环境的愿望出发，还是从企业追求长期利益的动机出发，抑或更为高尚的从履行社会性组织的义务和责任出发，企业都应视自己的能力为社会做出贡献。而且，随着社会文明的进步和人们观念的变化，人们对企业的评价标准也发生了变化，由单纯注重技术转向同时注重人的因素，由只看企业经济效益到兼顾企业的社会形象。为此，企业履行其社会责任，是现代企业应尽的分内工作，而不应被视为企业的额外负担，否则，将会落得一个被人们看作唯利是图的结果，最终会抑制和影响企业的发展。

11.3.4　中国企业对社会责任的几种看法

在处理企业与社会的关系问题上，中国企业依据其价值观和企业文化的不同，在企业领导人的不同观念主导下，有多种表现形式。

1. 一切为了本企业

一切为了本企业，或者一切为了本企业的利润最大化。至于社会效益如何则一概不管，甚至可以搞假冒伪劣产品，只要能赚钱，什么事情都干得出来。这种企业根本谈不上"服务社会"，也无企业伦理道德可言。在我们目前的实际生活中，有部分企业虽然没有这么讲，但却在自己的行为中按照这一指导思想行事，以致目前假冒伪劣商品屡禁不绝，甚至有愈演愈烈之势。

2. 主观为本企业，客观为社会

主观为本企业，客观为社会。为本企业服务是自觉的、明确的、积极主动的，而为社会服务则是不自觉的、不明确的，或是消极被动的。这种企业，有时偶尔也会做一些为社会服务的事情，但积极性和企业伦理水平不高，因为它缺乏主观能动性。

3. 为本企业第一，为社会第二

为本企业第一，为社会第二。这是说在本企业利润最大化的前提下，也适当考虑为社会服务。这种企业，为社会服务有了一定的自觉性，一旦在不利于或有损于本企业利益的情况下，就不愿意"服务社会"了，而企业道德建设水平也随之下降。

4. 为了本企业，必须为社会

为了本企业，必须为社会。这是说为了本企业的生存和发展，一定要努力为社会服务，而且必须服务好，相比较前面三种类型的企业，这种企业比较自觉地把企业利益和为社会服务的目标统一起来，因而一般来说，会具有较高的为社会服务的意识和水平。在发达国家中，一些企业以此作为自己的经营理念和价值观。我们在肯定这些企业这种做法的前提下，要一分为二来看。它们作"为社会"的最终目的是"为企业"；"为社会"是一种谋略，一种手段，"为企业"是真正的目的。但不管怎么说，作为一个企业，能具有这样的意识，持有这样的经营伦理观念，在当前的现实状况下，已经是很不错的了。

5. 首先为社会，同时为本企业

首先为社会，同时为本企业。这可以说是企业道德水平最高的一类企业。这种企业非常正确地把握住了企业与社会之间的伦理关系，摆正了企业在社会中的位置。首先是为满足社会物质和文化的需要，即首先以自己优质的产品为社会服务，在这个大前提下，也为本企业实现利润的最大化。这样的企业是真正自觉地把"为社会"与"为企业"统一了起来，而且是从意识上到行动上、从战略上到谋略上真正内在的统一。这样的企业，为社会服务是真心诚意、发自内心的，也具有为社会服务的高水平，而企业也会因此而兴旺发达。这是社会主义企业应有的价值观。虽然从实际情况来看，真正能做到这一点的企业并不是很多，但它应该成为社会主义企业管理伦理的一种指导思想。

企业是社会的一个细胞。企业要承担一定的社会责任，这既是一个法律问题，也是一个道德问题。社会为企业提供了生存和发展的空间，而企业又依托于社会而存在。只有充分全面地履行了社会责任的企业，才会最终获得消费者的高度评价和认可，使企业具有良好的形象，这也是企业得以兴旺发达的重要条件。

本章要点

- 企业社会责任概念的提出及其争议。
- 企业社会责任的理论依据。
- 企业社会责任实践中要处理的关系。

复习思考题

1. 你认为企业是否应该履行社会责任，为什么？
2. 企业社会责任是企业发展的内在需求还是外在因素？
3. 在当今中国现实环境下，如何才能更好地履行企业社会责任？

应用案例　担负社会责任、尊重员工权益　中国企业在海外表现更好？

东南亚分食中国纺织订单已经并不罕见，但是不久前，中国纺织工业联合会前往柬埔寨调研时发现，一些中国企业在当地开厂，其履行企业社会责任标准远远高于国内，并致使中国品牌把大量订单转移到中国人在柬埔寨开设的工厂中。

把"良心"留在海外

不久前，中国纺织工业联合会社会责任办公室首席研究员梁晓辉前往柬埔寨考察中国企业的社会责任完成情况。梁晓辉在柬埔寨调研了六家中国纺织服装企业，并对当地的政府、行业组织，包括员工、管理者都做了深入的了解。

中国学者普遍认为中国企业"走出去"存在着"二八分"的状况，即20%的企业成功，80%的企业会遭遇失败。但是，中国纺织企业却在柬埔寨活得很好。

"我翻了这些企业的经营档案和资料，目的就是想知道他们到底做得怎么样。我想最重要的一点，就是做好了企业社会责任。"

包括劳工权益、社区环境以及企业内部管理在内的诸多细节，中国企业的社会责任在国外表现已经远远超过了在国内的表现。

"如果这六家企业让我打个分，就是企业社会责任和现场看到的情况，我都可以打80分以上。但是国内的纺织服装企业如果让我打分，可能平均分65分都不到。这种差距是很大的。"

梁晓辉举例称，"比如'换针房'，我在国内的绝大部分纺织服装企业中没有见到。"

据了解，在服装加工过程中，针非常容易断，如果针断在现场，裹挟进入服装之后，对消费者是一个潜在的伤害，所以在现场管理中有一个非常基本的要求就是设立换针房。在柬埔寨的中国工厂里面，"针如果断了，工人必须把这断针找到，两头都拿上，去换针房换一个新的针，以确保断针不会裹挟在服装中"。

对于"换针房"的问题，梁晓辉曾经对很多的企业建议过，"包括对很多优秀的服装企业建议设立'换针房'，但是我这么多年见到的只有两三家有。"然而，在柬埔寨所有六家纺织服装企业中，换针房已经是标配，里面有一个工作人员全程坐在这里等待别人来换针，换针有严格的手续，必须告知哪个时间点在哪里换的针。

此外，在环境建设上，即便同一个中国企业在柬埔寨和中国的工厂也存在较大差别。梁晓辉说："社会责任的很多细节都比国内的工厂要做得好得多。"

品质优势高于价格优势

其实，企业社会责任问题一直是企业接单的隐形壁垒。

通常在接到国际订单前，国外的品牌商都要对服装加工企业进行"验厂"。所谓的"验厂"，就是品牌商比照企业社会责任标准，对企业的用工制度进行审查。

长三角服装企业刘经理迎接过众多国际知名品牌的"验厂"。"前来验厂的审核人员要求企业工人有严格的休息日，并查看工人出勤表、加班费清单、员工个人资料，还要考核企业是否存在使用童工现象，等等。"刘经理对这些愈演愈烈的审查有些司空见惯了，"前来验厂的人员甚至会要求员工现场演示防火设施的使用。"

"他们还会随机在工厂中抽查几十个工人进行面谈，一一核对考勤记录的情况，一旦其中哪一个环节出现问题，企业将无法得到国外品牌的加工大单。"

在这些要求"验厂"的国际企业名单中包括沃尔玛、阿迪达斯、耐克、迪卡侬等。"其中以阿迪达斯和耐克的验厂要求最为严格，他们的验厂人员会在周末的晚上来到职工宿舍，检查工人是否有休息日。"刘经理补充。但是对于一些出勤记录，刘经理承认与实际存在一定差距。

在柬埔寨，"在这里看到的任何一个文件都不可能是假的，只要有一个员工说谎，工会马上就知道，这些权利不可能被侵犯，也不可能大规模的造假，所以这一点特别重要。这也是国外采购商选择柬埔寨的原因"。

与此同时，对于越南、柬埔寨这些新兴的东南亚国家而言，劳动力价格低廉也是其优势之一。据了解，柬埔寨2016年成衣与鞋类最低薪资已定为每月140美元，而广东的制衣厂工人薪酬已经在4 000元左右。

但是，记者采访江苏一家有30年服装加工历史，同时是中国服装加工百强企业的时候发现，对品牌商而言，把产品放在中国和柬埔寨获得的报价是一样的。该企业人士向记者表示，"订单放在柬埔寨和在江苏、安徽做的价格是一样的，面料和辅料的运输成本以及柬埔寨发电成本较高，所以报价和国内一样"。

柬埔寨对于中国品牌商而言，没有特别明显的价格优势，同时劣势却非常明显，即周期长、效率低。

"我们中国一个很大的品牌已经开始在柬埔寨采购了。"梁晓辉在柬埔寨遇到了该品牌的采购人员，"他说他们自己的工厂都做不出这个水准。所以他必须到这里来采购"。

在他看来，"产品品质的提升就是劳工权益保护带来的附加值"。

除了柬埔寨，抢走中国纺织服装订单的新兴市场还有越南，"越南的劳工权益保护水准在某种意义上比柬埔寨还要高"。

资料来源：中国经营网 http://www.ccnf.cn，作者索寒雪，2016年9月30日。

讨论题

1. 对服装企业而言，企业社会责任包括哪些方面？
2. 为什么中国企业履行社会责任在国内外会有差异？
3. 对劳工权益的保护为什么能带来产品品质提升？

参 考 文 献

[1] 林恩·夏普·佩因.公司道德——高绩效企业的基石[M].杨涤,等译.北京:机械工业出版社,2004.

[2] 赫尔穆特·施密特.全球化与道德重建[M].柴方国,译.北京:社会科学文献出版社,2001.

[3] 斯图尔特·克雷纳.管理百年——20世纪管理思想与实践的批判性回顾[M].邱琼,等译.海口:海南出版社,2003.

[4] 罗伯特C所罗门.伦理与卓越——商业中的合作与诚信[M].罗汉,黄悦,等译.上海:上海译文出版社,2006.

[5] 彼得·圣吉.第五项修炼——学习型组织的艺术与实务[M].郭进隆,译.上海:上海三联书店,1994.

[6] 乔治·恩德勒.发展中国经济伦理[M].陆晓禾,译.上海:上海社会科学院出版社,2003.

[7] 稻盛和夫.活法(壹贰叁)[M].廖月娟,译.北京:东方出版社,2009.

[8] 梅格·惠特曼.价值观的力量[M].吴振阳,等译.北京:机械工业出版社,2010.

[9] 约翰·罗尔斯.正义论[M].何怀宏,等译.北京:中国社会科学出版社,2009.

[10] 余英时.儒家伦理与商人精神[M].桂林:广西师范大学出版社,2004.

[11] 彼得·德鲁克.创新与企业家精神[M].海口:海南出版社,2000.

[12] 迈克尔·桑德尔.公正该如何做是好[M].朱慧玲,译.北京:中信出版社,2011.

[13] 迈克尔·桑德尔.金钱不能买什么[M].邓正来,译.北京:中信出版社,2012.

[14] 特伦斯·迪尔,艾伦·肯尼迪.新企业文化[M].孙健敏,等译.北京:中国人民大学出版社,2015.

[15] 埃里克·施密特,等.重新定义公司——谷歌是如何运营的[M].靳婷婷,译.北京:中信出版社,2015.

[16] 劳拉P哈特曼,约瑟夫·德斯贾丁斯,克里斯·麦克唐纳德,等.企业伦理学[M].3版.北京:机械工业出版社,2015:99.

[17] 苏勇.现代管理伦理学——理论与企业的实践[M].北京:石油工业出版社,2003.

[18] 苏勇,何智美.现代组织行为学[M].北京:清华大学出版社,2013.

[19] 苏勇,刘会齐.中国管理智慧[M].南京:江苏人民出版社,2016.

[20] 苏勇.管理伦理学[M].上海:东方出版中心,1998.

[21] 苏勇,陈小平.管理伦理学教学案例精选[M].上海:复旦大学出版社,2001.

[22] 苏勇.中国企业伦理重建——经营绩效与社会责任[M].上海:东方出版中心,2008.

[23] 苏勇.管理伦理[M].上海:上海译文出版社,1997.

［24］苏勇. 管理伦理 [M]. 郑州：河南人民出版社，2002.

［25］罗伯特 C 所罗门. 商道别裁——从成员正直到组织成功 [M]. 周笑，译. 北京：中国劳动社会保障出版社，2004.

［26］爱德华·弗里曼，等. 环境保护主义与企业新逻辑 [M]. 苏勇，张慧，译. 北京：中国劳动社会保障出版社，2004.

［27］姜启军，苏勇. 基于社会责任的食品企业危机管理 [M]. 上海：格致出版社，上海人民出版社，2011.

［28］周辅成. 西方伦理学名著选辑 [M]. 北京：商务印书馆，1996.

［29］周祖城. 企业伦理学 [M]. 2 版. 北京：清华大学出版社，2009.

［30］徐敦楷. 民国时期企业经营管理思想史 [M]. 武汉：武汉大学出版社，2014.

［31］汪丁丁. 市场经济与道德基础 [M]. 上海：上海人民出版社，2007.

［32］李立清，李艳凌. 企业社会责任研究 [M]. 北京：人民出版社，2005.

［33］黄少英. 企业伦理与社会责任 [M]. 大连：东北财经大学出版社，2015.

［34］郭国庆. 营销伦理 [M]. 北京：中国人民大学出版社，2012.

［35］中央电视台大型纪录片《互联网时代》主创团队. 互联网时代 [M]. 北京：北京联合出版公司，2015.